nnual Report
n Nonprofit
rganization in
uangdong Province
(2018–2019)

广东社会组织蓝皮书

广东社会组织发展报告

(2018—2019)

彭未名　涂斌　邵任薇　主编

知识产权出版社
全国百佳图书出版单位
—北京—

图书在版编目（CIP）数据

广东社会组织发展报告：2018—2019/彭未名，涂斌，邵任薇主编. —北京：知识产权出版社，2019. 12

ISBN 978-7-5130-6733-1

Ⅰ. ①广… Ⅱ. ①彭… ②涂… ③邵… Ⅲ. ①社会组织—研究报告—广东—2018-2019 Ⅳ. ①C912. 21

中国版本图书馆 CIP 数据核字（2019）第 295791 号

内容提要

本书分为总报告、规范社会组织发展的专题报告、分类报告和社会组织的内部发展的专题报告四个部分。总报告总体介绍了新时代背景下广东省社会组织的重要作用、发展现状和前景趋势，规范社会组织发展的专题报告主要论述了广东省社会组织管理的政策体系、社会组织党建工作、社会组织监管体制和社会组织融合等主题，分类报告分门别类地呈现了广东省行业协会、学术类团体和社会服务机构的发展现状和对策，社会组织的内部发展的专题报告主要围绕社会组织内部治理、社会组织项目运营管理、社会组织人力资源管理三个方面展开。

读者对象：从事社会组织理论研究与教学的高等院校教师、研究者，正在进行社会组织领域专业学习与研究的大中专学生、研究生，致力于社会组织管理的社会组织从业者和政府管理者。

责任编辑：江宜玲　　**责任校对**：谷　洋
封面设计：刘　伟　　**责任印制**：刘译文

广东社会组织发展报告（2018—2019）
彭未名　涂斌　邵任薇　主编

出版发行：	知识产权出版社有限责任公司	**网　　址**：	http://www.ipph.cn
社　　址：	北京市海淀区气象路 50 号院	**邮　　编**：	100081
责编电话：	010-82000860 转 8339	**责编邮箱**：	jiangyiling@cnipr.com
发行电话：	010-82000860 转 8101/8102	**发行传真**：	010-82000893/82005070/82000270
印　　刷：	北京建宏印刷有限公司	**经　　销**：	各大网上书店、新华书店及相关专业书店
开　　本：	787mm×1092mm　1/16	**印　　张**：	15. 25
版　　次：	2019 年 12 月第 1 版	**印　　次**：	2019 年 12 月第 1 次印刷
字　　数：	246 千字	**定　　价**：	68. 00 元

ISBN 978-7-5130-6733-1

前言

党的十九大报告指出，要加强社区治理体系建设，推动社会治理重心向基层下移，发挥社会组织作用，实现政府治理和社会调节、居民自治良性互动。社会组织全方位参与新时代国家建设和社区治理，已成为我国社会主义现代化建设的重要力量。改革开放以来，我国社会组织爆炸式增长，截至2018年年底，全国共有社会组织817360个，其中基金会7034个，社会团体366234个，民办非企业单位444092个❶。

在全国社会组织发展态势良好的大环境下，广东省作为全面深化改革的前沿阵地，在推动社会组织管理体制改革、促进社会组织健康有序发展、深化政府购买服务等方面为全国社会组织发展提供了借鉴。2018—2019年，广东省社会组织在数量上进一步增长，质量上稳步提升。根据广东社会组织信息网2019年9月数据显示，广东省目前共有社会组织70266家，其中社会团体31217家、民办非企业单位（社会服务机构）37899家、基金会1150家，较上年同期分别增长4.2%、5.37%、9.0%，社会组织总数涨幅达4.90%❷。随着数量的增长，广东省社会组织在促进经济发展、创新社会治理、扩大对外交往、推进精准扶贫等方面发挥着越来越重要的作用。

2018年3月，习近平总书记在参加十三届全国人大一次会议广东省代表

---

❶ 中华人民共和国民政部. 2018年民政事业发展统计公报［EB/OL］. http://www.mca.gov.cn/article/sj/ljgb/.

❷ 广东社会组织信息网（http://gdnpo.gov.cn/tjcx/shzzsjtj/）.

团审议时发表的重要讲话中提出，广东省要在“四个方面走在全国前列”，特别是“在营造共建共治共享社会治理格局上走在全国前列”对新时代广东省改革发展指明了方向，也进一步对广东省社会组织的发展提出了要求。2019年2月，中共中央、国务院印发的《粤港澳大湾区发展规划纲要》明确提出：“探索把具备条件的行业服务管理职能适当交由社会组织承担，建立健全行业协会法人治理结构。充分发挥行业协会商会在制定技术标准、规范行业秩序、开拓国际市场、应对贸易摩擦等方面的积极作用。”这标志着广东省社会组织不仅要在规范发展、行业自律和内部管理方面继续发挥引领作用，更要在大湾区跨界合作中发挥积极作用。未来，广东省社会组织工作将面临更大的挑战和肩负更大的责任，具体应从以下五方面努力：

第一，进一步加强社会组织中的党的建设，厘清政府与社会组织的边界，坚持在党的领导下发挥各自的职责与功能；规范社会组织党建工作的制度建设，加大对社会组织党建工作的政策保障和支持；健全社会组织党建工作人才培养机制，完善社会组织党建工作的信息平台。第二，进一步规范社会组织发展，优化社会组织法人治理结构，加强社会组织行业自律和诚信建设，实现社会组织健康有序发展。第三，进一步推进社会组织管理体制机制改革，降低社会组织准入门槛，强化社会组织服务功能，激发社会组织内在活力和发展动力，健全社会组织发展的保障机制。第四，进一步完善社会组织监管制度，坚持培育与监管并重，强化事前事中事后监督，推进社会组织信息公开制度建设，创新社会组织信用体系建设。第五，进一步推进社会组织内部治理结构的完善，强化社会组织项目运营与管理能力、提高社会组织人力资源管理能力、完善社会组织财务管理制度、加强社会组织品牌建设能力等，出台社会组织内部管理的参考流程和规范，汇编社会组织管理优秀案例集。此外，广东省社会组织工作还要肩负起积极参与粤港澳大湾区建设的历史使命，应促进跨界创新，培育社会服务产业，打造全球社会创新中心；推动粤港澳社会组织、社会工作人才流动，构建社会服务合作机制；推动社会组织参与建设城市群治理创新，加快社会企业和影响力投资建设。

本书主要围绕广东省社会组织健康有序发展展开。2018—2019年，广东省在规范社会组织发展、推动社会组织行业自律、促进社会组织内部管理等方面取得了一定成效。具体而言，本书围绕社会组织政策效应、社会组织党建发展、社会组织监管、社会组织参与社会融合等规范发展方面进行了剖析；对社会组织行业协会、学术类社会团体、社会服务机构发展的具体情况进行了归纳、总结；探索了社会组织在内部治理、项目运营与管理、人力资源管理等方面的基本情况以及未来的发展方向。希望本书的出版可为全国社会组织健康有序发展提供有益借鉴，为政府部门、企事业单位、社会组织、科研机构及社会各界人士提供有价值的参考信息。也希望本书的出版能为社会各界人士就全国社会组织发展和作用发挥的探索提供交流、讨论的平台，共同促进社会组织履行新时代的历史使命。

目 录

contents

第一章

新时代社会组织健康有序发展及前瞻

彭未名　杨建艺[1]

【摘要】作为社会建设的重要领域，我国社会组织自20世纪80年代以来经历了从曲折前进到不断壮大的过程，数量稳步增长，发展环境逐渐优化，取得了一系列历史成就。广东省作为全国率先发展社会组织和成立社会组织管理局的省份，其社会组织发展不断创新，在社会各方面都发挥着政府、市场不可替代的独特作用，为全国整体的社会组织发展提供了经验和借鉴。党的十八大以来，以习近平同志为核心的党中央高度重视社会组织工作，我国社会组织改革发展步入了新时代。面对现有社会组织发展的挑战和机遇，要实现新时代我国社会组织的健康有序发展，应以社会组织党建工作为引领，在为社会组织发展营造良好外部环境的同时，注重提升社会组织法人治理能力，并加强新时代社会组织专业人才队伍建设。

【关键词】社会组织　路向　对策　新时代

第一节　我国社会组织的发展

社会组织是一个本土化的概念，在国外被称作非营利组织（NPO）、非政

[1] 彭未名，广东外语外贸大学社会与公共管理学院院长，广东省社会组织研究中心主任，教授，研究方向为社会组织、社会治理；杨建艺，广东外语外贸大学社会管理专业2018级研究生，研究方向为社会组织、社会治理。

府组织（NGO）、民间组织等。1998年，“民间组织”一词作为中国官方用语开始被正式使用。2007年，我国开始正式以“社会组织”代替“民间组织”。社会组织分为社会团体、民办非企业单位和基金会三类，2016年3月通过的《中华人民共和国慈善法》将“民办非企业单位”称为“社会服务机构”。

20世纪80年代以来，随着改革开放的不断推进，我国市场经济快速发展，社会贫富差距越来越明显，各阶层的利益需求得不到满足，各种社会矛盾和社会问题的出现推动我国社会组织曲折前进和不断壮大。在发展过程中，社会组织的数量稳步增长，发展环境逐渐优化。尤其是党的十八大以来，以习近平同志为核心的党中央高度重视社会组织工作，做出了一系列重要指示，出台重要改革举措，颁布相关法律法规，推动社会组织改革，社会组织发展步入新时代，社会组织在社会管理创新和社会治理中的作用愈加显著。2017年党的十九大后，中国特色社会主义进入新时代，“我国社会组织工作已经站到了新的历史起点上，具备了在新时代更好发挥作用的实践基础和制度基础”❶。

一、我国社会组织发展的历史成就

1. 稳步增长的社会组织数量

据《2017年社会服务发展统计公报》的统计资料显示：截至2017年年底，我国在民政部门注册的社会组织共有76.2万个，比上年增长8.4%。其中，社会团体35.5万个，比上年增长5.6%；各类基金会6307个，比上年增长13.5%；民办非企业单位40万个，比上年增长11%。❷ 而截至2018年年底，我国依法登记的社会组织共有81.7万个，比上年增长7.2%。❸ 其中，社会团体36.6万个、社会服务机构44.4万个、基金会7034个。❹ 从数据上可以发现我国各类社会组织在数量上都呈现出显著增长的态势，规模不断扩大，

---

❶ 詹成付. 中国社会组织工作要自觉肩负起新时代的历史责任——学习党的十九大报告的初步体会［J］. 中国社会组织，2017（20）.

❷ 中华人民共和国民政部. 2017年社会服务发展统计公报［EB/OL］. http://www.mca.gov.cn/article/sj/tjgb/2017/201708021607.pdf，2018-08-02.

❸ 中华人民共和国民政部. 2018年民政事业发展统计公报［EB/OL］. http://images3.mca.gov.cn/www2017/file/201908/1565920301578.pdf，2019-08-15.

❹ 王兴彬. 社会组织改革发展迈入新时代［J］. 中国社会组织，2019（7）.

这些社会组织广泛活跃在我国经济社会发展的各个领域，在促进经济社会协调发展、推动社会和谐稳定、巩固党的执政基础方面发挥了积极作用，成为我国社会主义现代化建设的重要力量。

2. 初成规模的社会组织人才队伍

人才投入和人力资源建设是衡量一个国家社会组织建设水平和发展规模的重要指标，随着我国社会组织数量的稳步增长，近年来，我国社会组织人才队伍也不断扩大。截至2017年年底，我国社会组织共吸纳社会各类人员就业864.7万人，比上年增长13.2%，共有1716.4万人次在社会服务领域提供了5395.6万小时的志愿服务；[1] 截至2018年年底，我国社会组织共吸纳社会各类人员就业980.4万人，比上年增长13.4%，全国共有持证社会工作者43.9万名，其中社会工作师10.7万人，助理社会工作师33.2万名。[2]

3. 不断完善的社会组织顶层设计

2016年8月，中共中央办公厅、国务院办公厅印发《关于改革社会组织管理制度促进社会组织健康有序发展的意见》，明确提出："以社会团体、基金会和社会服务机构为主体组成的社会组织，是我国社会主义现代化建设的重要力量。"这是以习近平同志为核心的党中央制定的指导社会组织改革发展的纲领性文件，意义重大，影响深远，为社会组织的发展及作用发挥指明了方向。党的十八届三中全会《中共中央关于全面深化改革若干重大问题的决定》提出："推广政府购买服务，凡属事务性管理服务，原则上都要引入竞争机制，通过合同、委托等方式向社会购买"；"正确处理政府和社会关系，加快实施政社分开，推进社会组织明确权责、依法自治、发挥作用。适合由社会组织提供的公共服务和解决的事项，交由社会组织承担。"同年12月，财政部和民政部共同出台了《关于通过政府购买服务支持社会组织培育发展的指导意见》，要求加快转变政府职能，创新社会治理体制，促进社会组织健康有序发展，提升社会组织能力和专业化水平，改善公共服务供给，强调要改

[1] 中华人民共和国民政部. 2017年社会服务发展统计公报［EB/OL］. http://www.mca.gov.cn/article/sj/tjgb/2017/201708021607.pdf，2018-08-02.

[2] 中华人民共和国民政部. 2018年民政事业发展统计公报［EB/OL］. http://images3.mca.gov.cn/www2017/file/201908/1565920301578.pdf，2019-08-15.

善社会组织参与政府购买服务的准入环境，明确对不同领域、不同发展程度的社会组织进行分类指导的原则和要求。

2017 年 10 月，党的十九大指出要发挥社会组织在推进社会主义协商民主、推动社会治理重心向基层下移、参与环境治理、加强基层党组织建设中的作用，并强调要注重从社会组织中发展党员。我国社会组织管理体制和改革发展由此开启新的征程。

二、我国社会组织发展面临的挑战

1. 社会组织的结构失衡

我国社会组织发展的地域性差异是随着经济发展不平衡而产生的。从全国整体发展情况来看，社会组织在我国东部经济发达地区数量相对较多，且参与经济社会发展的程度较高；而在西部欠发达地区，社会组织的数量相对较少，且参与当地经济社会发展的能力不足、程度较低。

从社会组织的类型来看，社会组织的类型结构发展不平衡、不充分。截至 2018 年年底，我国依法登记的社会组织中，有社会团体 36.6 万个、社会服务机构 44.4 万个、基金会 7034 个，数量分布不均衡。据我国目前注册登记的各类社会组织的数据分析，行业协会、商会偏多，公益性、慈善性、服务性社会组织偏少；服务于工商企业的社会组织偏多，服务于普通民众的公益性、志愿性的社会组织偏少。[1]

2. 社会组织自身能力建设不强

根据目前对社会组织，尤其是经济较发达地区、社会组织发展情况较好地区的社会组织的研究来看，我国的社会组织中有不少是由行政力量推动的，具有鲜明的行政化色彩，承接某些政府职能部门的行政事务，被认为是政府的下属机构或下级部门。我国社会组织多数由政府主导成立或其主要管理人员是政府官员，被称为“官办社会组织”（GONGO），其过于行政化的管理方式使得社会组织对政府过度依赖，缺乏自主性。而在“民间组织”中，法人是政府背景的也占较大比重。纯粹由民间人士发起的仅占很小一部分，大多

---

[1] 中华人民共和国民政部. 2018 年民政事业发展统计公报 [EB/OL]. http://images3.mca.gov.cn/www2017/file/201908/1565920301578.pdf，2019-08-15.

是依靠社会中的精英人士组织和倡导成立、以私人关系为纽带的民间社会组织。许多本应属于社会组织的职能，还有相当部分滞留在政府各部门中，而社会组织又替代政府承担了部分行政职能，存在行政机关“社会组织化”、社会组织“行政化”的错位现象。

从当前情况看，绝大多数社会组织能认识到依法自治的重要性，根据党和国家的相关规定和要求，着手建立健全的内部治理结构和开展“去行政化”工作，但是一些基层社会组织，尤其是广泛分布在社区内开展活动的社区社会组织，仍然有大部分未能建立起内部的治理结构。没有完善的内部治理结构，社会组织就难以真正实现依法自治，有的甚至无法正常开展活动，甚至各地还存在一定数量的“僵尸组织”。

3. 社会组织专业人才依然匮乏

从目前社会组织内部的人员划分情况来看，我国社会组织人员队伍仍存在诸多短板，其中兼职、志愿人员数量较多，具有专业能力的高素质的专业化人才相对较少；社会组织内部缺乏针对性、周期性、规范化的成员培训，缺乏有关专业化、高素质的人才引进措施，造成了一定程度的“人才荒”。[1]其主要表现为：一是通过社会组织发展实践培养出来的专业人才较少；二是高校相关专业的培育或相关课程建设具有滞后性，且由于社会组织资金缺乏，无法满足当前社会的高质量生活需要，以及缺乏相应的职业生涯规划，从高校的社会工作等相关专业毕业的专业人才流失严重。

4. 相关政策法规体系不健全

我国目前只有关于不同类型社会组织登记管理的专项法规，缺乏宪法之下的基本法，无法就当前我国有关社会组织的许多一般问题（如公民成立社会组织、社会组织法律地位、社会组织内部治理等诸多方面）进行统一规范。目前主要的法规有《社会团体登记管理条例》《民办非企业单位登记管理暂行条例》和《基金会管理条例》三个国务院颁布实施的条例，以及民政部出台的《民办非企业单位登记暂行办法》和《取缔非法民间组织暂行办法》等，尚无一部基本的法律来作依据。现有法规主要以程序性规范为主，实体性规

[1] 苏曦凌，宋静怡. 新时代的中国社会组织发展：新起点、新理念、新征程［J］. 岭南学刊，2019（1）.

范不足，对社会组织的社会地位、权利义务和法律责任缺乏系统规范，无法切实保障社会组织的合法权益。

第二节　广东省社会组织的发展

广东省特别是其珠三角地区一直是中国改革开放的前沿阵地，作为中国经济的核心区域，在快速发展的经济背后是同时增长的利益分化和公共服务需求。四十年来，广东省被中央政府赋予较大的自主权先行先试，是全国率先发展社会组织和成立社会组织管理局的省份。广东省为全国整体的社会组织发展提供了经验，对全国社会组织的发展具有借鉴参考意义。

近年来，在广东省委、省政府的正确领导下，在民政部的得力指导下，全省社会组织发展较快，整体水平处于全国的领先地位。截至 2018 年年底，经各级民政部门依法登记成立的社会组织共 68144 个，其中社会团体 30380 个、民办非企业单位 36675 个、基金会 1089 个，分别占总数的 44.6%、53.8%、1.6%。[1]

一、广东省社会组织管理体制的改革创新

1. 实行直接登记和双重管理有机统一

2005 年，广东省出台了《广东省行业协会条例》，取消行业协会业务主管单位的职能，将其改为业务指导单位，社会组织直接向登记管理机关申请成立登记。2010 年，广东省将双重管理体制改革从行业协会推进到异地商会、公益性社会组织和经济类社会组织。2012 年 5 月，广州市在全国率先全面铺开社会组织直接登记，除依据国家法律法规须前置行政审批外，社会组织直接向民政部门申请登记。2013 年，“广州市社会组织直接登记”成为广东省社会创新试点项目，除法律法规规定需要前置审批的以外，社会组织的业务主管单位均改为业务指导单位，社会组织由民政部门直接审查登记；重点

[1] 广东社会组织信息网．2018 年 12 月广东省社会组织统计数据［EB/OL］．http://gdnpo.gd.gov.cn/tjcx/shzzsjtj/sjcx_index.html?date=2018-12-01.

培育行业协会商会类、科技类、公益慈善类、城乡社区服务类社会组织。对政治法律类、宗教类和涉及意识形态等特殊领域的社会组织，严格实行双重管理。

2. 推进去行政化和社会组织预防腐败工作

根据2014年广东省政府重点工作相关部署，广东省民政厅要求2015年实现行业协会商会与行政机关真正脱钩，为此省民政厅联合省委组织部等六部门研究制定了《关于行业协会商会与行政机关脱钩方案》，要求全省行业协会商会在2015年年底前完成脱钩，此项工作在全省行业协会商会中顺利开展。广东省对社会组织涉外活动及在粤境外非政府组织情况进行专项普查，并在普查基础上起草完成了《在粤境外非政府组织登记管理暂行办法》；各地级市按照省的预防腐败有关规定，及时在社会组织中开展预防腐败工作，在清理“小金库”、规范内部资金管理等方面做了卓有成效的工作；省民政厅与省预防腐败局联合，在各地市的积极配合下，形成了《社会组织预防腐败工作暂行办法》。

3. 构建社会组织培育孵化基地网络

近年来，广东省促进社会组织培育机制创新，印发两批行政审批制度改革事项目录，取消、转移和下放行政审批事项，出台若干批次的《广东省级政府向社会组织购买服务目录》和《广东省省级培育发展社会组织专项资金管理暂行办法》。多数地市下发了承接政府职能转移和购买服务的资质目录，各地市加大政府职能转移和政府购买服务力度，大力扶持农村基层服务类的社会组织发展，与社区公共服务站建设融为一体。这些举措加大了社会组织扶持力度，有效地促进了全省社会组织的健康发展。

2010年开始，广州市着力推进建设市、区（县级市）、街道（乡镇）三级社会组织培育孵化基地网络，推动社会组织由行政培育向社会培育模式转变。培育基地围绕激发组织活力、提升组织发展能力这一核心目标，每年积极为社会组织链接资源，提升了社会组织培育发展、集约服务、综合管理的能力。广东省按照“政府支持、民间运转、专业团队管理、政府和公众监督、社会组织受益”的孵化模式，扶助公益组织发展成长。其中，广州市社会组织培育基地已培育成为全省最大规模的社会组织培育发展平台，深圳市将

“社会组织孵化基地”项目建设列为重大项目，“社会组织孵化实验基地”正式挂牌运作。为让社会组织迅速成长，开展社会组织公益创投，撬动社会慈善资金，有效地满足和解决社会公共服务需求问题。

4. 推进社会组织法治建设

广东省率先开展了社会组织立法，为健全内部治理机制、加大监管力度，先后出台了《广东省行业协会章程示范文本》《广东省行业协会（商会）管理制度示范文本》《广东省异地商会章程示范文本》《全省性行业协会商会换届选举指引》《广东省民政厅关于基金会运营的行为指引》等制度，各地市结合本地实际，对照上述各项政策规定，相应制定了适应本级社会组织发展的各项规章和措施。为加强综合监管，印发了《广东省构建社会组织综合监管体制试点工作指导意见》，多数地市建立了公安、民政、司法、财政、审计、税务、物价、工商和金融机构的联合监管机制，初步形成了社会组织全方位监管格局。广州市建立了发展和规范社会组织工作联席会议制度，综合监管、严格执法。为强化行业自律，连续三年印发社会组织行业协会自律工作实施意见，各地市根据该实施意见将社会组织纳入市场监督体系建设和社会信用体系规划建设之中，提高了行业协会规范化运作水平。

5. 推进社会组织信息化建设

2013 年 3 月，广东省正式启动社会组织信息化建设。各地市高度重视，积极响应并成立项目领导小组，积极筹措落实建设资金，建成了社会组织信息平台门户网站，信息化建设进展顺利。广东省依托省社会组织信息网和省社会组织法人单位信息资源库，完善省、地市、县区三级社会组织登记管理信息，建立健全社会组织信息公开制度，引导社会组织提升运作的公开性和透明度；强化社会监督制度的落实，全面披露社会组织法人情况、重大活动、重要公益项目实施过程、政府资助资金使用、政府购买服务实施、公募和非公募资金的使用情况等信息，全面提高社会组织公信力。省级及部分地市登记管理机关初步实现了社会组织登记管理工作的网上申报、网上审批、网上年检、网上年报。广州市民政局围绕构建现代社会组织培育管理体制，积极推进社会组织信息网络平台建设，2010 年以来投入大量资金建成“一个门户、两个窗口、三个平台”的全市社会组织登记管理一体化信息系统，打造纵向覆盖市、区各级登记管理机关，横向与政府各职能部门数据互联、互通、互查，集登记、监管、服务和交流合作于一体的公共服务信息化平台，推进政务公开、阳光审批。

6. 创新社会组织党建工作

按照中央部署，广东省在各级登记管理机关成立指导小组，紧扣登记管理环节抓党建工作，在社会组织申请登记时，凡符合条件成立党组织的同步组建党支部；将党组织建立情况和活动开展情况列为年度检查的必检内容；把党建工作作为等级评估的一项重要内容；在社会组织换届改选时，检查发挥党组织的战斗堡垒作用情况，形成了登记管理与党建管理的合力。大力指导社会组织的党建工作，推动社会组织的党组织全覆盖和党的作用全覆盖迈上新台阶、党建管理体制取得新突破。

社会组织是社会治理不可或缺的主体，是推动社会治理创新的重要力量，在省领导的高度重视、政策的支持和社会的推动下，广东省社会组织有了较大较快的发展，各项体制机制的创新和政策措施的出台，也为社会组织的健康发展提供了政策保障，社会组织发展呈现良好的态势。

二、广东省社会组织发挥的作用

广东省社会组织在调动社会资源、提供公共服务、协调社会关系、促进经济发展、推进对外交流与合作、创造就业机会、扶助弱势群体和开展各种公益性社会福利服务等方面发挥着政府、市场不可替代的独特作用，正在成为推进广东省经济发展和社会进步的一支重要力量。

行业协会类社会组织认真履行政府转移出来的行业协调管理职能，通过开展行业管理、行业服务和行业维权等活动，维护企业合法权益，促进了生产的发展和技术的进步。

农村经济协会通过开展农业技术服务和农产品产供销服务，帮助农民增产致富，促进了社会主义新农村和美丽乡村建设。通过提供购销信息、农业生产设施共同利用等服务，有效地减少了村民生产销售的市场风险，降低了生产成本。

专业性和学术性社会团体利用专业技术和管理人员自身优势，通过开展学术研讨、学术交流、社会调查等活动，提高了科技创新能力和普及水平，在繁荣文化、推动科技进步、促进体育卫生事业发展等方面奉献聪明才智，促进了各项社会事业的发展。

社会福利和慈善组织通过动员社会力量，筹集社会资金，扶孤助残敬老，积极参与社会福利和灾害救援，推进了各类社会公益事业的发展，发挥了慈善事业在社会保障体系中的重要补充作用。

社区社会组织深入基层社区，开展形式各样的群众活动，推动了基层民主自治建设，如积极投入文明建设活动，参加创建文明社区、洁净家园义务劳动，开展献爱心活动，为贫困居民捐款，为学校、文化园、公路等公益事业捐款，齐心协力推动和谐、文明社区建设。

民办非企业单位采取多样化的手段和灵活的机制，利用社会资源，扩大社会服务领域，丰富了人民群众日益增长的文化生活需要。

此外，社会团体和民办非企业单位的发展，拓宽了就业和再就业渠道。社会组织还促进、扩大了民间合作与交流，他们开展对外合作与交流，加强与国外企业经贸合作，推进教科文卫交流等，活动形式多种多样，内容丰富多彩，为加快世界和平与发展、推进国内外经济文化发展和交流合作发挥了重要作用，做出了积极的贡献。

三、广东省社会组织发展面临的挑战

1. 社会组织角色定位模糊

广东省各级、各地方政府对社会组织在经济社会发展中的地位和作用仍然存在认识偏差，社会对社会组织的性质、作用和地位不甚了解，社会和公众对其缺乏信任和支持。政府在培育发展社会组织方面的职能发挥不充分，对培育、扶持和发展社会组织缺乏细致、系统的研究，尚未出台具体规划方案、发展策略、软硬件建设措施和与之相配套的激励性、制约性政策。政府与社会组织之间尚未建立起良性的互动关系，政府转移职能、购买公共服务，也尚未获得政府有关部门普遍认同。社会组织难以通过政府购买服务来获得政府资金上的资助，限制了其发展空间和资金来源渠道，而资金又是社会组织正常运转的血脉，经费不足是当前影响和制约社会组织发展普遍存在的问题。

2. 社会组织发展不平衡

按照目前整体的社会组织发展情况来看，存在地域发展不平衡和行业间发展不平衡的问题，农村、边远山区社会组织的发展远远落后于大中城市和经济发达地区。广东省南部和东部地区有着靠近港澳地区的地理优势，其社会组织可获得大量与境外社会组织交流学习的机会，在这些地区社会组织发展势头较好，走在广东省甚至全国前列；而粤西粤北地区，地理位置相对较封闭，经济发展速度相对缓慢，社会组织数量较少。省内发展较快的仍然是较传统的和较低层面非主体性的社会组织，这些传统和热门行业聚集了过多社会组织，而新兴、微利和高风险行业无人问津，出现资源浪费、业务交叉重复的问题，功能定位不准。广东省社会组织结构布局不合理，发展不平衡，社会服务的覆盖范围有限，这限制了其在社会治理中的作用。

3. 社会组织管理体制不健全

我国政府对社会组织的管理实行业务主管单位和登记管理机关双重管理的体制，这种双重管理体制在实际操作中，容易出现协调机制不顺、管理漏洞及对社会组织事后监督不力等问题，容易使双重管理变成简单的申报与登记，从而弱化了对社会组织的有效管理。目前，广东省的社会组织申请恢复了业务主管单位，规范了登记手续，但是登记管理的服务监管体制、机制还停留在粗放型的阶段，社会组织管理服务机构力量仍然非常薄弱。广东省社会组织管理局作为登记管理机关，负责社会组织的政策法规制定、登记管理、年度检查、执法监察、协调业务主管单位、指导下级工作等，基层社会组织管理机关工作量大，任务繁重，经费、人员、机构编制及协调力度严重不足，难以适应对社会组织进行服务指导和监管的实际需要。

第三节　新时代社会组织发展前瞻

一、社会组织健康有序发展路向

1. 推进新时代社会组织党建工作

社会组织党建工作是具有中国特色的管理制度安排，是中国特色社会组织发展的关键所在。党的十九大强调“党政军民学，东西南北中，党是领导一切的”。十九大通过的新党章则指出：“社会组织中党的基层组织，宣传和执行党的路线、方针、政策，领导工会、共青团等群团组织，教育管理党员，引领服务群众，推动事业发展。”这为在基层社区、社会组织等社会自治组织中加强党的领导、开展党的建设提供了坚实的理论依据。近年来，中央要求将社会组织的党建工作和登记管理指导工作实现有机统一，这样的新思路新举措推动了社会组织党建工作的创新发展。但是，当前社会组织党建工作仍然存在一些问题，如组织体系不够健全、组织覆盖不够全面、作用发挥不够充分等，特别是中国特色社会主义进入新时代后，社会组织党建工作的质量有待提高。

推进新时代社会组织党建工作首先要从政策层面对社会组织党建工作提出明确要求，确保社会组织按要求建立党组织，以提升党组织覆盖率；其次，要明确党组织在社会组织当中的权责定位，根据不同社会组织的特点积极发挥党组织的能动性；再次，要促进党组织和社会组织发展的有机统一，使党组织适应社会组织发展的需要，双方形成合力，共同促进党的基层建设和社会组织的健康有序发展。

2. 营造新时代社会组织发展的良好外部环境

面对当前政府部门、官员和社会公众对社会组织认识存在的误区，首先要积极为社会组织的活动和发展释放空间，将社会能够自主解决、行业组织能够自律管理的职能移交给具备条件的社会组织，厘清政府与社会的关系，加强政社分开，不能出现政府部门与社会组织界限不清、职责模糊的现象。其次，社会舆论要积极正确宣传和报道社会组织，加大社会组织的宣传力度，总结和推广发达地区社会组织的发展经验，扭转社会公众对社会组织及其功能的歪曲认识，引导人们正确了解社会组织及其定位。再次，为新时代社会组织的发展营造良好的制度环境，加快推进相关法律法规的建立健全和修改完善，严格落实国家对社会组织的税收优惠政策，进一步明确登记管理机关、业务主管单位、财政、公安等相关部门对社会组织的监管职责，形成“统一登记、各司其职、协调配合、分级负责、依法监管”的社会组织管理体制。[1]

3. 加强新时代社会组织自身能力建设

“增量提质”是新时代中国经济发展的建设目标，也是我国社会组织发展的迫切要求。“打铁必须自身硬”，新时代社会组织要实现健康有序的高质量发展，必须全面提升自身本领、加强自身能力建设，其关键是要完善社会组织内部治理结构，实现社会组织依法自治，提高社会组织能动性与自主性。社会组织只有不断学习，才能适应新时代使命、解决主要矛盾；只有坚持改革创新发展，才能参与到社会治理创新中；只有加强科学发展，才能更好地构建现代社会组织体系；只有结合我国经济社会发展情况，根据自身发展的需求，才能不断锻造高强本领。

4. 补齐新时代社会组织人才队伍的短板

加快培育、规范和发展社会组织需要大量的专业人才。新时代社会组织要实现健康有序发展，必须突破人才匮乏的瓶颈，加强人才引进和人才培育，积极推进组织内部的人才队伍建设。首先，要积极引进具有资深经验的技术人员和管理人员，减缓因专业人才缺乏造成的管理缺位；其次，积极在社会组织内部建设有效的交流和培训机制，通过业务能力培训、组织人员交流等活动提升人力资源的技术水平及业务能力；再次，积极完善社会组织内部人才选拔机制和人才管理机制，制订合理有效的人才晋升计划，使专业人才通过组织内部的晋升成长、动态管理来避免组织人才流失；最后，建立好与当地高校的交流合作机制，组织高校人才进入社会组织进行交流、培训，提升

[1] 石国亮，廖鸿. 推动新时代社会组织高质量发展的战略思考［J］. 理论与改革，2019（1）.

学生的专业知识和实践相结合的能力，培养社会组织后备人才。

二、相关对策

1. 正确认识社会组织的地位和作用，转变政府职能

社会组织是市场经济发展的产物，是市场经济体制不可缺少的组成部分。社会组织作为一个重要的独立的经济社会组织，对于协调社会和经济的发展、平衡社会和市场主体利益、规范市场经济秩序、承接政府职能转变具有十分重要的作用。社会组织是联系政府与社会、政府与企业之间的桥梁和纽带，是一定范围内形成的非正式社会管理组织或监督服务组织。

要使社会组织积极承接政府职能，就要厘清社会组织的角色，加快推进政社分开，除法律法规另有规定外，政府各职能部门要将公民、法人和其他组织能够自主解决、市场机制能够自行调节、社会组织通过自律能够解决的事项转移出去，推进政府职能转移。

2. 加大扶持社会组织的力度，尤其是政府购买服务

社会组织的生存、发展和发挥作用离不开政府的培育和扶持，因此，要根据经济社会发展的实际需要，突出培育发展重点，通过政策支持、政府购买服务、税收优惠政策、资金支持，为社会组织的发展创造良好的环境。

一是提供政策支持。着力落实社会组织财税扶持减免政策。税收政策是促进社会组织发展的有效途径，也是政府引导、调节和规范社会组织的重要手段。着力推动和落实社会组织，特别是公益慈善类组织的税收优惠政策，减轻需要重点扶持的社会组织的税收负担，促进其健康发展。

二是提供资金支持。建立政府有偿委托社会组织提供服务制度，或者建立政府购买社会组织服务制度。政府授权或委托社会组织承担管理服务事项的，要将购买服务的经费纳入年度财政预算。逐步建立公共财政对社会组织提供公共服务的资助和奖励机制，以及社会组织的孵化基地，对有必要成立、有发展前景、但又有资金困难的社会团体给予必要的资助，为社会组织的发展提供财力支持。

3. 完善社会组织监管体系，构建规范的监督管理机制

构建综合监管体系。第一，要完善信用监管体系，建立信用信息动态情

况记录、社会评价、诚信公示和失信惩戒等信用管理制度。第二，要建立奖励惩戒机制，对诚信守法、自律严格、作用突出、社会认可的社会组织及其工作人员，给予一定形式的奖励；对在运作中出现问题的社会组织，视情节给予警告、限期改正或撤销等处理；对于既无代表性又无影响力、既缺乏行业覆盖面又得不到认同的"僵尸组织"，设立退出通道。第三，要健全信息公开制度，有重点、分步骤推进社会组织信息公开工作，积极探索各类社会组织信息公开的机制和方式。第四，要创新社会监督机制，建立与信息公开制度、财税扶持政策等相适应的社会监督体系，将群众监督、舆论监督与社会参与、新闻媒体、法律手段等有机结合起来；第五，要完善登记管理机关、行业主管部门及相关职能部门间的信息交流、协同监督、齐抓共管的责任机制，提高监管合力和应急反应能力。第六，要完善社会组织内部治理结构，按法人登记的社会组织要积极探索建立健全权责明确、运转协调、有效制衡的法人治理结构和治理机制。

第二章

广东省社会组织政策：变迁历程、政策工具与实施效果

涂斌　张涵　林英贤❶

【摘要】 社会组织作为社会治理的重要参与主体之一，其是否有序健康发展关系到社会管理体制的整体性建设。广东省在社会组织培育与管理方面处于全国前列，社会组织在推动经济稳步发展、维护社会安定和谐、创新社会治理等方面均发挥了重要作用。建立合适的社会组织政策体系是政府规范和促进社会组织发展的重要手段，本章以广东省为例，对社会组织政策的变迁历程、政策工具和实施效果进行了分析，并针对目前社会组织政策体系存在的问题提出对策建议。

【关键词】 社会组织政策　政策工具　实施效果

在社会体制改革逐步深化、社会组织快速发展的同时，社会组织在社会治理过程中发挥的作用也越来越突出。社会组织已成为促进广东省经济社会发展的一支重要力量，不仅在救灾减灾、扶贫济困、安老抚幼、扶弱助孤、助学助医、社区服务、社会救助、纠纷调解、禁毒戒毒等众多社会服务领域发挥作用，服务对象涵盖儿童、青少年、老年人、妇女、残疾人、特殊群体等众多人群，而且在经济领域也发挥着日益重要的作用。社会组织在经济发

---

❶ 涂斌，广东外语外贸大学社会与公共管理学院副院长，教授，研究方向为社会组织政策、社会组织评估、公共部门绩效管理、社区治理；张涵，广东外语外贸大学社会与公共管理学院硕士研究生，研究方向为社会组织政策；林英贤，广东外语外贸大学社会与公共管理学院硕士研究生，研究方向为社会组织政策。

展领域积极参与市场监管，制定行业规范、标准，推动经济转型升级，应对贸易纠纷和开拓国际市场。社会组织在对外交往领域也开始发挥作用，在引进资金、技术、管理经验，开展国际合作，参与国际竞争，开展反倾销应诉，保护和发展民族产业，维护国家利益等方面发挥着越来越大的作用。截至2017年年底，我国社会组织总数已达到76.2万家，广东省社会组织总数为63784家，占全国总数的8.37%。

党的十九大报告中提到，在社会主义协商民主、加强社区治理体系建设、完善社会保障制度建设、推进志愿服务制度化建设等社会治理重要事项中，社会组织均应发挥重要的作用。这也意味着进一步扶持、培育、规范社会组织高质量发展是我国当前进一步深化社会治理过程当中的一项重点内容。近年来，国务院办公厅、中共中央办公厅印发了《关于改革社会组织管理制度促进社会组织健康有序发展的意见》《关于加强社会组织党的建设工作的意见（试行）》等社会组织政策文件，也同样印证了我国将进一步扶持、培育、规范社会组织发展的政策趋势。社会组织政策是由各级政府以及社会组织管理部门制定并颁布实施的政策和法律法规，其目的是促进和规范社会组织发展。社会组织发展环境及角色定位的改变，促使全球各个国家通过修改和颁布社会组织政策的方式调整政府与社会组织之间的关系。而这些旨在加强社会组织与政府间合作、促进社会协调治理的政策所存在的问题、产生的效果以及具体的优化路径仍有待进一步明确。

第一节　社会组织政策的变迁历程

社会变迁是通过自发秩序和人为规则不断演进的，因此社会变迁基本上表现为制度变迁，而政策变迁是制度变迁文本形式的载体。依据变迁时序和表现形态，政策变迁呈现为政策时滞、政策博弈、政策演进三个主要特点（陈潭，2004）。社会组织政策的变迁体现了社会经济体制变迁的历程。国家层面的社会组织政策大多从宏观角度进行总体部署，具体的政策主要在省级及以下地市层面落实，省级层面社会组织政策往往会紧跟并反映国家的宏观政策思路，结合省的实际情况提出反映当前及往后社会组织改革发展指导思想、基本原则、总体目标和主要任务的实施意见，并以此作为推进全省社会组织改革发展工作的纲领性文件，进一步指引相关部门及地市层面社会组织政策的具体制定落实。一般而言，省级层面政策制定实施变迁历程和国家政策变迁历程通常是一致的。

中华人民共和国成立以后，国务院曾在1950年和1951年制定了《社会团体登记暂行办法》和《社会团体登记暂行办法实行细则》，作为确认社会团体合法身份地位并对此依法进行管理的政策依据，这也是中国社会组织管理领域最初的两个政策。但1966—1976年的“文化大革命”破坏了社会组织的生长根基，在民主与法治遭到损害的情况下国家也难以制定关于社会组织的政策。

1978年改革开放政策的制定与实施，对社会结构产生了非常深刻的影响，在经济领域和社会领域国家公权力开始松绑，社会管理体制开始出现市民社会的身影，因此我们也将1978年改革开放元年作为社会组织政策发展历程的开端。

由于社会经济体制经历了多次转型，社会组织政策的发展也经历了多个变迁阶段。从政府态度的变化情况而言，社会组织政策大致经历了从限制到吸纳、从忽视到扶持、从排斥到合作三种态度的变化；当代政府对社会组织的管理方式也发生了一些变化，从分类控制的管理模式转变为嵌入型监管方式（刘鹏，2011）。从发展历程而言，从初期的“严格控制”政策为主，逐步转变为当前“培育发展和监督管理并重”的政策氛围（王世强，2012）。从发展阶段而言，社会组织政策经历了国家统揽型、市场主导型、国家主导型三个阶段（马军，2015）。综合以上学者的观点，社会组织政策的变迁历程可概括为“从计划经济时代的严格控制，到市场经济时代初期的适度培育，再到21世纪以来的选择性适度培育加规制”，且社会组织政策的变迁发展本质上是为了积极回应经济社会发展情况和社会治理提出的现实问题（李友梅，梁波，2017）。总体而言，社会组织政策的演变发展可以分为三个阶段。

一、控制为主的政策阶段：1978—2000年

这一阶段的政策目标以严格控制社会组织为主基调。出台的相关政策主要包括：1984年《关于严格控制成立全国性组织的通知》、1988年《基金会

管理办法》、1989 年《社会团体登记管理条例》、1996 年《关于加强社会团体和民办非企业单位管理工作的通知》、1997 年《关于清理整顿社会团体意见的通知》、1997 年《关于查处非法社会团体组织的通知》、1998 年《社会团体登记管理条例》、1998 年《民办非企业单位登记管理暂行条例》、1998 年《关于在社会团体中建立党组织有关问题的通知》、1999 年《关于进一步加强民间组织管理工作的通知》、2000 年《取缔非法民间组织暂行办法》、2000 年《关于加强社会团体党的建设工作的意见》等。

这一阶段主要集中在明确基金会、民办非企业单位的管理办法，整顿社会团体并加强管理上，以条文规定禁止行为、以惩罚处理违规行为发挥着政策的管理制约功能；此外，1993 年《中共中央关于建立社会主义市场经济体制若干问题的决定》确立了转变政府职能、建立"小政府、大社会"的改革目标，明确提出要"发挥行业协会、商会等组织的作用"，体现了重视社会团体中的行业协会和商会作用的政策引导功能；2000 年《关于对部分团体免予社会团体登记有关问题的通知》也在一定程度体现了政策所发出的放松管制信号。

二、适度培育的政策阶段：2001—2010 年

本阶段出台的政策数量相对较少，以适度培育社会组织发展为主要目标。包括：2001 年《财政部、国家税务总局关于企业等社会力量向红十字事业捐赠有关问题的通知》、2001 年《民政部关于进一步开展经常性社会捐助活动的意见》、2004 年《基金会管理条例》、2007 年《全国性民间组织评估实施办法》、2007 年《关于加快推进行业协会商会改革和发展的若干意见》、2007 年《财政部关于开展政府购买社区公共卫生服务试点工作的指导意见》、2008 年《公益性捐赠税前扣除有关问题的通知》、2009 年《关于鼓励政府和企业发包促进我国服务外包产业发展的指导意见》、2009 年《关于非营利组织企业所得税免税收入问题的通知》、2010 年《社会组织评估管理办法》。其中，2004 年出台的《基金会管理条例》和 1998 年出台的《社会团体登记管理条例》《民办非企业单位登记管理暂行条例》，标志着更符合当时需求的社会组织三大条例体系正式确立。

三、“大力扶持发展，规范监管并重”的政策阶段：2011 年至今

随着人们经济能力和生活水平不断提高，为实现社会和谐与公平，进一步满足社会需求，政府的政策导向转变为扶持、鼓励社会组织发展。

2011 年《中华人民共和国国民经济和社会发展第十二个五年规划纲要》第九篇“标本兼治　加强和创新社会管理”要求加强社会组织建设，强调坚持培育发展和管理监督并重，推动社会组织健康有序发展，发挥社会组织在社会管理中的作用，这指明了我国新阶段发展社会组织的方向和原则。2013 年《中共中央关于全面深化改革若干重大问题的决定》提出：“创新社会治理体制、改进社会治理方式，激发社会组织活力。”本阶段社会组织政策数量急剧增加，一方面加大了对社会组织的扶持力度；另一方面在规范行为、社会组织党建工作等方面加强了对社会组织的规范化管理。

1. 扶持社会组织发展的政策措施

2013 年《国务院办公厅关于政府向社会力量购买服务的指导意见》、2014 年《国务院关于促进慈善事业健康发展的指导意见》、2014 年《民政部关于贯彻落实国务院取消全国性社会团体分支机构、代表机构登记行政审批项目的决定有关问题的通知》、2015 年《行业协会商会与行政机关脱钩总体方案》、2016 年《关于改革社会组织管理制度促进社会组织健康有序发展的意见》、2016 年《关于通过政府购买服务支持社会组织培育发展的指导意见》。

2. 规范社会组织发展的政策措施

2012 年《关于印发〈规范基金会行为的若干规定（试行）〉的通知》、2012 年《社会组织登记管理机关行政处罚程序规定》、2015 年《关于加强社会组织党的建设工作的意见（试行）》、2015 年《民政部关于探索建立社会组织第三方评估机制的指导意见》、2016 年《关于社会组织成立登记时同步开展党建工作有关问题的通知》。

经过中华人民共和国成立以来几十年的实践历程，目前已逐步形成了以《社会团体登记管理条例》《社会服务机构登记管理条例》《基金会管理条例》《中华人民共和国慈善法》《志愿服务条例》为主要代表的社会组织政策体系。除了上述由国家民政部等国家级行政部门出台的社会组织政策以外，各

省、自治区、直辖市政府以及社会组织管理部门均可制定并颁布实施社会组织政策。广东省在国家制定社会组织政策的指引下，社会组织政策变迁历程也和全国社会组织政策变迁历程基本一致。

此外，关于社会组织政策制度环境的现状和特征，许多学者也做了总结和归纳。敬乂嘉（2016）指出，采取控制与赋权并重的方式培育具有政治忠诚和专业能力的社会组织是中国发达地区政府的社会组织发展策略。颜克高等（2017）指出，“分类制宜”以及“发展数量，抑制能力”是地方政府的社会组织发展策略以及政策偏好。与此同时，我们也可以发现近几年以来社会组织政策发生了一些新的变化。Wang 和 Kang（2018）指出，在中国的政治情境之下，政府与社会组织难以从根本上建立独立、平等的合作伙伴关系，因为在政策“松绑”的同时，党和政府又通过在社会组织成立党支部的方式将其纳入“党的执政基础”。Wang 和 Kang（2018）将之总结为“社会自治”（Social Autonomy）以及“政治整合”（Political Integration），这也是中国共产党第十八次代表大会以来中国政府的两种政策途径：一方面，在政策层面上放松对社会组织的管制、促进社会组织能力发展、鼓励社会组织参与社会治理；另一方面，通过对社会组织采取党建嵌入以及分类制宜的方式，实现政治整合的目的并进而强化对社会组织的监管。

第二节　社会组织政策工具的选择与实施

政策工具（Policy Instrumentation）又称为政府工具，其实质是政府实现政策目标的方式，即“将政策目标转变为政府管理行为，并进而将政策目标转变为政策现实的方式”。政府治理的最终目的是实现社会系统的良性运行，而政策工具则是政府实现治理目标的重要途径。政策目标是否能够最终实现，有赖于政府是否选择了合适的政策工具，以及是否采用了合适的标准对其进行评价。政策工具理论的研究内容包括政策工具的内涵、类型和特征研究，以及政策工具的选择、组合与绩效评价，并以此为基础建立起较为系统和规范的理论体系。政策工具研究能使政府改革深入到如何落实政府改革的政策措施层面，使政府内部体制改革的理念和战略能够落实到实际操作层面；政策工具分类以及选择模型有助于提高政策执行效率，为政府治理目标的实现提供了有力的保障。

政策工具有多种分类方法，较权威的分类方法包括按行政干涉强度划分、政府引导方式划分以及政策执行强制性程度划分。Salamon（2002）将政策工具分为强制性维度、直接性维度、自治性维度和可见性维度四个分析维度。Schneider和Ingram（1990）从政府如何引导政策目标群体间的行为方式角度，将政策工具分为权威型政策工具、诱因型政策工具、能力建立型政策工具、劝说型政策工具和学习型政策工具。Howlett和Ramesh（1995）根据政府的介入程度把政策工具分为资源型工具、混合型工具和强制型工具。其中，资源型政策工具特征在于政府很少或几乎没有干预；强制型政策工具则强调对目标群体行动的控制与指导；混合型政策工具则介于资源型和强制型政策工具之间，政府可在一定程度上对非政府行为主体的决策者进行干预，但最终的决策行为则由非政府行为主体行动者决定。

国内学者们对社会组织政策的分类进行了研究，政府培育社会组织的政策工具可分为四种类型：基础型工具（放松管制、建立法规）、分配型工具（补贴、税收优惠）、市场化工具（政府购买、凭单制）、引导型工具（赋能、伙伴关系）（王世强，2012）。车峰（2015）以北京作为研究分析案例，将社会组织扶持性政策工具分为基础型工具（政府职能转移、放松管制、人才建设支持）、直接型工具（资金扶持、税收优惠、孵化基地）、市场化工具（政府购买服务：市场运作、合同契约、凭单制）、社会化工具（公众参与、志愿服务、社会捐赠促进）。李健（2017）在霍莱特和拉姆什的政策工具分析框架基础上，将监督管理等限制型社会组织政策进行了工具分类，把社会组织政策工具分为放松管制工具（次级工具包括：放松进入管制工具、放松投资管制工具、放松募捐管制工具）、监督管理工具（次级工具包括：直接监管工具、间接监管工具、联合监管工具）和培育发展工具（次级工具包括：投入型支持工具、绩效型支持工具、混合型支持工具）三种类型，并指出我国各省份和地区应综合考虑各种不同政策工具的组合成效，根据因地制宜的原则促进和规范社会组织的发展。本章选取李健（2017）社会组织政策工具的分类方法研究广东省社会组织政策工具选用。

自2008年以来，广东省出台了一系列社会组织政策，其中包括了加强社会组织监管、加强社会组织年检工作以及行政脱钩试点等扶持与监管政策。根据各项社会组织政策工具的概念、内涵、特征进行统计，截至 2017 年年底，广东省 2008—2017 年颁布的社会组织政策共有 66 项[1]。

一、放松管制政策工具

放松管制政策工具是一级社会组织政策工具，是政府为实现政策目标采取的放松社会组织准入、放松社会组织资金准入（如吸引社会投资、社会捐赠、允许投资经营、许可募捐、备案募捐、公开场所募捐、网络募捐等）、减少行政干预等方面的限制行为，放松管制政策工具实质是在政府公共服务职能转变过程中减弱或取消对社会组织管制的方式或措施。其次级社会组织政策工具包括放松进入管制、放松投资管制和放松募捐管制三种类型，目的是通过引入竞争机制来激发和提高社会服务活力以及公共服务质量。

1. 放松进入管制政策工具

放松进入管制政策工具是指政府在公共服务职能转变过程中，减弱或取消对社会组织在登记注册、管理脱钩等方面限制的方式或措施。具体政策措施包括降低登记注册门槛、扩大直接登记范围、简化登记办理程序、取消和下放审批管理权限、允许一业多会、推动行政脱钩等。2008—2017 年广东省社会组织政策的执行采用放松进入管制政策工具的共有 8 项，如表 2-1 所示。其中 2011 年和 2012 年出台的《关于加快推进社会体制改革建设服务型政府的实施意见》（粤办发〔2011〕22 号）、《中共广东省委广东省人民政府关于加强社会建设的决定》（粤发〔2011〕17 号）、《广东省民政厅关于进一步培育发展和规范管理社会组织的方案》（粤发〔2012〕7 号）等政策，明确了对公益慈善类、工商经济类、社会服务类、城乡社区服务类四类社会组织实行直接登记制度，也使得全省社会组织数量实现了较快的增长。

---

[1] 广东社会组织信息网，http://gdnpo.gd.gov.cn.

表 2-1　2008—2017 年广东省社会组织放松进入管制政策汇总

	政策名称	政策文本内容	政策文号	政策执行时间
放松进入管制	《广东省人民政府关于进一步鼓励和引导民间投资的若干意见》	降低社会组织注册门槛，放宽登记注册出资限制	粤府〔2011〕19 号	2011-02-24
	《广东省人民政府办公厅印发〈关于加快推进社会体制改革建设服务型政府的实施意见〉等七个加强社会建设文件的通知》	开展社会组织直接登记工作，对经济类、科技类、公益服务类、城乡社区服务类社会组织实行直接登记制	粤办发〔2011〕22 号	2011-09-23
	《中共广东省委广东省人民政府关于加强社会建设的决定》	降低准入门槛，简化登记办法，探索公益慈善类、社会服务类、工商经济类等社会组织直接申请登记制，充分调动民间力量和资源参与社会建设	粤发〔2011〕17 号	2011-07-01
	《广东省民政厅关于基金会运营的行为指引》	基金会理事会可在充分论证的基础上对重大资助项目进行审批	粤民民〔2011〕135 号	2011-09-28
	《广东省民政厅关于进一步培育发展和规范管理社会组织的方案》	扩大社会组织直接登记范围，公益慈善类、社会服务类、工商经济类社会组织可由民政部门直接审查登记	粤发〔2012〕7 号	2012-04-25
	《广东省民政厅关于进一步促进公益服务类社会组织发展的若干规定》	简化（公益服务类社会组织）行政审批流程，规定上级管理部门不得干预社会组织行政事务	粤民民〔2013〕111 号	2013-04-22
	《广东省深化全省性行业协会商会与行政机关脱钩试点工作方案》	省民政厅牵头负责全省性行业协会商会脱钩试点工作，各脱钩负责单位应成立脱钩试点工作组，落实社会组织脱钩深化改革试点工作	粤民函〔2016〕1264 号	2016-07-07
	《关于改革社会组织管理制度促进社会组织健康有序发展的实施意见》	降低准入门槛，对符合登记条件的社区社会组织，优化服务，加快审核办理程序，简化登记程序	粤办发〔2017〕14 号	2017-04-26

2. 放松投资管制政策工具

放松投资管制政策工具是指政府在公共服务职能转变过程中，减弱或取消社会组织在开展投资活动方面限制的方式或措施。具体政策措施包括促进社会捐赠、吸引社会投资、允许投资经营等。从表 2-2 可见，广东省于 2012 年出台的《鼓励和引导民间投资健康发展实施细则的通知》（粤府〔2012〕100 号）政策促进了民间投资进入社会事业领域的机会。除此以外，同样于 2012 年出台的《关于进一步培育发展和规范管理社会组织的方案》（粤发〔2012〕7 号），进一步明确了要落实对社会组织的公益性捐赠税前优惠，以保障社会组织能够享受到服务免税或税收优惠，给予了社会组织更大的发展空间。

表 2-2 2008—2017 年广东省社会组织放松投资管制政策汇总

	政策名称	政策文本内容	政策文号	政策执行时间
放松投资管制	《贯彻国务院关于〈进一步促进中小企业发展若干意见〉的实施意见》	研究制定创业投资和融资租赁政策，鼓励发展创业风险投资、私募股份投资、融资租赁机构，拓宽民办非企业的融资渠道	粤府〔2010〕39 号	2010-03-25
	《广东省人民政府关于进一步鼓励和引导民间投资的若干意见》	放宽民间投资领域，清除投资体制障碍	粤府〔2011〕19 号	2011-02-24
	《关于进一步培育发展和规范管理社会组织的方案》	开展非营利组织免税、公益性捐赠税前扣除等资格认定	粤发〔2012〕7 号	2012-04-25
	《鼓励和引导民间投资健康发展实施细则的通知》	鼓励和引导民间投资进入医疗卫生事业、教育和社会培训事业、社会福利事业、文化旅游体育产业等社会事业领域	粤府〔2012〕100 号	2012-08-27

3. 放松募捐管制政策工具

放松募捐管制政策工具是指政府在公共服务职能转变过程中，减弱或取消对社会组织在开展募捐活动方面限制的方式或措施。具体政策措施包括许可募捐、备案募捐、公开场所募捐和网络募捐等。放松募捐管制政策工具主要作用于基金会组织，广东省民政厅于2011年出台《广东省民政厅关于基金会运营的行为指引》（粤民民〔2011〕135号），除了明确基金会运营的各项细则以外，也明确指出允许基金会在规定指引范围内开展募捐活动。

二、监督管理政策工具

监督管理政策工具是指为实现政策目标，政府与社会公众以及其他组织机构共同对社会组织进行监督和管理所采取的措施，包括直接监管、间接监管和联合监管等政策工具。

1. 直接监管政策工具

直接监管政策工具是指民政部门（社会组织管理部门）作为单一责任主体对社会组织进行监督管理的方式或措施。具体政策措施包括理顺政府监管机制、社会组织内部治理优化机制、防治违规行为、开展检查工作等。具体有抽查监管、专项检查、年检、信息公开、退出机制、行政处罚、异常名录（黑名单）、信用奖惩制度、评估、重大事项报告制、服务承诺制、行政约谈等工具措施。从表2-3可见，广东省出台的社会组织政策较强调社会组织内部治理能力的提升，如《广东省民政厅关于进一步促进公益服务类社会组织发展的若干规定》（粤民民〔2013〕111号）明确提出公益组织要健全内部财务管理制度，提升经费管理能力；《广东省民政厅关于社会组织法人治理的指导意见》（粤民发〔2015〕70号）则要求全省各类社会团体、民办非企业单位和基金会根据指导意见健全社会团体法人治理结构。而《广东省社会组织党员管理暂行规定》（粤社党工字〔2010〕12号）和《关于加快推进社会体制改革建设服务型政府的实施意见》（粤办发〔2011〕22号）等政策则强调要加强社会组织党建工作，提高社会组织党建工作覆盖率。

表 2-3　2008—2017 年广东省社会组织直接监管政策汇总

	政策名称	政策文本内容	政策文号	政策执行时间
直接监管	《中共广东省委办公厅、广东省人民政府办公厅关于发展和规范我省社会组织的意见》	进一步做好由各类登记管理机关牵头、政府各主管部门负责的社会组织入口登记工作，强化分类准入管理和分类清理整顿工作	粤办发〔2008〕13 号	2008-09-28
	《广东省民政厅、广东省科学技术协会关于开展科技类社会团体创新发展试点工作的通知》	对科技类社会团体开展定期检查评估工作，不合格者将取消试点资格并取消发放补贴资金	粤民民〔2008〕40 号	2008-06-23
	《中共广东省委办公厅、广东省人民政府办公厅关于发展和规范我省社会组织的意见》	对行业协会开展商业贿赂清理查处工作，严肃查处市场中介组织的价格欺诈、提供虚假信息、进行不正当竞争等违法行为	粤办发〔2008〕13 号	2008-09-28
	《2008 年广东省社会团体组织行业协会和市场中介组织开展自律和防治商业贿赂工作实施意见》	对社会团体组织行业协会开展自律和防治商业贿赂工作，防治商业贿赂现象	粤民民〔2008〕41 号	2008-07-07
	《广东省民政厅、广东省监察厅、广东省财政厅、广东省国家税务局、广东省地方税务局、广东省物价局、广东省政府纠风办转发民政部等六部委办关于规范社会团体收费行为有关问题的通知》	规范社会团体开展评比达标表彰活动，建立社会团体会费收取及备案制度。社会团体的各类收费项目必须依法依规进行收取，不得乱摊派、乱收费	粤民民〔2008〕30 号	2008-05-08

续表

	政策名称	政策文本内容	政策文号	政策执行时间
直接监管	《广东省民政厅关于社会组织评估管理的暂行办法》	对社会组织开展定期评估，上年未接受年检的、年检不合格的、被登记管理机关处罚过的、评估中心认定不符合评估条件的不予评估	粤民民〔2009〕12号	2009-04-01
	《广东省社会组织登记管理机关实施行政处罚程序规定》	建立登记管理机关实施行政处罚制度	粤民民〔2010〕66号	2010-10-01
	《广东省社会组织党员管理暂行规定》	进一步加强和改进社会组织党建工作，充分发挥社会组织党员干部的先锋模范带头作用，促进社会组织健康发展	粤社党工字〔2010〕12号	2010-02-11
	《广东省民政厅关于基金会运营的行为指引》	进一步规范基金会运营行为，促进基金会规范发展，建立健全基金会管理制度，以实现社会利益最大化为目的维护基金会、基金捐赠人和基金受益人的合法权益	粤民民〔2011〕135号	2011-09-28
	《中共广东省委、广东省人民政府关于加强社会建设的决定》	坚持积极引导与依法管理并举，建立健全社会组织登记监管体制	粤发〔2011〕17号	2011-07-01
	《转发民政部 国家档案局关于印发〈社会组织登记档案管理办法〉的通知》	强化社会组织档案工作规范化管理，引导社会组织重视档案管理工作	粤民办〔2011〕25号	2011-08-10
	《中共广东省委办公厅 广东省人民政府办公厅印发〈关于加快推进社会体制改革建设服务型政府的实施意见〉等七个加强社会建设文件的通知》	加强社会组织党建和群团工作，实现社会组织党的组织和党的工作全覆盖	粤办发〔2011〕22号	2011-09-23

续表

	政策名称	政策文本内容	政策文号	政策执行时间
直接监管	《关于进一步培育发展和规范管理社会组织的方案》	加强分类登记指导机制，要求社会组织成立基层党组织，加强社会组织党建组建力度和党群工作	粤发〔2012〕7号	2012-04-25
	《关于确定具备承接政府职能转移和购买服务资质的社会组织目录的指导意见》	建立具有承接政府公共服务资质和承接政府购买服务能力的社会组织目录	粤民民〔2012〕135号	2012-06-29
	《广东省民政厅关于进一步促进公益服务类社会组织发展的若干规定》	建立和完善政府购买服务机制，在购买服务的过程中可采取项目招标、政府承担、合同管理、评估兑现等方式进行；建立健全社会组织内部财务管理制度；公益服务类社会组织应按照相关规定提交财务审计报告和本年度的活动安排，接受年度检查	粤民民〔2013〕111号	2013-04-02
	《广东省人民政府办公厅关于印发政府向社会力量购买服务暂行办法》	建立健全对违法违规的购买服务行为的处罚力度	粤府办〔2014〕33号	2014-07-02
	《广东省民政厅关于印发〈广东省民政厅关于社会组织法人治理的指导意见〉等四个文件的通知》	对承接主体提供的服务在项目完成后组织考核评估和验收，并将评估结果作为以后年度预算安排的依据	粤民发〔2015〕70号	2015-04-10
	《社会组织档案工作的指引》	健全社会组织内部的法人治理结构与规则（章程、会员制度、理事会制度、监事会制度、秘书处制度、资产管理制度和人力资源管理制度）	粤民发〔2015〕167号	2015-11-01

续表

	政策名称	政策文本内容	政策文号	政策执行时间
直接监管	《关于改革社会组织管理制度促进社会组织健康有序发展的实施意见》	大力培育发展社区社会组织，依法做好审查登记和监督管理，规范社会组织涉外活动，加强社会组织自身建设，加强党对社会组织工作的领导，抓好组织实施	粤办发〔2017〕14号	2017-04-26
	《广东省民政厅关于深入推进行业协会商会诚信自律建设工作的通知》	建立健全信息采集与评价机制、自律机制、法人治理规范和诚信奖惩机制，深入推进行业协会商会诚信自律建设，提高行业协会商会对会员企业信用服务和信用管理的能力，增强社会公信力	粤民函〔2017〕2060号	2017-09-10

2. 间接监管政策工具

间接监管政策工具是指民政部门（社会组织管理部门）作为主要责任主体联合社会公众、第三方平台或机构对社会组织进行监督管理的方式或措施。具体政策措施包括独立监管、行业监管、第三方监管、社会监督等。从表2-4可知，广东省也相继出台《广东省民政厅关于进一步促进公益服务类社会组织发展的若干规定》（粤民民〔2013〕111号）、《政府向社会组织购买服务暂行办法》（粤府办〔2012〕48号）等相关政策，要求公益服业类社会组织以及承接政府购买服务的社会组织应建立信息公开机制，将资金募集以及运作使用过程向社会公开，以提高组织运作的透明度和公信力。

表 2-4　2008—2017 年广东省社会组织间接监管政策汇总

	政策名称	政策文本内容	政策文号	政策执行时间
间接监管	《中共广东省委办公厅、广东省人民政府办公厅关于发展和规范我省社会组织的意见》	创新社会监督机制，将群众监督、舆论监督、媒体监督与法律手段有机结合	粤办发〔2008〕13 号	2008-09-28
	《关于进一步培育发展和规范管理社会组织的方案》	建立社会组织信息披露机制，搭建信息管理平台，实现信息共享和社会监督，将社会组织自律建设情况和公益服务活动纳入社会诚信管理体系当中	粤发〔2012〕7 号	2012-04-25
	《政府向社会组织购买服务暂行办法》	政府部门应按相关规定公开购买服务的具体信息内容，接受社会监督，提高社会组织的服务价格透明度以及资金使用透明度	粤府办〔2012〕48 号	2012-05-24
	《广东省民政厅关于进一步促进公益服务类社会组织发展的若干规定》	公益服务类社会组织应建立信息披露机制，并将财务报告报送第三方会计师事务所，审核公开资金筹集使用情况，提高公益组织运作透明度	粤民民〔2013〕111 号	2013-04-02
	《广东省人民政府办公厅关于印发政府向社会力量购买服务暂行办法》	按照“谁组织，谁负责”的原则，将购买服务的全过程内容（承接主体、购买方式、资金安排、绩效评价、检查监督结果等）向社会公开，接受社会监督	粤府办〔2014〕33 号	2014-07-02

3. 联合监管政策工具

联合监管政策工具是指民政部门（社会组织管理部门）作为主要责任主体联合其他政府组织机构对社会组织进行监督管理的方式或措施。具体政策措施包括党政联合监管、多部门联合监管、综合监管等。表 2-5 显示了 2008—2017 年广东省社会组织联合监管政策情况。由于社会组织双重管理制度的原因，社会组织管理往往需要登记管理部门、业务主管部门以及相关职能部门的共同协调，《广东省人民政府办公厅关于印发政府向社会力量购买服务暂行办法》（粤府办〔2014〕33号）也再次强调了建立社会组织综合管理机制的重要性，并要求各部门加强监管过程中的信息沟通机制。

表2-5 2008—2017年广东省社会组织联合监管政策汇总

	政策名称	政策文本内容	政策文号	政策执行时间
联合监管	《中共广东省委办公厅、广东省人民政府办公厅关于发展和规范我省社会组织的意见》	建立综合监管机制，建立健全登记管理部门、业务主管部门及相关政府职能部门间的齐抓共管责任机制，将年检工作与日常监督、信用建设、绩效管理、查处违法行为等工作结合起来	粤办发〔2008〕13号	2008-09-28
	《关于印发〈广东省社会组织党员管理暂行规定〉的通知》	社会组织党建工作和党员管理工作由同级社会组织党工委和同级民政部门党组织管理	粤社党工字〔2010〕12号	2010-02-11
	《关于进一步培育发展和规范管理社会组织的方案》	建立党委、政府齐抓共管格局的联席会议制度以及多部门联合监管机制	粤发〔2012〕7号	2012-04-25
	《政府向社会组织购买服务暂行办法》	明确分工，落实财政、监察、审计联合等各部门对购买服务全过程的齐抓共管机制	粤府办〔2012〕48号	2012-05-24
	《广东省人民政府办公厅关于印发政府向社会力量购买服务暂行办法》	加强各部门的信息交流和协同监督，完善登记管理部门、业务主管部门及相关职能部门的齐抓共管责任机制	粤府办〔2014〕33号	2014-07-02
	《广东省发展改革委广东省民政厅关于进一步加强行业协会商会管理清理规范服务收费的通知》	各级行政机关相关职能部门依法对行业协会商会加强监管，强化行业协会商会收费行为监管	粤发改价格函〔2017〕2983号	2017-06-19

续表

	政策名称	政策文本内容	政策文号	政策执行时间
联合监管	《广东省司法厅 广东省综治办 广东省高级人民法院 广东省民政厅关于贯彻落实〈司法部等四部门关于推进行业性专业性人民调解工作的指导意见〉的实施意见》	加强组织领导，各级司法行政机关、综治组织、人民法院、民政和相关行业主管部门要加强协调配合，保障人民调解工作顺利开展	粤司规〔2017〕4号	2017-05-01

三、培育发展政策工具

培育发展政策工具是政府在培育社会组织发展的过程中开展社会组织人才培育工作、举办推广宣传活动、鼓励社会组织争先创优以及提供社会组织发展所需的场地、资金等资源的方式或措施，培育发展政策次级社会组织政策工具包括投入型支持、绩效型支持和混合型支持三种类型。

1. 投入型支持政策工具

投入型支持政策工具是指政府通过为社会组织提供发展所需要的资金、人才、场地等资源或加强宣传引导的方式来促进社会组织发展的方式或措施。具体政策措施包括资金扶持、政府购买服务、场地、设备与技术支持、平台渠道建设、建设孵化基地、培育支持型社会组织、推动人才吸引和培育、加强宣传引导、促进参政议政等。表2-6显示了2008—2017年广东省社会组织投入型支持政策具体的政策文件情况。由于社会组织对政府存在一定的资源依赖，社会组织数量、质量和能力的提高有赖于政府部门投入型政策的支持。《关于进一步培育发展和规范管理社会组织的方案》（粤发〔2012〕7号）明确了多项培育社会组织发展的政策要求，包括：创新资金扶持机制，设立分类扶持的孵化专项资金；建立健全购买社会组织服务制度；建立健全社会组织从业人员培训制度和保障制度；促进各类社会组织中的优秀代表参政议政，将社会组织中的优秀代表纳入人大代表、党代表的推荐范围当中。

表 2-6　2008—2017 年广东省社会组织投入型支持政策汇总

	政策名称	政策文本内容	政策文号	政策执行时间
投入型支持	《广东省人民政府关于促进中小企业平稳健康发展的意见》	切实加大对社会组织的财税支持力度	粤府〔2008〕104 号	2008-12-02
	《广东省民政厅、广东省科学技术协会关于开展科技类社会团体创新发展试点工作的通知》	开展科技类社会团体发展试点工作，培育内部管理规范、组织机构健全、学术质量优良、运行机制灵活、服务功能齐全、发展能力较强、社会影响力大的示范性科技类社会团体	粤民民〔2008〕40 号	2008-06-23
	《中共广东省委、广东省人民政府关于加强社会建设的决定》	构建枢纽型社会组织工作体系，强化工会、青年团体、妇联等群团组织的社会服务功能，吸纳更多同类社会组织参与社会建设当中	粤发〔2011〕17 号	2011-07-01
	《关于进一步培育发展和规范管理社会组织的方案》	设立分类扶持的孵化培育专项资金，健全政府职能转移目录和购买公共服务制度；建立社会组织从业人员薪酬指导机制，鼓励有条件的社会组织建立年金制度，作为养老保险的补充；拓宽社会组织的参政议政渠道，将社会组织中的优秀代表纳入党代表、人大代表、政协委员推荐范围	粤发〔2012〕7 号	2012-04-25
	《政府向社会组织购买服务暂行办法》	建立健全政府向社会组织购买服务制度，制定政府转移职能目录，通过购买服务转移职能	粤府办〔2012〕48 号	2012-05-24
	《广东省省级培育发展社会组织专项资金管理暂行办法》	加强对社会组织的专项资金扶持，充分发挥资金激励效应	粤财行〔2012〕245 号	2012-06-20

续表

	政策名称	政策文本内容	政策文号	政策执行时间
投入型支持	《广东省民政厅关于进一步促进公益服务类社会组织发展的若干规定》	加大对社会组织的孵化培育力度，保障公益服务类社会组织能依相关法规要求享受税收优惠	粤民民〔2013〕111号	2013-04-02
	《广东省人民政府关于推进我省教育"创强争先建高地"的意见》	引导、鼓励慈善类民间组织成立和发展	粤府〔2013〕17号	2013-02-21
	《广东省人民政府办公厅关于印发政府向社会力量购买服务暂行办法》	引入竞争机制的服务外包模式，通过资金补贴的方式降低社会组织特定产品和特定服务的价格，广泛宣传政府购买社会组织服务的价值和意义，做好政策解读和舆论引导工作	粤府办〔2014〕33号	2014-07-02
	《关于改革社会组织管理制度促进社会组织健康有序发展的实施意见》	完善扶持社会组织发展政策措施，加大扶持力度（财政税收支持，人才建设）	粤办发〔2017〕14号	2017-04-26
	《广东省财政厅 广东省民政厅转发财政部 民政部关于通过政府购买服务支持社会组织培育发展指导意见的通知》	加强组织领导，统筹推进，分类指导，推进政府向社会组织购买服务，支持社会组织培育发展	粤财行〔2017〕73号	2017-04-07
	《广东省司法厅 广东省综治办 广东省高级人民法院 广东省民政厅关于贯彻落实〈司法部等四部门关于推进行业性专业性人民调解工作的指导意见〉的实施意见》	由相关行业主管部门鼓励行业性、专业性调解组织建设，落实好人员配备、办公设备、工作场所和经费保障，加强业务指导、工作支持	粤司规〔2017〕4号	2017-05-01

2. 绩效型支持政策工具

绩效型支持政策工具是指政府通过运用市场化的手段促进社会组织发展的方式或措施。具体政策措施包括建立考评奖惩机制、标尺竞争、以奖代补等。具体政策文件如表 2-7 所示。激励机制的存在与否关乎社会组织服务能力是否提升。根据《广东省省级培育发展社会组织专项资金管理暂行办法》（粤财行〔2012〕245 号）中的要求，社会组织管理部门应对财政资金承接的社会组织开展绩效评价工作，社会组织专项资金将实行资金竞争性分配方式以激励社会组织提升服务质量，并将社会组织提供服务的绩效评价结果作为日后安排资金的参考依据之一。

表 2-7　2008—2017 年广东省社会组织绩效型支持政策汇总

	政策名称	政策文本内容	政策文号	政策执行时间
绩效型支持	《广东省民政厅、广东省科学技术协会关于开展科技类社会团体创新发展试点工作的通知》	探索建立以提高社会效益、经济效益为目标的社会组织激励机制	粤民民〔2008〕40 号	2008-06-23
	《中共广东省委、广东省人民政府关于加强社会建设的决定》	资质优良、社会信誉好的社会组织优先承接公共服务	粤发〔2011〕17 号	2011-07-01
	《关于进一步培育发展和规范管理社会组织的方案》	建立社会组织等级评估机制和竞争择优机制	粤发〔2012〕7 号	2012-04-25
	《广东省省级培育发展社会组织专项资金管理暂行办法》	建立社会组织资金竞争性分配制度，引入第三方机构评估，对财政资金使用绩效和承接项目的服务绩效进行评价，并作为以后年度预算安排的依据	粤财行〔2012〕245 号	2012-06-20
	《政府向社会组织购买服务暂行办法》	绩效评价结果作为以后年度预算安排及社会组织承接政府购买服务的重要参考依据	粤府办〔2012〕48 号	2012-05-24

续表

	政策名称	政策文本内容	政策文号	政策执行时间
绩效型支持	《广东省人民政府办公厅关于印发政府向社会力量购买服务暂行办法》	对承接主体提供的服务在项目完成后组织考核评估和验收，并将评估结果作为以后年度预算安排依据	粤府办〔2014〕33号	2014-07-02

3. 混合型支持政策工具

混合型支持政策工具是指政府采取创新的支持形式促进社会组织发展的方式或措施。具体政策措施包括公益创投、特许经营、社会影响力债券等。广东省于2011年出台的《广东省人民政府关于进一步鼓励和引导民间投资的若干意见》（粤府〔2011〕19号）促进了民间投资通过特许经营方式进入相关领域，进一步扩大了社会服务事业的特许经营范围，也使社会组织可在规定的期限以及范围内经营公共产品或提供公共服务。

第三节　广东省社会组织政策效果分析

为综合反映广东省2008—2017年的社会组织政策效果，根据《中国民政统计年鉴》中对社会组织进行统计的相关指标，从政策促进社会组织数量的增长以及政策促使社会组织质量的变化两个角度对政策效果进行统计分析。

一、社会组织数量的增长

区域内社会组织总数以及从业人员的数量能反映当前该区域社会组织的发展水平，社会组织数量以及社会组织的从业人员越多，意味着该区域的社会组织总体发展水平越高，也象征着该区域的社会组织政策在数量促进方面取得了良好的效果。因此，可从广东省2008—2017年的“社会组织数量”以及“每万人从业人员数量”两个指标对广东省社会组织政策促进社会组织数量的增长情况进行分析。

如图 2-1 和图 2-2 所示，2008—2017 年广东省社会组织数量呈增长趋势，每万人社会组织从业人员数量除 2016 年略有下调以外，其余年份均呈上升趋势。与此同时，我们可以发现 2012 年是这两个指标增长速度变化的关键拐点年：社会组织数量从 2012 年之前每年稳定增长 2000 个左右变为 2012 年之后每年增长均在 5000 个以上；每万人社会组织从业人员数量也于 2012 年达到了这 10 年间的第一个增长高潮。

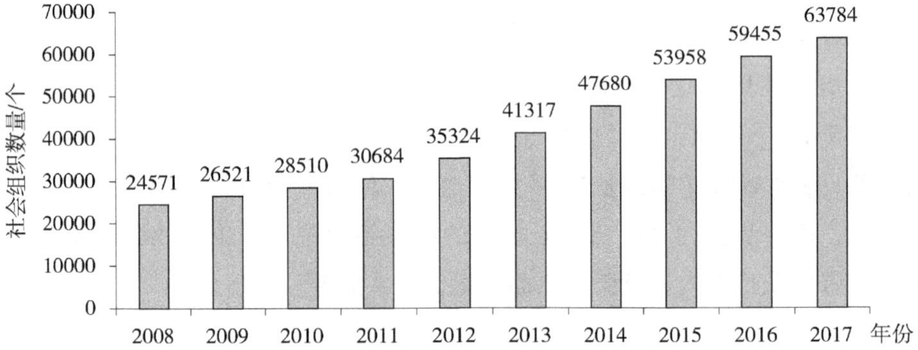

图 2-1　广东省 2008—2017 年社会组织数量变化情况

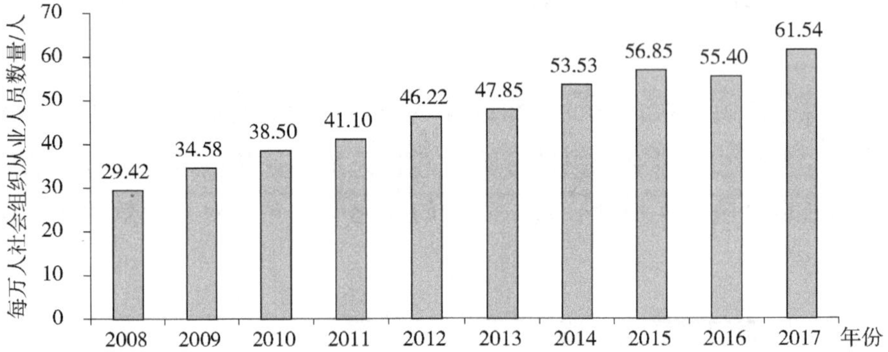

图 2-2　广东省 2008—2017 年每万人社会组织从业人员数量变化情况

结合上一部分对 2008—2017 年广东省社会组织政策的 66 项政策文本的统计情况，我们可以发现 2012 年是出台政策文本量最多的年份（15 个），同时也是政策工具使用结构最多样化的一年（放松管制政策工具数量为 3 个，监督管理政策工具数量为 6 个，培育发展政策工具数量为 6 个）。由此，我们也可以得出如下结论：总体上，2008—2017 年广东省社会组织政策对促进社会组织数量的增长取得了良好的效果，而高频次的政策出台以及多样化的政策工具使用结构对于促进社会组织数量的增长而言效果尤为显著。

二、社会组织质量的变化

社会组织的数量仅反映了社会组织发展的一个方面，社会组织的质量也是社会组织政策效果的衡量指标。区域内社会组织的质量往往与社会组织的服务水平相挂钩，而社会组织从业者的职称结构以及学历结构则能较直观地反映出当前该区域社会组织的总体服务水平。除此以外，社会组织能力作为社会组织发展质量的另一延伸角度，可通过社会组织单位增加值指标反映，一个区域的社会组织单位增加值越大，说明该区域的社会组织总体服务能力越高，社会组织的总体发展质量越好（颜克高等，2017）。因此，可从广东省 2008—2017 年的“本科以上从业人员数量”“获得职称从业人员数量”以及“社会组织单位增加值”三个指标对广东省社会组织政策促使社会组织质量变化的情况进行分析。

如图 2-3 所示，2008—2017 年广东省社会组织中本科以上从业人员数量呈增长趋势，且 2012 年再一次成为关键拐点年，本科以上学历从业人员数量于 2012 年达到了增长高潮，说明广东省社会组织政策的出台对于吸引高学历人才起到了良好的促进作用。但与此同时，如图 2-4 和图 2-5 所示：2008—2017 年广东省社会组织获得职称从业人员数量以及广东省社会组织单位增加值在这 10 年间呈现出了非均衡的波动增长趋势，在部分年份相关数据有一定的下降。尤其是 2011 年，虽然社会组织中获得职称从业人员数量于 2011 年达到了第一个增长高潮，但与此同时广东省社会组织单位增加值却较前一年出现了较大幅度的下降，在一定程度上呈现出质量指标非正相关变化的发展特征。根据上述统计结果，总体上，2008—2017 年广东省社会组织政策对促使社会组织质量的变化产生了一定的正向效果。

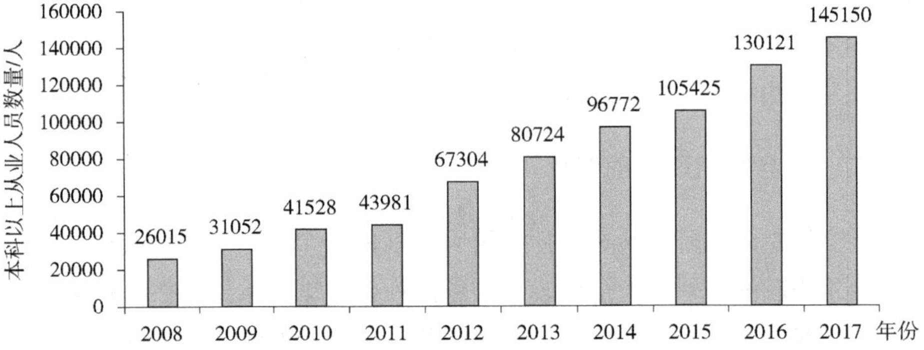

图 2-3　广东省 2008—2017 年社会组织中本科以上从业人员数量变化情况

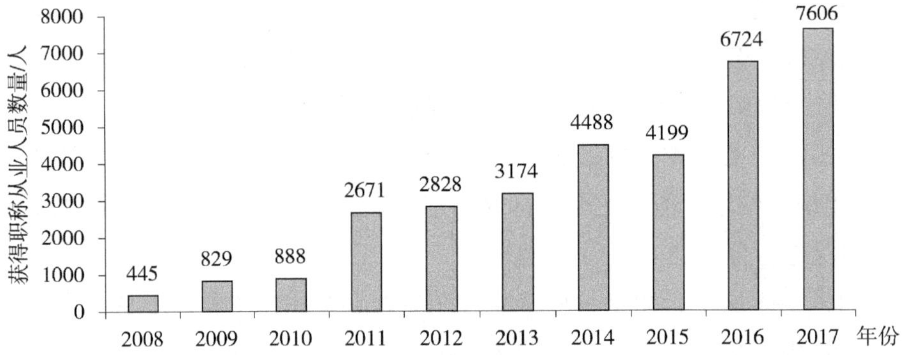

图 2-4　广东省 2008—2017 年社会组织中获得职称从业人员数量变化情况

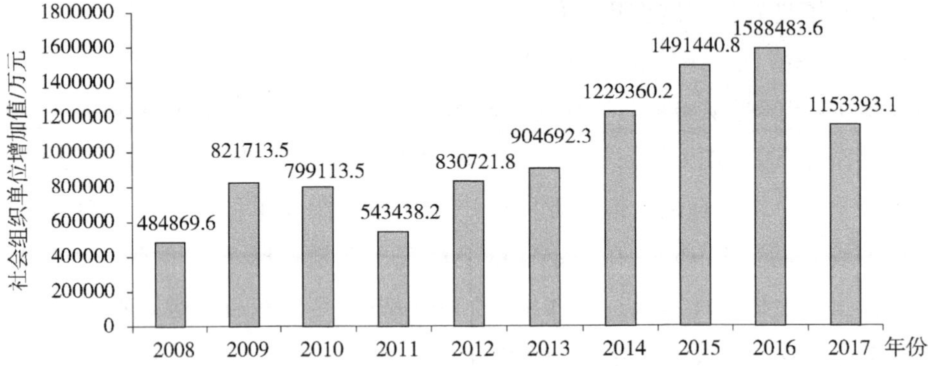

图 2-5　广东省 2008—2017 年社会组织单位增加值变化情况

第四节　社会组织政策存在的问题及发展前瞻

一、存在的问题

1. 政策法规体系不健全

目前社会组织法规体系不健全，立法层次低，部分政策仍属于内部文件规定。社会组织开放登记激发了社会组织发展的热情，但也出现了认识上的偏差，登记管理机关对申请敏感社会组织的质询、劝撤申请工作遇到前所未有的考验和挑战。配套政策不完善，社会组织专职工作人员权益保障、职称评定、档案管理、劳动用工制度等配套政策跟不上。国家出台有关社会组织的税收优惠政策少，对一些社会组织税收减免问题也不明确，社会组织承接政府购买服务，有的是公益服务类，有的是民生项目，照样要交税，它们普遍反映希望减免税。

2. 欠缺有针对性的执行效果测度指标

政策目标清晰，且对政策效果能够设置可衡量指标，是政策执行监督的基础。“模糊发包”是社会组织政策的典型特征，政策文本中原则性、提倡类话语较多，针对性和操作性文本较少，政策文本中的目标较少能够以量化指标衡量目标的产出数量、产出质量和效果。由此对社会组织政策进行有针对性的执行效果测度具有一定的难度和挑战性。

3. 政策呈现“粗放式”发展态势及资源分配不均状况

社会组织政策总体上存在政策体制不规范、制度建设较滞后、支持引导不充分等问题，进而导致社会组织总体发展质量欠佳、发展结构合理性不足、社会治理参与能力不足。此外，当前的社会组织政策体系支持力度不足，社会组织与政府间呈现“非均衡性资源依赖”关系，社会组织面临着持续性发展资源不足，双重管理体制下的弊端又呈现资源分配不均的状况。

二、完善社会组织政策的对策建议

1. 进一步完善社会组织政策法规体系

社会组织政策的改革首先需要从完善立法开始，在法律层面保障和扩展社会组织参与社会治理的制度空间、提高政策支持力度。促进社会组织发展应加快制定出台全国统一的《社会组织法》，并注意将社会组织政策体系的全国统一性以及地方一体性有效结合起来。

2. 进一步完善良好的社会组织发展平台环境

在快速的政策变迁过程中，政府在社会组织的政策制定和实施过程中要尽可能地调动更多资源和力量，让自上而下和自下而上的力量有机结合。政府善于把社会组织的资源依赖转化为对应的政策工具，则可更为有效地激发社会组织活力；社会组织支持性政策需在宽容的社会组织政策环境上进一步完善，为社会组织提供更多元化的资金支持和政府购买服务机会，完善发展政府与社会组织良性互动的“合作伙伴”关系。

3. 量质并重，重视社会组织政策的实施效果评估

设置明确、可衡量的社会组织政策效果评价指标，做好政府层面的政策评估，获取政策反馈，基于评估和反馈情况进行政策调整，并在日后的政策制定过程中遵循“量质并重”的原则。

4. 结合效果，优化各类社会组织政策工具的组合

当前即便是在社会组织发展较快的广东省，在社会组织政策工具的使用上仍以具有强制属性的监督管理政策工具为主，放松管制、培育发展两种政策工具在使用占比以及执行效果方面仍未达到理想状态。因此，中国社会组织政策的未来方向是要在做好政策评估反馈的前提下，结合具体的政策实施效果优化各类社会组织政策工具的组合，提高放松管制政策工具的使用频次，加强各类社会组织政策工具之间的整体性梳理与定位，使各类社会组织政策工具之间的组合能够发挥出最大化的效用。

第三章

广东省社会组织党建发展报告：机遇与挑战并存

高云坚　徐盈艳[1]

【摘要】 社会组织的党建工作是中国共产党党建工作的一项重要内容，如何夯实党的执政基础，提升社会组织党建工作的积极性与有效性，实现社会组织党组织的有效全面覆盖是其中的重要内容。本章基于广东省社会组织的党建工作开展状况，总结近年来广东省社会组织党建工作的基本做法和经验，指出社会组织党建过程中的制度建设、经费支持、党建意识等方面的不足，并提出要理顺管理体系、加强人才队伍的培养、强化信息公开制度、加大社会组织党建工作的经费投入和激励制度等建议，希望为后续社会组织党建工作的开展提供参考。

【关键词】 广东省社会组织　党建工作　制度规范　统筹管理

社会组织是参与社会建设的重要力量，尤其是在改革开放以来，国家开始逐步转移政府职能，将部分应由社会承担的职能转移给了社会组织，社会组织获得了迅猛的发展。截至 2019 年 12 月 14 日，全国共有社会组织 857320 个，其中在民政部登记的社会组织共有 2300 个。[2] 社会组织在国家现代化建设历程中，尤其是在公共服务、公益活动、环境保护及化解社会矛盾等方面

[1] 高云坚，广东外语外贸大学社会与公共管理学院党委书记，副教授，研究方向为社会组织党建、组织文化；徐盈艳，广东外语外贸大学社会与公共管理学院社会工作系讲师，研究方向为社会组织、社会工作专业化。

[2] 中国社会组织公共服务平台，http: //www. chinanpo. gov. cn/search/orgindex. html.

发挥越来越大的作用。另外，1994 年国务院办公厅下发了《关于部门领导同志不兼任社会团体领导职务的通知》（国办发〔1994〕59 号），1998 年中共中央办公厅、国务院办公厅下发了《关于党政机关干部不兼任社会团体领导职务的通知》（中办发〔1998〕17 号），清理了领导干部在社会组织中的兼职情况。十八大报告提出“加快形成政社分开、权责明确、依法自治的现代社会组织体制”，明确了划清政府与社会组织边界的要求和方向，促使政府与社会组织进一步分离。但基于社会组织在社会建设中的重要作用，如何加强党对社会组织的领导，使社会组织紧紧围绕在党中央周围也逐渐成为一个迫切需要解决的问题。

自 1994 年党的十四届四中全会开始，中共中央开始注意到各种新的经济组织和新的社会组织的涌现，《中共中央关于加强党的建设几个重大问题的决定》指出：“各种新建立的经济组织和社会组织日益增多，需要从实际出发建立党的组织，开展党的活动。”随后出台了一系列的文件，要求加强社会组织的党建工作。如 2006 年 10 月 11 日，中国共产党十六届六中全会《中共中央关于构建社会主义和谐社会若干重大问题的决定》要求：“推进新经济组织、新社会组织党建工作，扩大党的工作覆盖面，发挥基层党组织凝聚人心、推动发展、促进和谐的作用”；1998 年 2 月，中共中央组织部、民政部下发了《关于在社会团体中建立党组织有关问题的通知》；2000 年 7 月，中共中央组织部印发了《关于加强社会团体党的建设工作的意见》；2007 年，党的十七大报告中指出“充分发挥基层党组织推动发展、服务群众、凝聚人心、促进和谐的作用”，新经济组织、新社会组织的党建工作是党的基层组织建设的有机组成部分，既具有基层党建工作的一般性战略地位，也是伴随着改革开放以来我国社会结构的新变化而产生的党建工作的新领域❶。

2015 年将在社会组织中设立党组织纳入《中国共产党党组工作条例（试行）》，颁布了《中共中央办公厅印发〈关于加强社会组织党的建设工作的意见（试行）〉的通知》（中办发〔2015〕51 号），进一步强调了社会组织党建工作的重要性，要求健全社会组织党建工作的管理体制和工作机制，推进社会组织党的组织和党的工作有效覆盖。2016 年 8 月 21 日，《中央办公厅、

❶ 林立公. 试论两新组织党的建设［J］. 政治学研究，2009（5）.

国务院办公厅印发〈关于改革社会组织管理制度促进社会组织健康有序发展的意见〉的通知》突出强调了社会组织党建工作的重要性和迫切性，要求大力发展社区社会组织及加强社会组织的自身建设，充分发挥党组织的战斗堡垒作用和党员的先锋模范作用，加强党对社会组织工作的领导作用。党的十九大报告进一步要求“加强社会治理制度建设，完善党委领导、政府负责、社会协同、公众参与、法治保障的社会治理体制，提高社会治理社会化、法制化、智能化、专业化水平”。

加强社会组织的党建工作既是促进社会组织健康有序发展的根本保证，也是落实全面从严治党的内在要求；既是巩固和扩大党的执政基础的需要，也是国家治理体系和治理能力现代化的迫切需求。因此研究如何在社会组织中开展党建工作，尤其是基层社会组织中的党建工作越来越迫切，也具有重要的现实意义。

近年来，理论界也关注到了社会组织党建工作的重要性，并开展了一系列相关的研究，形成了较好的理论研究成果。笔者于 2019 年 8 月初以“社会组织党建”为主题词在 CNKI 数据库中进行搜索，共搜得 2056 条相关文献。从文献发表的年度来看，自 2015 年后关于社会组织党建的文献逐步增多，其中 2014 年 94 条，2015 年 189 条，2016 年 230 条，2017 年 322 条，2018 年为 289 条，2019 年截至 8 月份已有相关文献 106 条，可见该领域的研究工作正得到越来越多的关注和重视。根据文献的相关内容，其主要关注社会组织党建工作的现状、难题，党建工作的要求及社会组织党建工作的对策分析。不同的学者对于社会组织党建工作面临的困境及未来的发展都提出了不同的建议。

林尚立认为要保障中国共产党的领导地位就必须在不同的社会建构体系中协调好与非政府组织之间的关系，通过全面推进中国的社会建设来重新定位其在社会中的地位与功能，以实现政党主导与社会发展之间的和谐关系。[1]社会组织的党建工作是加强对社会组织的联系、保证社会组织的政治方向的重要途径。[2] 在社会组织内部开展党建工作可以通过双向赋权的形式来获取社

[1] 林尚立. 两种社会建构：中国共产党与非政府组织［J］. 中国非营利评论，2007（1）.

[2] 葛亮. 制度环境与社会组织党建的动力机制研究——以 Z 市雪菜饼协会为个案［J］. 社会主义研究，2018（1）.

会组织对党建工作的认同[1]，或者需要秉持服务的理念来克服科层制治理的消极性。[2] 在社会组织外部，合法性机制和效率机制的耦合是社会组织实施党建工作的动力，社会组织的党建工作是外部的制度对社会组织的合法性要求[3]，加强社会组织党建工作的外部合法性也有助于社会组织提升开展党建工作的动力。

本章主要以广东省 2017 年、2018 年社会组织开展的党建工作为基础，积极探索广东省社会组织党建工作的基本经验、存在的问题以及后续发展的建议，为其他省市及广东省进一步开展社会组织党建工作、实现社会组织党组织的全面有效覆盖提供参考。

第一节　广东省社会组织发展与党建工作的开展

截至 2019 年 8 月，广东省共有社会组织 69978 个，其中社会团体 31119 个、社会服务机构 37724 个、基金会 1135 个，慈善组织 1050 个，具有公开募捐资格的社会组织 121 个[4]，社会组织、慈善组织数量为全国之最。

党的领导对于引导社会组织有序健康发展、巩固党的执政基础具有重要的意义，中共广东省委一直以来非常重视社会组织的党建工作。2016—2018 年是广东省社会组织党组织建设制度规范建设的重要年度，出台了一系列的政策，完善顶层设计和加强制度规范建设。

《中共广东省委办公厅印发〈关于加强我省社会组织党的建设工作的实施意见（试行）〉的通知》（粤办发〔2016〕8 号）（以下简称《实施意见》），明确社会组织党组织的功能定位，深入推进党组织工作的“两个覆盖”，大力加强党务工作者和党员“两支队伍”建设，明确了社会组织党建工作的重要性。

---

[1] 王思林，郭玥. 双向赋权：新社会组织党建工作的一项发展思路［J］. 观察与思考，2016（3）.

[2] 吴新叶. 走出科层治理：服务型政党社会管理的路径［J］. 理论与改革，2013（2）.

[3] 葛亮. 制度环境与社会组织党建的动力机制研究——以 Z 市雪莱饼协会为个案［J］. 社会主义研究，2018（1）.

[4] 广东社会组织信息网. http://gdnpo.gd.gov.cn/tjcx/shzzsjtj/sjcx_index.html?date=2019-08-01.

2018年进一步细化了社会组织党建的各项工作，年初出台《成立社会组织的工作指南》《全省性社会组织党组织换届选举工作指南》规范社会组织基层党组织的设置成立和党组织的换届选举工作，6月出台了《广东省加强党的基层组织建设三年行动计划（2018—2020）》，提出通过3年的行动，推动党的基层组织覆盖和工作覆盖更加有效，更加突出党组织的领导核心作用，进一步强调了在未来工作中，基层党组织建设与社会组织基层党建工作的重要性与急迫性。2018年还成立了全国首家省级社会组织人才培训机构——广东社会组织管理学院，为党管社会组织人才提供了一个至关重要的平台。

广东省社会组织的党组织建设取得较好的成绩。根据2017年年底广东省社会组织统计年报，建立党组织的社会组织有2524个，比2016年[1]增长25.5%。其中，建立党组织的社会团体有1536个，比2016年增长27.8%；建立党组织的基金会29个，比2016年增长222%；建立党组织的社会服务机构有959个，比2016年增长19.9%。相比于2016年来说，建立党组织的社会团体、基金会和社会服务机构的覆盖比率都有所增加，如表3-1所示。

表3-1 广东省社会组织建立党组织基本情况

年份	建立党组织的社会组织数量/个	建立党组织的社会组织的比率/%	建立党组织的社会团体数量/个	建立党组织的社会团体的比率/%	建立党组织的基金会数量/个	建立党组织的基金会的比率/%	建立党组织的社会服务机构数量/个	建立党组织的社会服务机构的比率/%
2016	2011	3.38	1202	2	9	0.02	800	1.3
2017	2524	3.95	1536	2.4	29	0.05	959	0.5
增长率/%	25.5	—	27.8	—	222	—	19.9	—

资料来源：广东省社会组织管理局2016年、2017年社会组织党建数据。

全省社会组织的党建工作由中共广东省社会组织委员会统一推进，并建立社会组织党建信息网，公开社会组织的党建工作开展情况，其采取的措施主要有：

[1] 2016年广东省建立党组织的社会组织共有2011个，其中建立党组织的社会团体有1202个，建立党组织的基金会有9个，建立党组织的社会服务机构有800个。

一是加强社会组织党建工作及党员干部的培训工作。开展社会组织党组织负责人的培训工作；举办社会组织学习十九大精神座谈会；开展“学习十九大精神　接受红色党性教育”专题培训班；举办全省性社会组织党建工作信息化系统学习暨党的十九大精神培训班；省社会组织党委联合广州市荔湾区组织部、荔湾区委党校为来自广东省社会组织、荔湾区属37个党委（党工委）入党积极分子开展党的基本知识的培训。

二是成立广东省社会组织党群服务中心，培养全省性社会组织党建工作指导员。党建工作指导员负责服务联系社会组织内零散党员、流动党员，社会组织党建信息收集汇总、提供党务咨询、指导成立群团组织、加强宣传等方面的工作。加强对社会组织党建工作的具体指导，提升社会组织党组织的组织能力、业务能力，引领社会组织的正确发展方向，激发社会组织的活力，不断探索社会组织党建工作的新途径。2018年1月培训的第一批60名党建工作指导员已在本年度前往140多家社会组织及社会组织党组织开展指导工作。

三是提升社会组织党组织负责人的党建意识。2018年6月，广东省社会组织党委对新当选的9家全省新社会组织党支部负责人进行了集体谈话，强调社会组织党组织书记要做好“加强支部建设、做好党员管理、做好群团工作”三方面的工作。

依据上述党建工作的措施与经验，广东省的社会组织党建工作已经形成“依托民政、集中管理、多头推进”的模式[1]以及社会组织党员培训的“双培机制”。

第二节　广东省各地市社会组织党建工作的案例选编

一、广州市社会组织党建经验——“激励+引导”的社会组织党建模式

在制度文件建设方面，广州市社会组织的党建工作主要依托广州市民政

[1] 李国正. 坚持党的领导与社会组织依法自治研究［EB/OL］. 中国社会组织公共服务平台，http://www.chinanpo.gov.cn/700106/newswjindex.html.

局、广州市社会组织管理局开展。早在 2015 年，广州市就出台了《广州市社会组织党建工作示范点细化指标》，从领导班子建设、基层组织建设、党员队伍建设、党内民主建设、阵地建设五个方面设置系列指标和分值，将社会组织的党建工作落到实处，有助于社会组织依据指标开展党组织的建设活动。2017 年依据中共中央和广东省委关于社会组织党组织建设的相关文件，广州市又出台了《中共广州市社会组织委员会关于 2017 年推进“两学一做”学习教育常态化制度化的实施方案》《广州市社会组织党支部组织生活工作指引》和《广州市社会组织党组织成立工作指引》等文件，进一步明确社会组织党组织的成立及党组织组织生活应如何开展。在社会组织的基层党组织建设方面，2018 年 6 月出台的《广州市人民政府办公厅关于印发广州市社工服务站（家庭综合服务中心）管理办法的通知》（穗府办规〔2018〕13 号），要求社工站（家综）项目应按照“113X”的模式设置服务项目，而最为重要的核心项目就是强化党建引领社会服务工作。

在党组织和党员培训方面，由广州市社会组织党委、各区社会组织党委组织开展形式多样的党的基本知识的培训、知识竞赛、党支部标准化建设推进会等各项工作，同时也委托社会组织研究院作为第三方组织开展社会组织党建工作的相关培训。在激励制度方面，加大鼓励支持力度，中共广州市委开展 2018 年度广州市社会组织优秀党组织、优秀党务工作者、优秀共产党员评选工作，共选出 10 个优秀党组织、20 名优秀党务工作者和 30 名社会组织的优秀党员，以此鼓励社会组织的党建工作及党员培养工作的开展。开设项目加强对社会组织党建工作的支持，如设立 2018 年广州市社会组织党建的“红苗工程”，对部分社会组织党支部工作进行资助，共有 9 个社会组织党支部接受该项工程的资助。

在社会组织自身的党建工作开展方面，广州市部分社会组织，如环境保护产业协会党支部、工业经济联合会党支部等积极开展专题组织生活会。

二、深圳市社会组织党建经验——“刚性嵌入与柔性融入”的社会组织党建模式

各地市积极探索社会组织党建工作的途径与方式，深圳市摸索出了一条“刚性嵌入与柔性融入”的社会组织党建方式，通过将党建纳入社会组织章

程、党建工作纳入社会组织等级评估指标体系和党建工作与成立登记同步三项硬指标实现刚性嵌入，以党建工作提升社会组织的业务活动、亮出党员身份，开展优质专业社会服务和找准党组织作用与社会组织业务功能的契合点实现柔性融入，使社会组织自觉自愿地靠近党组织并主动地开展党的活动。

在制度建设和组织规范方面：2003 年，深圳市成立“两新”工委，加大社会组织的党建工作的力度。2015 年深圳市委“两新”工委下达《关于同意成立中国共产党深圳市社会组织委员会和纪律检查委员会的批复》，成立中国深圳市社会组织党委，统筹全市的社会组织党建工作，并印发《关于加强行业协会党建工作的意见（试行）》（深社会组织党〔2015〕47 号）等文件，2016 年下发《中共深圳市社会组织委员会、深圳市社会组织管理局关于学习贯彻全市社会组织党的建设工作座谈会精神的通知》（深社会组织〔2016〕93 号），全面部署社会组织党的建设的相关工作，社会组织在社区基层党组织建设中取得较好的成绩。2016 年，根据《深圳市人民政府关于加强社会建设的决定》（深发〔2011〕1 号）、《关于推进社区党建标准化建设的意见》，深圳市民政局制定并发布了《深圳市社区党群服务中心政府购买项目服务标准》，明确提出社区党群服务中心要在社区党委的领导下，将党群服务中心建设成整合各方面力量开展社区服务的综合性服务平台。截至 2016 年年底，深圳市共建立社会组织党组织 1594 个，覆盖社会组织 6988 个。[1]

在人才培育方面：开展社会组织党建工作实训营项目，该项目在福田区落地实施并辐射全市，通过政策解读、党建培训、现场教学等方式提升社会组织党建工作者的理论与实操能力。

三、中山市社会组织党建经验——“党建+公益”的社会组织党建模式

统一领导，以基层党建工作引领服务工作的开展：中山市早在 2007 年就成立了市“两新”组织党工委，统领全市的新社会组织和新经济组织的党建工作，2015 年开始构建“一核四联”的基层党建工作机制，将“党建+公益”作为基层党建改革创新的重要内容，将基层党组织的政治功能寓于服务功能之中，以服务功能体现政治功能。

---

[1] 人民网深圳频道. http://sz.people.com.cn/n2/2017/0703/c202846-30411156.html.

专项资金投入：中山市自 2015 年以来开展红色创投活动，并在综合服务管理平台上对于创投项目滚动播出。自启动以来，有来自 59 个社会组织的 107 个公益项目参与申报，共选出 16 个优胜项目及 14 个入围项目，近 200 位代表组成“红色圆梦团”，对 16 个项目进行资助竞投，共筹得资金 113.3 万元以及物品、设备、场地等公共资源，招募专业志愿者 200 多名。❶

开展“互联网+”信息化手段，依托中山市“两新”组织党建综合服务管理平台、中山市“引领”微信公众号，并创建《引领》专刊，开通“党建+公益”网上创投平台，实现线上线下互动，推动活动常态化开展。设立“党建资讯”“两新服务”“两新专题”“两新学堂”等专栏为中山市的社会组织开展党建工作提供服务。

第三节　广东省社会组织党建发展所取得的成绩与经验

一、制度先行，规范社会组织的党建工作

广东省、各地市积极制定了一系列社会组织党支部建设、组织生活、社会组织章程修订等各方面的内容，将社会组织的党建工作融入社会组织的登记注册❷、日常工作的开展、年检的实施和社会组织等级评估等日常工作之中，规范社会组织的党建工作。

二、加强顶层设计与统筹管理，理顺社会组织领导体制

就全国而言，现在的社会组织党建工作存在多头管理、领导体制不顺的情况，而广东省率先进行管理体制改革，依据《关于加强社会组织党的建设工作的实施意见》在县级以上地方党委依托党委组织部门建立“两新”组织党工委，统筹社会组织的党建工作，形成省、市、县“两新”组织党工委、社会组织党委分级领导和管理的体制。现在广东省社会组织的党建工作主要

---

❶ 中国共产党新闻网. http://dangjian.people.com.cn/n1/2016/0503/c117092-28322016.html.

❷ 依据民政部印发的《关于在社会组织章程增加党的建设和社会主义核心价值观有关内容的通知》要求，对章程进行修订。

由中共广东省社会组织委员会统一进行管理和实施，理顺了社会组织党建工作的领导体制。

三、信息平台的建设取得较好的成绩

广东省、广州市及深圳市都建立了社会组织信息网，便于查询社会组织登记、等级评估、年检等信息，同时在信息平台上发布社会组织党建、党支部培育和党员培训等各方面的信息，做到社会组织信息的公开透明，提升社会组织的公信力。广东省、广州市在社会组织信息网站上专门设立了社会组织党建工作模块，便于查询各级社会组织党委和各社会组织党建工作的开展情况。

四、加强对社会组织党建工作的培训，加大指导力度

各级社会组织党委会重视对社会组织党支部的指导和对党员的培养及培训工作，积极开展关于十九大精神、党员基本知识等方面的培训，提高社会组织党支部和社会组织内部党员的政治觉悟，夯实社会组织的党建基础，提升社会组织的党建能力。

五、将党建工作纳入政府购买服务的框架体系之中

广州、深圳都将党建工作纳入政府购买服务的制度设计之中，要求在社区服务开展的过程中加强党建工作，以党建引领其他服务的开展，以此强化社会组织在基层社区的党组织建设工作。

第四节　广东省社会组织党建发展存在的问题

一、社会组织党建工作缺乏经费支持和业务指导

社会组织的资金来源主要依靠会费、慈善捐赠或政府购买服务的经费。社会组织对于资金的使用等都有较为严格的限制，在党建方面的经费投入受到限制。其次社会团体、基金会、社会服务机构都有自身的使命和业务范畴，

更多地关注业务的开展和服务的实施，对于如何开展社会组织的党建工作缺少经验和业务上的指导。

二、党建工作弱化，党建效果不够明显

有的社会组织规模小且分散，导致社会组织党员人数不足，难以成立党支部对社会组织的党员开展组织生活等。即便是已经成立党组织的社会组织，其开展组织活动主要是基于外部制度的规范性要求，缺少内在的动力，组织活动形式化，同时也存在党建工作弱化的现象，党建的效果不够明显。

三、党建政策落地问题应引起重视

党建工作的开展是要将社会组织纳入组织建设体系之中，但社会组织的宗旨与党建工作的开展需要形成合力。广东省从省到各地市都制定了一系列的政策推动社会组织的党建工作，并给出了清晰的指引，但是如何将党建政策落地、提升社会组织内部开展党建工作的内在动力，在未来社会组织党建工作中需要引起高度重视。

四、社会组织负责人对于党建工作意识不到位，重视程度有待提升

近两年来，建立党组织的社会组织占比虽有提高，但仍然较低。目前社会组织的活动更侧重于业务工作的开展，对于党建工作的意识仍然不到位，社会组织负责人对于社会组织党组织工作的重视仍不够，需要进一步加强对于社会组织负责人关于党的作用和党建基础知识的培训，提升社会组织负责人的党建意识和对于党建工作的重视程度。

五、社会组织的党建信息公开机制有待进一步完善

目前社会组织建设信息平台上关于社会组织的数量、社会组织的等级评估报告和社会组织年检等都有公开信息可以查询，但对于社会组织的党建工作的开展并未有系统的数据，更多的只是各个社会组织开展党建活动的相关信息。

六、社会组织发展的速度快于社会组织党组织建立的速度，社会组织党组织建立的覆盖率低且各类型社会组织覆盖不平衡

从2016年和2017年社会组织和社会组织的党支部登记成立的速度和数量来看，社会组织发展的速度要快于社会组织党支部发展的速度。相较于2016年，2017年建立党组织的社会组织数量有较大的增长，但仍然覆盖率较低，仅占全省社会组织总数的3.95%。且各类型的社会组织的党组织覆盖率有较大差异，三种类型的社会组织之中社会团体的党组织覆盖率较高，占所有社会团体总数的5.35%，社会服务机构的党组织覆盖率最低，仅为2.80%。且就广州市社会组织党建公开信息来看，社会团体开展组织生活的活跃度较高。

第五节　广东省社会组织党建工作进一步发展的意见与建议

一、坚持党的领导，实现社会组织的党建工作的普遍覆盖

进一步厘清政府与社会组织之间的边界与角色，坚持在党的领导下发挥各自的职责功能，履行各自的义务，进一步促进社会主义现代化建设。进一步落实社会组织的登记管理、等级评估工作，促使社会组织合法合规进行登记注册，完善年检制度，加强社会组织的等级评估工作，扩大社会组织党支部的覆盖率，争取早日实现党组织全覆盖。

二、加大社会组织党建工作的力度，规范社会组织的党建工作

现有的规章制度虽然明确提出要加强社会组织的党建工作，但对于如何开展社会组织党建工作还有诸多的说法。再者，考虑到社会组织本身的职能和价值取向，社会组织内在的党建动力缺失，如何从外部提升社会组织的党建动力是当前社会组织党建工作发展的核心思考点。从制度社会学的角度来看，制度中的规范和强制性要素对于社会组织的发展具有重要的引领作用，发挥制度规范引导促进社会组织党建工作的重要作用。加强社会组织党建工

作的顶层设计，如在《中国共产党党章》的基础上，出台加强规范社会组织党建工作有关文件，明确社会组织党建的目标、任务、要求、步骤等，加大社会组织党建工作的力度。

三、加大对社会组织党建工作的经费支持和政策支持

通过政府购买服务、政府资助、政府补贴或直接提供党建培训等方式，设立社会组织党建工作的专项经费，加大对社会组织党建工作的经费投入力度，为社会组织的党建工作提供充足的经费来源和相关的资源保障，保证社会组织党建工作的顺利开展。

四、依托互联网，进一步完善社会组织党建信息平台

构建社会组织信息公开机制，进一步完善社会组织的信息公开制度和途径，完善社会组织党建信息平台，将社会组织的财政收支情况、业务开展情况、社会组织党建工作的开展情况都在信息平台上公开。在加强社会组织信息公开的同时强化社会组织党支部建设的激励机制等，加大柔性鼓励措施，促使社会组织自觉地公开相关信息。

五、创新社会组织中党的领导方式，建立健全人才培养机制

社会组织有其自身的特点和规律，其党建工作要结合社会组织的实际需要，不断创新党的领导方式。社会组织的规模、功能及使命往往差异较大，工作人员多以兼职人员为主且流动性强，工作方式灵活多样，社会组织党支部建设和党员管理要适应这一特点，既要具有规范性，又要具有灵活性。

六、提升社会组织负责人对于党建工作的意识和重视程度，避免党建工作的弱化、边缘化

加强对社会组织负责人的党建知识的培训工作，争取将党建工作纳入社会组织的日常工作之中，加强社会组织的党组织活动，避免党建工作的弱化和边缘化。

第四章

广东省社会组织监管研究报告

邵任薇　李明珠[1]

【摘要】 当前，随着社会组织的迅速发展，我国从中央到地方各层次的政府都对社会组织的监管予以越来越多的重视。同时，在不同层面也存在一系列问题，包括法律法规体系不完善，双重管理体制下分工不明确，行动上下对口导致缺乏主动性、创新性与连续性和系统性，内部自律监督机制不健全，正向激励措施不到位，监管队伍专业化水平较低等。针对以上存在的问题，本章尝试提出一系列相应的促进社会组织监管的改进措施，包括完善社会组织监管方面的法律法规体系，有选择性地放松双重管理并进一步厘清登记管理单位与业务主管单位监督职责界限，结合实际情况出台政策与执法以提高监督活动的连续性、系统性，加强社会组织内部自律监督机制建设等。

【关键词】 社会组织监管　现状　审查　激励

第一节　发展概述

社会组织是为了有效地达到特定目标按照一定的宗旨、制度、系统建立起来的共同活动集体，它具有满足公共目的、实现社会公众利益的职能。社会组织的蓬勃发展，能够满足社会多元化需求，提高公共产品的供给效率，

[1] 邵任薇，广东外语外贸大学广东省社会组织研究中心副主任，教授，研究方向为社会组织管理；李明珠，广东外语外贸大学社会与公共管理学院研究生，研究方向为社会组织与社会治理。

提高公民参与水平。从全国范围看，截至2018年年底，全国共有社会组织81.7万个，比上年度增长13.4%。从2013年以来，全国社会组织的增长虽经历了加快—放缓—加快的波动变化，其增长率与数目却始终保持在高位，可见我国社会组织发展具有蓬勃发展的趋势，如表4-1所示。但是，社会组织在快速成长的过程中也带来了监管难题，据民政部统计，2017年全年共查处社会组织违法违规案件4293起，行政处罚4270起；2018全年共查处社会组织违法违规案件9295起，行政处罚8665起，社会组织违法违规案件同比增长116.52%，行政处罚同比增长102.93%，如表4-2所示。以上数据一方面说明2019年我国各省市加强了对社会组织的监管，另一方面也说明了当前各类社会组织在运作过程中还存在许多不规范、甚至是违法的现象。加强对社会组织的监管，是社会组织健康有序发展的必要保障，是保障市场秩序稳定、社会环境和谐以及保护人民人身财产安全、保障人民合法权益的必要方式。

表4-1　2013—2018年全国社会组织增长情况

年度	社会组织数量/万个	增长率/%	社会团体数量/万个	基金会数量/个	民办非企业单位数量/万个
2013	54.7	9.60	28.9	3549	25.5
2014	60.6	10.79	31.9	4117	29.2
2015	66.2	9.24	32.9	4787	32.9
2016	70.2	6.04	33.6	5559	36.1
2017	76.2	8.55	35.5	6307	40.0
2018	81.7	7.22	36.6	7034	44.0

资料来源：http://www.mca.gov.cn/article/sj/tjgb/.

表4-2　2013—2018年全国社会组织违法情况

年度	违法违规案件/起	行政处罚/起	违法违规增长率/%	行政处罚增长率/%
2013	3117	3071	—	—
2014	4246	4200	36.22	36.76
2015	2951	2928	-30.50	-30.29
2016	2363	2347	-19.93	-19.84

续表

年度	违法违规案件/起	行政处罚/起	违法违规增长率/%	行政处罚增长率/%
2017	4293	4270	81. 68	81. 93
2018	9295	8665	116. 52	102. 93

资料来源：http://www.mca.gov.cn/article/sj/tjgb/.

从广东省层面看，据广东省民政厅统计数据，截至 2019 年 8 月末，广东省共有社会组织 66978 个，其中广东省本级所管辖的社会组织有 3330 个，而社会组织发展较为活跃的深圳市、广州市、佛山市、东莞市，社会组织数量分别达到 10668 个、8056 个、5139 个和 4662 个，如表 4-3 所示。同时，以社会组织总数（包括社会团体、民办非企业单位以及基金会）为分类测算的十个社会组织较为活跃城市从高到低依次分别为深圳市、广州市、佛山市、东莞市、江门市、惠州市、湛江市、汕头市、茂名市及珠海市，其中深圳市、广州市、佛山市、东莞市、江门市五地的社会组织数量超过了广东省本级社会组织数量，如图 4-1 所示。从表 4-3 可见，无论是省级还是省内各市，其构成比例都大致相同，即民办非企业单位比重最大，大致上都处于超过社会组织 1/2 的水平；其次是社会团体，大致上占比接近 1/2，稍微少于民办非企业；而基金会的比例最低且不同省市之间的数量差距较大，在一些经济以及金融发展水平较高或城市规模较大的前沿城市，基金会数量较高，如深圳市、广州市。一些较为落后或城市规模较小的地区受经济发展水平以及规模影响，基金会数量一般都是个位数。从深圳市、广州市、佛山市三市来看，社会团体、民办非企业单位的比例大致相当，而基金会的比例以及数量差异较大。深圳市的基金会数量为 378 个，占比约 3. 54%，而广州市的基金会数量为 74 个，占比约 0. 92%，另外，佛山市仅有 23 家基金会，占比约 0. 45%，如图 4-2、图 4-3 和图 4-4 所示。

表 4-3　2019 年 8 月广东省及省内各市社会组织数量情况

地区	社会组织数量/个	社会团体数量/个	民办非企业单位数量/个	基金会数量/个
广东省本级	3330	2058	794	478
广州市	8056	3377	4605	74
深圳市	10668	4594	5696	378
珠海市	2425	1106	1310	9

续表

地区	社会组织数量/个	社会团体数量/个	民办非企业单位数量/个	基金会数量/个
汕头市	2525	1245	1263	17
佛山市	5139	2498	2618	23
韶关市	1911	1127	782	2
河源市	1856	793	1059	4
梅州市	2342	1371	956	15
惠州市	3216	1387	1819	10
汕尾市	1239	533	704	2
东莞市	4662	1055	3566	41
中山市	2273	703	1567	3
江门市	3652	2513	1136	3
阳江市	1586	689	893	4
湛江市	3095	913	2176	6
茂名市	2477	1080	1390	7
肇庆市	2215	980	1234	1
清远市	2255	915	1337	3
潮州市	1609	693	905	11
揭阳市	2373	878	1464	31
云浮市	1074	611	450	13
合计	69978	31119	37724	1135

资料来源：http://gdnpo.gd.gov.cn/tjcx/shzzsjtj/sjcx_index.html?date=2019-08-01.

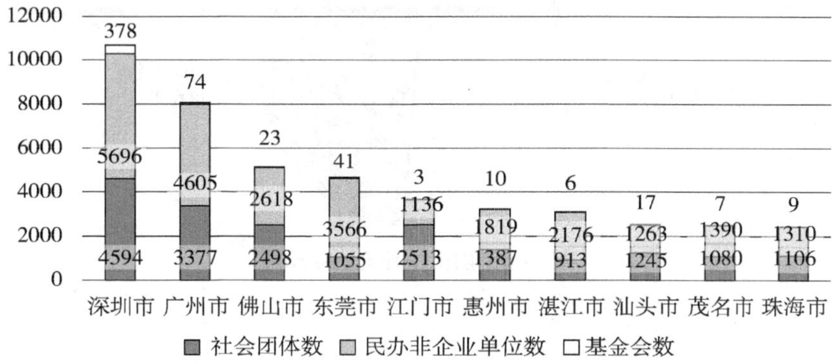

图 4-1　广东省前十个社会组织较活跃市的社会组织发展情况

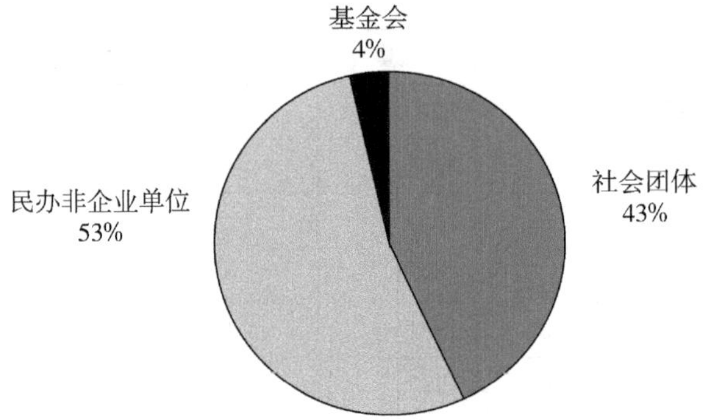

图 4-2　深圳市社会组织构成

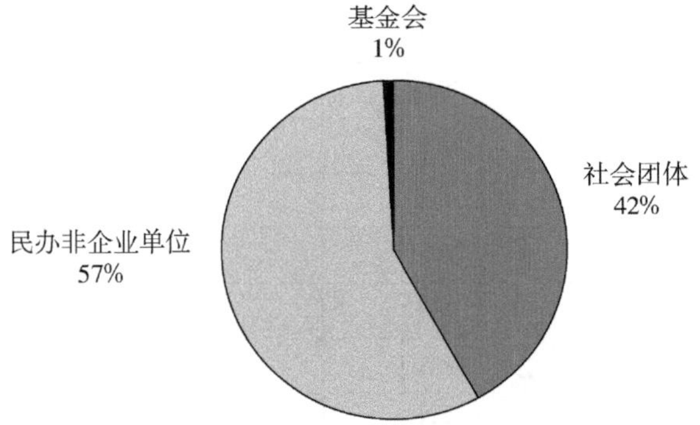

图 4-3　广州市社会组织构成

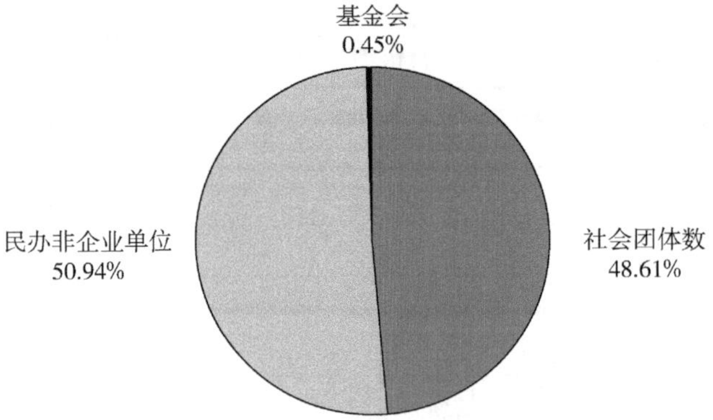

图 4-4　佛山市社会组织构成

第二节　社会组织监管现状

一、国家层面对社会组织的管理

从总体上看，目前我国已初步形成了关于社会组织管理的比较全面的法律条文框架，其基本原则是：对社会组织进行分类，出台各自相应的条文规定；实行登记管理机关和业务主管单位共同管理负责的双重管理体制，注重对社会组织实行优惠税收政策，同时重视对社会组织的监督管理。

迄今为止，我国尚未出台关于社会组织的专项基本法律，但在法律层面已经具备一定数量的针对社会组织的法律条文规定。目前已经出台多部关于特定类别社会组织的法律，同时也存在一些部分条款涉及社会组织，并对社会组织的性质、特征以及相关要求做出具体规定的法律，如《民法通则》《民办教育促进法》《公益事业捐赠法》等。

在行政法规层面，我国有着较为全面、系统的相关法规。最早的相关法规是 1950 年由政务院颁布的《社会团体登记暂行办法》；1988 年国务院颁布了《基金会管理办法》，1989 年先颁布了《外国商会管理暂行办法》和《社会团体登记管理条例》；1998 年 10 月，国务院对《社会团体登记管理条例》进行了重新修订并颁布了《民办非企业单位管理暂行条例》；2004 年 3 月，国务院颁布了《基金会管理条例》。

此外，国务院各部委根据各自职责，先后制定相应的规章与文件对社会组织进行规范管理。该部分规章文件主要分为三类：第一类是由民政部制定发布的规章与文件；第二类是由民政部牵头会同相关部委出台的文件；第三类是国务院其他部委为贯彻国务院颁布的行政法规而制定的具体规范[1]。其中，前两者的数量远大于后者的数量，在某种程度上可以说明民政部是对社会组织监管的总规划者。

---

[1] 任建军. 我国社会组织管理体制改革研究 [D]. 天津：天津大学，2012.

2010 年 12 月 27 日，民政部公布了《社会组织评估管理办法》[1]，该办法明确要求成立社会组织评估委员会与复核委员会，以基础条件、内部治理、业务活动和诚信建设、社会评价、社会组织评估结果等为指标将社会组织分为 5 个等级，由高至低依次为 5A 级（AAAAA）、4A 级（AAAA）、3A 级（AAA）、2A 级（AA）、1A 级（A）。并对高评级的社会组织享有的优先权，如优先接受政府职能转移、简化年度检查程序等以及各等级之间的升阶流动机制做出原则性的规定。

2015 年 6 月 11 日，国务院通过《法人和其他组织统一社会信用代码制度建设总体方案》[2]。该方案统筹码段资源管理，建设分别代表登记管理部门、机构类别、登记管理机关行政区划、主体标识以及一位数验证码在内的 18 位数统一社会信用代码，对包括社会组织在内的工商部门、事业单位、组织机构进行身份统一登记，改善由于我国社会各主体机构组织代码不统一导致的数据相互封闭割裂、缺乏有效协调管理和信息共享机制导致信息孤岛的问题。

2015 年 12 月 30 日，民政部办公厅印发《社会组织统一社会信用代码实施方案（试行）》[3]，该条例对省级社会组织信用代码实施工作领导小组、工作小组与经费、进度安排做了部署，规定在 2017 年年底前，各省份完成全部社会组织的证书换发和公告发布。该方案提出了关于信用代码建设的具体推进方案，促进了社会信用代码制度在省级范围内的普遍展开。

2016 年 8 月 21 日，中共中央办公厅、国务院办公厅印发《关于改革社会组织管理制度促进社会组织健康有序发展的意见》[4]。通过建立社会组织负责人任职、约谈、警告、责令撤换、从业禁止等管理制度，加强对社会组织负责人的管理；通过财政、财务、会计、审计执行情况的监督检查，加强对社

---

[1] 参见民政部《社会组织评估管理办法》（民政部令第 39 号），http://www.gov.cn/gongbao/content/2011/content_1852402.htm.

[2] 参见发展改革委、中央编办、民政部、财政部、人民银行、税务总局、工商总局、质检总局联合印发的《法人和其他组织统一社会信用代码制度建设总体方案》，http://www.ndrc.gov.cn/zcfb/zcfbqt/201506/t20150623_696786.html.

[3] 参见民政部办公厅《社会组织统一社会信用代码实施方案（试行）》，http://xxgk.mca.gov.cn/newgips/contentSearch?id=71522.

[4] 参见中共中央办公厅、国务院办公厅：《关于改革社会组织管理制度促进社会组织健康有序发展的意见》，http://www.gov.cn/xinwen/2016-08/21/content_5101125.htm.

会组织资金的监管；通过建立社会组织“异常名录”和“黑名单”、实行联合执法制度、专项监督抽查等措施，加强对社会组织活动的管理。

2017 年 2 月 28 日，中央编办（国务院审改办）发展改革委、公安部、民政部、工商总局联合发布《关于行政审批中公民、企事业单位和社会组织基本信息共享的通知》❶，要求民政部牵头通过互联网（中国社会组织网），向全社会发布社会组织基本信息：社会组织名称、统一社会信用代码、法定代表人、设立登记日期、住所、登记管理机关、登记状态、注册资金等，民政部或各地的查询链接（输入统一社会信用代码，可查询社会组织基本信息）。

2017 年 3 月 13 日，民政部印发《社会组织抽查暂行办法》❷，指出社会组织登记管理机关随机以定期和不定期两种形式对社会组织进行抽查，其中民政部、省级、县级、市级的定期抽查比例不得低于本级登记的社会组织比例的 10%、5%、4%、3%。同时对检查形式以及检查结果公开做了规定。

2018 年 1 月 24 日，民政部印发《社会组织信用信息管理办法》❸，在管理内容上，该办法规定登记管理机关对所辖范围内社会组织的基础信息、年报信息、行政检查信息、行政处罚信息等依法在 5 个工作日内录入信息管理系统并通过互联网进行公开；在管理对象上，该办法明确了社会组织活动异常名录和严重违法失信名单的违反情形以及惩处、激励措施。

在上述政策的指引下，民政部牵头开展了多次针对社会组织加强监管的活动。2017 年 11 月 9 日，民政部办公厅发布《关于推广使用全国社会组织信息查询平台的通知》❹，以民政部门户网站（www.mca.gov.cn）、中国社会组织网（www.chinanpo.gov.cn）为载体进行社会组织信息披露。从民政部牵头的中国社会组织网站公共服务平台可查询到，截至 2018 年 7 月 18 日 11 时，入库全国社会组织数据共 801041 个，其中民政部登记社会组织共 2306 个，同

---

❶ 参见中央编办、国务院审改办、发展改革委、公安部、民政部、工商总局：《关于行政审批中公民、企事业单位和社会组织基本信息共享的通知》，http://www.gov.cn/xinwen/2017-04/07/content_5183960.htm.

❷ 参见民政部：《社会组织抽查暂行办法》，http://www.mca.gov.cn/article/xw/tzgg/201712/20171215006993.shtml.

❸ 参见民政部：《社会组织信用信息管理办法》，http://www.gov.cn/gongbao/content/2018/content_5288822.htm.

❹ 参见民政部：《关于推广使用全国社会组织信息查询平台的通知》，http://www.chinanpo.gov.cn/2351/107681/index.html.

时每个具体的组织资料都可以通过查询获得。另外，中国社会组织网还对活动异常名录与严重违法失信名单进行滚动更新，通过“警示曝光台”公布涉嫌进行非法活动的组织名单。民政部的网站建设活动总体上实现了“一网查询全国已登记社会组织基本信息”的目标，改造和拓宽了社会组织查询平台，让全国 70 万家社会组织数据实现在线可查。民政部通过借助大数据、互联网、智能查询等技术，利用线上数据推动线下监管，提高社会组织治理的社会化、法治化、智能化、专业化水平。

从 2018 年 2 月 7 日至 2018 年 3 月 30 日，民政部分 5 批次，公布 315 家未经登记擅自以社会组织名义开展活动，涉嫌圈钱敛财、招摇撞骗等非法活动的社会组织❶。并根据情况采取督促停止相关活动，自行整改解散、依法取缔，没收非法财产、依法追究刑事责任等措施，肃清社会组织领域的部分违法行为，维护社会组织的公信力。

2018 年 4 月 1 日至 12 月 31 日，民政部、公安部部署打击整治非法社会组织专项行动❷。根据部署，公安机关和民政部门自 2017 年 4 月 1 日至 12 月 31 日，在全国范围内联合开展打击整治非法社会组织专项行动，重点对利用“一带一路”建设、“军民融合”“精准扶贫”等国家战略名义骗钱敛财和冠以“中国”“中华”“国际”等字样开展活动的非法社会组织予以打击整治。专项行动结合坚持依法打击和源头治理，通过完善日常监管和长效机制，查处以及取缔一批非法社会组织，有效维护人民群众合法权益，保障国家安全和社会稳定，营造风清气正的社会组织发展环境。

二、广东省层面对社会组织的管理

从广东省的层面看，其大多数出台的政策与文件是在承接民政部下达的

❶ 参见人民网：《民政部公布 179 个涉嫌非法社会组织　提醒公众防上当受骗》，http://society.people.com.cn/n1/2018/0207/c1008-29811633.html；光明网：《民政部公布新一批涉嫌非法社会组织名单》，http://m.gmw.cn/2018-02/22/content_27761722.htm；人民网：《民政部公布第三批涉嫌非法社会组织名单》，http://society.people.com.cn/n1/2018/0224/c1008-29831559.html；人民网：《民政部公布第四批涉嫌非法社会组织名单》，http://politics.people.com.cn/n1/2018/0309/c1001-29859214.html；新华网：《民政部公布第五批涉嫌非法社会组织名单》，http://www.xinhuanet.com/gongyi/2018-04/10/c_129846450.htm.

❷ 参见《中华人民共和国公安部、民政部、公安部联合部署打击整治非法社会组织专项行动》，http://www.mps.gov.cn/n2253534/n2253535/c6084259/content.html.

政策基础上做出符合本省实际状况的修改得到的。

广东省民政厅2009年3月23日以粤民〔2009〕12号发布《广东省民政厅关于社会组织评估管理的暂行办法》[1]，在民政部的社会组织评估管理办法基础上对评估对象、管理职责、表决机制、评估程序、评估结果管理等做出进一步阐释。其中，体现较大自主性的是民政部委托广东省社会组织评估中心对相关社会组织进行评估以及对每个评估等级做出量化分数指标。

2015年，民政厅出台《广东省民政厅关于社会组织法人治理的指导意见》以及《广东省社会团体法人治理结构与治理规则》《广东省基金会法人治理结构与治理规则》《广东省民办非企业单位法人治理结构与治理规则》四个文件[2]。对上述主体在法人治理结构方面，制定出包括代表大会、理事会、监事会、秘书处在内的行为规范；在社会组织法人治理制度体系方面，提出包括建立健全社会组织内部治理制度和明确社会监督、政府监管、资格认定制度在内的治理要求；在社会组织法人治理机制方面，提出了信息公开、资源配置社会评价等方面的要求。

2017年，广东省民政厅出台《关于改革社会组织管理制度促进社会组织健康有序发展的实施意见》[3]，对社会组织负责人、社会组织资金的监管、社会组织活动的管理三个方面进行本省范围内的统筹部署工作。

2018年5月25日，广东省民政厅发布《广东省民政厅关于社会组织信息公开的办法（试行）》[4]，详细规定了管辖区域内社会组织对上一年度工作报告或年度检查报告的具体包含内容、递交期限以及递交平台。办法鼓励组织设置新闻发言人以及信息管理员，同时规定信息公开的渠道除了登记管理机关指定或授权的信息平台之外，还应包括报刊、广播、电视、网站等传统媒体以及组织自控网站、官方微博、微信公众号等新媒体。办法的推出，促进

---

[1] 参见广东省民政厅：《广东省民政厅关于社会组织评估管理的暂行办法》，http://www.gd.gov.cn/govpub/bmguifan/200904/t20090402_88863.htm.

[2] 参见广东省民政厅：《广东省民政厅关于社会组织法人治理的指导意见》《广东省社会团体法人治理结构与治理规则》《广东省基金会法人治理结构与治理规则》《广东省民办非企业单位法人治理结构与治理规则》，http://www.gd.gov.cn/govpub/bmguifan/201601/t20160122_224095.htm.

[3] 参见广东省民政厅：《关于改革社会组织管理制度促进社会组织健康有序发展的实施意见》，http://zjshzz.zjsmzj.gov.cn/info2/InfoContent/4184/13059.html.

[4] 参见广东省民政厅：《广东省民政厅关于社会组织信息公开的办法（试行）》，http://zwgk.gd.gov.cn/006940175/201806/t20180614_769815.html.

了社会组织信息收集、整合、发布、管理与更新，强化了社会组织的信息管理责任履行，完善了社会自治的舆情监测和回应机制。

在上述政策的指导下，民政厅开展了广泛的社会组织监管活动。

根据社会组织信用代码工作安排，自2016年1月12日起广东省启用社会组织统一社会信用代码新登记证书。[1] 社会组织统一社会信用代码的建设，加强了社会组织信用信息数字化管理，促进社会组织信用信息交换共享机制的建成。

为响应贯彻民政部防范冠以“军民融合”字样组织非法活动的精神，根据部署，广东省民政厅和广东省公安厅联手，自2018年4月1日至12月31日，在全省范围内联合开展打击整治非法社会组织专项行动，重点对利用“一带一路”建设、“军民融合”“精准扶贫”等国家战略名义骗钱敛财和冠以“中国”“中华”“国际”等字样开展活动的非法社会组织予以打击整治[2]。该项活动先后在广州市、佛山市、东莞市、中山市、珠海市、肇庆市、江门市、韶关市等23地进行，并分地分批由广东省民政厅将检查结果、整顿措施进行公示。在首批公示的名单中，全省公布涉嫌非法社会组织26家，其中省级公布13家、市级公布13家；全省打击整治各类非法社会组织17家，其中省、市联动打击整治4家、市级打击整治13家[3]。专项行动将坚持依法打击和源头治理相结合，通过完善日常监管和长效机制，集中取缔一批非法社会组织，查处一批利用非法社会组织实施违法犯罪活动的案件，有效维护人民群众合法权益，保障国家安全和社会稳定，建立社会组织的公信力，促进市场秩序和社会稳定。

另外，2017年7月21日，应《广东省人民政府办公厅关于印发广东省全面推行“双随机—公开”监管工作实施方案的通知》[4] 要求，省民政厅负责

---

[1] 参见广东省民政厅：《广东启用社会组织统一社会信用代码》，http://zwgk.gd.gov.cn/006940175/201601/t20160119_640091.html.

[2] 参见广东省民政厅：《省民政厅、公安厅组织参加民政部、公安部召开的打击整治非法社会组织活动》，http://www.gdmz.gov.cn/gdmz/mzyw/2018-03/30/content_6313c4c7d3c947b6bd690529e9990493.shtml.

[3] 参见广东社会组织信息网：《广东省打击整治非法社会组织情况》，http://www.gdnpo.gov.cn/home/index/index2/p57i16579.

[4] 参见广东省人民政府：《广东省人民政府办公厅关于印发广东省全面推行“双随机—公开”监管工作实施方案的通知》，http://zwgk.gd.gov.cn/006939748/201708/t20170808_716869.html.

全省性社会组织监督管理职责，全面推行“双随机—公开”监管工作，即以随机抽取检查对象、随机选派执法检查人员、及时向社会公开检查结果为重点的社会组织监管长效机制。首批累计三次进行抽查的社会组织抽查结果在广东省民政局官网进行公示，并对部分财务不规范、超业务范围发展、日常活动次数少的社会组织提出整改意见或行政处罚。该方案的实施有利于对社会组织的监管实现跨部门联合抽查常态化，构建形成较为科学、成熟的市场监管制度体系。及时向社会公布抽查情况和抽查结果，接受社会监督，达到抽查一部分、警示一大片、规范全行业的效果。

在网站建设方面，广东省社会组织管理局从 2016 年开始负责官方网站“广东社会组织信息网”（http://www.gdnpo.gov.cn）的建设。专门开设信息公开专栏，涉及的内容包括对管辖范围内社会组织的年检公告、信息评估、异常名录、处罚公示等。同时公开通报每一年度的全省性社会团体、民办非企业单位、基金会等的年度检查情况。

三、广州市、深圳市等地市对社会组织的管理

在广州市，对社会组织进行监管展开的实践活动主要包括以下几个方面。

广州市区民政局制定了《广州市社会组织抽查监督办法》[1]（以下简称《办法》），对本市行政区域内登记注册的社会团体、民办非企业单位、基金会的抽查监督工作进行组织与实施部署，在省级抽查监督办法的基础上对必须列入本年度抽查监督名单的情况、免检资格等级评定内容做出了进一步明确。据统计，通过 2015 年抽查监督工作，66 个社会组织完善了法人治理，68 个社会组织列入活动异常名录，26 个社会组织因拒不接受监督检查等受到行政处罚，5 个社会组织因财务、会计问题移交财政部门处理。以 2016 年为例，广州市民政局根据《办法》确定 2016 年受到抽查监督全市性社会组织数量为 56 个。其中包括：未按规定期限公示 2015 年度报告的、2016 年被行政处罚的、2016 年因违法违规被信访投诉的 31 个社会组织，以及通过广州市社会组

[1] 参见广州市民政局：《广州市民政局关于印发广州市社会组织抽查监督办法的通知》，http://www.gzmz.gov.cn/gzsmzj/npozcfg2g/201709/8c3265e2f9ea4ef9ab394726524cdd9c.shtml.

织信息管理系统抽查监督平台，以随机摇号的形式，补足的25个受检社会组织[1]。这种建立在前一轮检查结果基础上的、结合随机摇号方式进行的滚轮式抽查监督，一方面保证了对存在财务、管理问题的社会组织的监督纠错；另一方面保证了抽样的随机性。同时，该办法通过异常名录以及必要的行政手段形成对社会组织有力的制约，促进监管结果落到实处。

广州市自2015年起开展社会组织等级评估工作，自2017年起在广州市社会组织联合会设立广州市全市性社会组织等级评估“一站通”[2]，整合政策指引、评估攻略、申报资料，方便社会组织的申请与公民的参与。在广东省社会组织等级评估的基础上，对社会组织评估指标、评估等级所附带的各种权利义务做出进一步明晰。同时对社会组织评估委员会与社会组织评估复核委员会的职责展开详细说明，另外增添由相关政府部门、研究机构、社会组织、会计师事务所、律师事务所等有关专业人员组成的社会组织评估专家库，以提高评估过程的科学性与独立性，形成民政部门协调与监督下的由评估委员、复核委员和评估专家组成的科学的评估主体。

广州市开展的社会组织等级评估工作按照《社会团体评估指标体系》中的4个1级指标，16个2级指标，48个3级指标，90个4级指标对社会组织进行考核，有利于促进完善社会组织内部治理结构，对社会组织内部职能结构的健全、治理状况的改善以及提高决策、执行、监督等过程的有效性起着积极作用。同时，通过授予社会组织不同等级的荣誉称号，有利于使这些优质机构在公众心目中提升社会组织形象和地位，从而促进社会公信力建设。另外，《办法》规定3A以上评估等级的社会组织可以优先接受政府职能转移、获得政府购买服务，因而社会组织等级评估能够培养一批优质的、为政府职能转移提供载体的社会组织，缓解公共服务供给压力，同时获评较高评估等级的社会组织在承接政府购买服务方面拥有优先权，这也是对优质社会组织的一种有效激励，形成利于社会组织有序成长的良性竞争氛围。

---

[1] 参见人民网：《广州市民政局组织开展2016年全市性社会组织抽查监督工作》，http://gd.people.com.cn/n2/2016/0922/c123932-29042199.html.

[2] 参见广州市社会组织联合会：《广州市全市性社会组织等级评估“一站通”》，http://www.gzfso.org.cn/html/announcement/2017/0714/1754.html.

2016年1月18日，广州市正式启动社会组织统一社会信用代码实施工作[1]。实施社会组织统一社会信用代码制度改革，加强社会组织信息的数字化管理，对实现社会组织信用信息在各部门之间的交换共享具有重要意义。加快实施社会组织统一社会信用代码工作，推进社会组织法人库建设，有利于加快实现构建社会组织信用体系和综合监管体系，推动社会组织发展和公信力建设。

与广州市对比，深圳市对于社会组织的监管具有频率更高、连续性更强、系统性更强、数据分布更为集中、配套平台建设更完善、形式更为规范、更重视正面激励等特点。

在社会组织监督的形式上，深圳市民政局在实施监督的过程中形成一套较为规范的执法体系。从对行政处罚结果的处理上看，深圳市长期定时发布深圳市民政局"《行政处罚决定书》送达公告"，对违反《社会团体登记管理条例》《民办非企业单位登记管理暂行条例》《基金会管理条例》的社会组织进行相应的行政处罚，并在网站上公开说明规定复议期限以及其他明细条文。相比之下，广州市民政局官网相关数据的公示较为片面，仅以结果公示。深圳市在社会组织管理局随机抽查事项清单公示方面，对不同的社会团体所对应的抽查事项名称、抽查主体、抽查依据、具体的抽查内容、抽查方式、比例和频次做出详细的公示，其监督的形式更加体现了法治精神，能够成功消除由于规范界限不明晰所致的监督流程拖沓、效率低下的情况，同时能够有效避免监督单位与被监督单位因为各自权利义务不清导致的矛盾与摩擦。同时，深圳市社会组织管理局落实上级政策中提及的创新性政策，以招标的方式引进会计师事务所负责年度社会组织执法专项审计项目，对公开招标的结果进行公示。在监督主体中，引进系统外部的专业机构参与监督，是提高监督的民主性、科学性的体现，在缓解监督机关与被监督主体的摩擦的同时也有利于提高监督的质量与效率。

从社会组织监督的结果处理看，市民仅需登录深圳市民政局官网（http://www.szmz.sz.gov.cn），就可以查询到一切社会团体、行业协会、民办非

---

[1] 参见广州市人民政府：《广州市18日起正式启用社会组织统一社会信用代码》，http://www.gz.gov.cn/gzgov/s7119/201602/31d520c2ecc94605a8b086719b79b144.shtml.

企业单位、基金会等的联系方式、名称公示、往年年检结果查询以及社会组织评估等信息，并且信息的更新都较为准时，更新的时间点都较为连续，真正做到了监督结果及时、集中。从处罚结果公示频率上看，广州市民政局社会组织信息平台页面中社会组织处罚公告共 10 条，处罚日期为 2013—2015 年，每条之间时间间隔大，最新的一条为 2015 年 9 月 30 日。深圳市民政局社会组织处罚公告超过 20 页，且每条之间时间间隔小，最新一条为 2018 年 6 月 15 日，且最近一页处罚结果发布时间都在 2 个月内；同时深圳市民政局官网每年会发布深圳市社会组织抽查结果公告，视违规行为情节轻微、一般、严重、较严重等不同程度对社会组织做出予以责令改正、予以限期停止活动、予以撤销登记的行政处罚，并及时发布公开，供全社会共同监督；同时，在社会组织评估结果公示方面，深圳市将社会组织历年评估结果以时间序列的方式进行整合，方便了市民查阅。从以上数据我们可以看出，无论是在政策执行、数据发布频率上，还是网建平台搭建水平、数据整合水平上，深圳市都处于较为前沿的水平，值得借鉴。

在监督结果的利用上，深圳市也走在前列。深圳市更好地将对社会组织的监管结果与承接政府职能转移挂钩，激励机制建设更加到位。深圳市民政局印发《深圳市承接政府职能转移和购买服务社会组织推荐目录编制管理办法》（深民规〔2016〕2 号）❶，根据该办法，深圳市民政局每年编制并发布深圳市承接政府职能转移和购买服务社会组织推荐目录，明确将上一年度年检合格、未被载入社会组织异常名录、没有违法违规行为的不良记录作为申请编入目录的重要条件，同时对社会组织评估等级在 3A 以上（含 3A），且财务评估达到 A 级的组织优先考虑。深圳市要求各级政府部门在向社会组织转移职能和购买服务时，将深圳市承接政府职能转移和购买服务社会组织推荐目录作为重要参考。以 2017 年为例，经社会组织自行申报、登记管理机关审核，共有 615 家市级社会组织符合编入推荐目录要求，被编入深圳市承接政府职能转移和购买服务社会组织推荐目录，在民政局官网予以公示。该办法的实施对社会组织等级评估结果给予有效反馈并确保政府优先购买社会组织

❶ 参见深圳市民政局：《深圳市承接政府职能转移和购买服务社会组织推荐目录编制管理办法》，http://www.sz.gov.cn/zfgb/2016/gb970/201609/t20160906_4455464.htm.

服务，正向激励社会组织积极应对年检，配合有关部门的监管，确保在日常活动中遵守秩序正常开展各项活动，遵守法律法规，有利于培养良好的社会组织公信力和形成鼓励积极主动配合的监管环境。

另外，深圳市民政局还敦促鼓励民间社会组织进行自我监督，创新社会组织的监督方式。深圳市社会组织管理局深入推进行业协会商会诚信自律建设工作[1]，该政策以健全行业自律规约、制定行业职业道德准则、规范行业发展秩序、推行诚信承诺四项为主要内容，要求相关的行业协会商会通过建立的行业性约束和惩戒机制与政府、市场、社会形成的约束和惩戒机制相衔接，形成联动效应；通过行业职业道德准则，建立与国际标准一致的、符合行业特点的社会责任指标和评价体系，发布行业社会责任报告，提升行业社会责任绩效；通过开展标准化工作，制定发布本行业的产品和服务标准，积极参与制定国家标准，提高标准化水平；通过诚信承诺书杜绝强制入会，强行服务，乱评比、乱培训、乱表彰，超范围等行为。同时民政局方面采取措施保障自律工作的顺利进行。具体措施包括给予守信者在年度报告、等级评估、税收优惠、职能转移、购买服务等事项中，实行优先办理、简化程序和重点支持等激励政策，将失信者纳入“黑名单”进行管理，采取取消税收减免资格、降低评估等级、限制参与承接政府转移职能和购买服务项目等措施。行业协会商会诚信自律建设，对于加强和改进行业协会商会管理，提高行业协会商会公信力，推进行业自律体系和社会信用体系建设，促进深圳市经济健康发展具有重要意义。

第三节　社会组织监管存在的问题

根据上文从国家、广东省到广、深两市对社会组织的管理政策措施的总览，结合目前社会组织监管领域的现状可以看出：当前，随着社会组织的迅速发展，我国从中央到地方各层次的政府都对社会组织的监管予以越来越高

[1] 参见深圳市民政局：《深圳市社会组织管理局关于深入推进行业协会商会诚信自律建设工作的通知》，http://www.szmz.sz.gov.cn/ljypt/tzgg/201703/t20170315_6069061.htm.

程度的重视。同时，在不同层面也存在一些不完善或者与我国目前对社会组织监管方面的法律规范不符之处。

一、社会组织监管方面的法律法规体系较不完善

目前社会组织监管方面的法律体系仍以部分补充性的规章文件为主。在法律规范方面，以国务院《社会团体登记管理条例》《民办非企业单位管理暂行条例》《基金会管理条例》为中心，另外包括诸如《民法通则》《民办教育促进法》《公益事业捐赠法》等法律条例，以及《社会组织评估管理办法》《法人和其他组织统一社会信用代码制度建设总体方案》《社会组织抽查暂行办法》《社会组织信用信息管理办法》等规章文件。从总体来看，存在专项基本法律缺乏、补充性规章文件占比高，管理对象不具体、管理范围不明确，法律条文注重登记管理约束，忽视日常事务管理约束等现象。具体而言，如在三个条例❶中，对于社会组织的约束更加集中在社会组织的成立登记与变更注销的程序、条件等方面，对于具体的监督管理内容、权限以及违反规则的后果缺少较为清晰的界定。这会导致相关管理机构在社会组织管理的过程中，虽有成文的法律规范存在，但是没有明确的执法依据，另外相关的法律分布不集中，存在有法难依的情况。同时缺乏统一、明确的规范条文也会使执法人员只能依靠个人理解与工作经验进行主观判断，加大了执法随意性或执法不公平现象。

二、双重管理体制下，登记管理单位与业务主管单位双头领导、监督职责界限不清

双重管理体制是指由登记管理机关和业务主管单位分别对社会组织实行登记管理和业务管理。双重管理体制是在计划经济体制下国家对社会团体进行归口管理的一种体现。在双重管理体制下，我国对社会组织的监管实行由登记管理机关和业务主管单位双重负责的方式，该监管体制对社会组织的登记管理环节实行更为谨慎的监管，一定程度上有效规避了部分受检查社会组

---

❶ 参见国务院：《社会团体登记管理条例》，http://www.seac.gov.cn/seac/mwjs/201907/1134550.shtml；国务院：《民办非企业单位管理暂行条例》，1998年10月；国务院：《基金会管理条例》，http://www.hljmzt.gov.cn/mztpfzl/29821.html.

织与登记管理机关的摩擦与矛盾。但是这个体制的实行过程也存在不可忽视的弊端。

首先，是“漏网之鱼”的问题。由于双重管理体制首先表现为双重准入审批限制，再加上一些政府部门有“非竞争性”的惯性，即倾向于抑制同一区域同一活动领域的同类社会组织，同时也存在降低政治风险与规避责任的倾向，因此许多社会组织无法获得合法身份，游离在监管体制之外。另外，各种形式的社会合法性如部门挂靠、媒体报道、领导出席、名人挂帅等，都成为一些组织获得合法性支持的重要渠道❶。这些形式不一的合法性也一定程度上加剧了治理难度。

其次，是双头领导的问题。目前，三个条例规定登记管理机关有三项职责：

（1）负责社会团体的成立、变更、注销的登记或者备案；

（2）对社会团体实施年度检查；

（3）对社会团体违反《社会团体登记管理条例》的问题进行监督检查，对社会团体违反《社会团体登记管理条例》的行为给予行政处罚。

业务主管单位有五项职责：

（1）负责社会团体筹备申请、成立登记、变更登记、注销登记前的审查；

（2）监督、指导社会团体遵守宪法、法律、法规和国家政策，依据其章程开展活动；

（3）负责社会团体年度检查的初审；

（4）协助登记管理机关和其他有关部门查处社会团体的违法行为；

（5）会同有关机关指导社会团体的清算事宜。

其中登记机关的第一项、第二项职责与业务主管单位的第一项、第三项职责存在时间上的前后关系，因而不存在明显矛盾。但是登记管理机关的第三项职责与业务主管单位第二、第四项职责存在一定程度上的界限模糊与冲突：第一，登记管理部门负责监督的违反《社会团体登记管理条例》的行为与业务主管部门负责检查的违反社会团体章程的行为存在一个包含与被包含的关系；第二，负责监督检查的登记管理机关与负责协助检查业务主管单位

---

❶ 王名．改革民间组织双重管理体制的分析和建议［J］．中国行政管理，2007（4）．

之间开展活动时，并没有明确的职能界限，再加上两部门在机构设置、人员结构等资源配置方面能力不一，且存在沟通与协调的非及时性、滞后性，因而在政策的执行上就容易产生重复或者矛盾。

由于以上两个原因，在登记管理过程中大量的社会组织成为“漏网之鱼”，或者难以获得法律意义上的合法性，转而寻求各种非正式的合法性。这大大加大了监管难度与成本，同时社会组织也会对繁复的检查程序产生不满，继而质疑双重管理的必要性问题；在政府方面，两个部门在开展检查活动时在审查程序上难以避免出现重复检查而造成行政资源浪费的情况，或因为职责不清或冲突导致检查缺位的现象。

三、抽查、突击性的监督行动大都紧随上级政策，缺乏主动性、创新性、连续性和系统性

以打击整治非法社会组织专项行动为例，2018 年 4 月 1 日至 12 月 31 日，民政部、公安部部署打击整治非法社会组织专项行动，整治利用“一带一路”建设、“军民融合”“精准扶贫”等国家战略名义骗钱敛财和冠以“中国”“中华”“国际”等字样开展活动的非法社会组织。广东省在省级层面转发进行了同样重要的活动，但仅公布了一批名单，未进行后续跟进。同时，在广州市、佛山市、东莞市、中山市、珠海市、肇庆市、江门市、韶关市等同主题专项活动地也普遍存在后劲不足的现象。同一社会问题，在各地既存在普遍共性，同时也存在地域的特殊性，严重程度并不一致。各地应当在对上级政策进行响应的前提下采取适合本地特征的举措，符合本省、本市具体情况的创新性监督行为更能取得显著的效果，才能更好地获取多方配合与支持，促进其连续性与系统性，真正达到解决问题的目的。

四、各社会组织内部自律监督机制不健全

现行的监督机制主要从他律监督出发，包括从登记管理、单一部门执法或多部门综合执法、清理整顿等制裁、年度检查、等级评估、信用评价、政府购买服务激励以及社会监督等方面对社会组织进行监督，缺乏社会组织的自律机制建设。早在 2011 年，广东省已释放出将为社会组织“松绑”的信号，拟降低社会组织登记门槛。在鼓励社会组织参与公共服务时，促进社会

组织自律，通过社会组织内部的自治机构形成有效的内部约束机制，以防止“一放就乱”的局面，但是在实践层面一直未出现突破性、实质性的举措。自律有多种形式，可以包括社会组织成员之间的相互监督、组织成员对组织的监督和组织与组织之间的相互监督，发挥内部的监督作用，对社会组织进行内部治理。而当前我国的社会组织监管绝大部分都以他律为监管形式，忽视了自律在社会组织监管中的作用。缺乏社会组织自律机制建设，对登记主管部门来说，大大增加了行政资源与监管成本；对组织自身来说，不利于抑制腐败与违法以及提高组织公信力；对于社会来说，不利于提高资源在社会组织中流动的透明性。推进社会组织的自律监督机制建设，尤其是行业协会商会的自律监督建设进程，对社会团体健康和谐发展、市场秩序稳定有序有显著的积极影响。

五、缺乏主动、系统的社会组织风险防范机制

现阶段，不同类别的社会组织存在不同类型的、可以在不同程度地预知并控制的风险。比如，由政府向其购买服务的社会组织，在合同管理、招标投标、服务监管等环节存在合法性与质量控制的风险。第一，政府购买服务与社会组织本身“不追求剩余利润的分配”的原则产生的矛盾可能会导致自身功能的丧失；第二，政府在招标过程中追求的“成本—效益”原则可能导致社会组织过度迎合导致自身的“泛企业化”；此外，政府与某个社会组织的合作惯性也可能会使该社会组织在其服务领域形成垄断，引发群众抗议。此外，一些创新性、尝试性提供有偿服务项目的社会组织，在项目收费标准、服务活动开展范围制定等方面，如若缺乏制度上的风险防范意识，也容易违反相关的法律法规。

现阶段，我国对社会组织的监管属于“问题解决”式的监管，缺少对不同类社会组织存在的风险进行防范的制度与措施。提高风险监管意识，识别并汇总各类型的社会组织潜在的风险，出台相应的风险调控措施和危机应急机制，主动防范潜在的风险，降低社会组织违法行为发生的可能性，及时切断违法行为的影响，将很大程度降低执法成本，减少人民群众的财产损失，提高财政资金运行的质量。

六、社会组织正向激励措施不到位

现行的监督制度中，等级评估、信用评价等结果都不同程度地涉及正向激励措施。以等级评估为例，民政部发行的《社会组织评估管理办法》明确规定：获得3A以上评估等级的社会组织，可以优先接受政府职能转移，可以优先获得政府购买服务，可以优先获得政府奖励。获得3A以上评估等级的基金会、慈善组织等公益性社会团体可以按照规定申请公益性捐赠税前扣除资格。获得4A以上评估等级的社会组织在年度检查时，可以简化年度检查程序❶。但是在具体贯彻执行过程中，各省市对正向激励措施的运用仍不到位，大部分地区仍未形成较为完善的与等级评估、信用评价结果相衔接的政府职能转移优先推荐名录制度，对公益性捐赠税前扣除程度以及年度检查简化程度缺乏明确的规定。利用好正向激励机制，对运行符合法律规范的社会组织进行激励，有利于促进社会组织自我改善提高，提高社会组织服务质量，使平者更优、优者更佳。

七、监管队伍专业化水平有待提高

由于涉及社会组织监管的内容除了一些包括成立、变更和注销登记事项等基础信息外，还包括年报信息、财务信息等需要专业财务人员审核的监管内容，如资产负债状况、现金流动状况、服务内容和收费标准、接受捐赠及使用情况、重大资助项目和资产保值增值情况等，这些内容的审核需要登记管理机关、业务主管机关人员具备较高的专业素质，同时也需要相当数量的外部会计师事务所、律师事务所等专业机构的参与。目前，在监管过程中，各省市对于政府内部专业人员素质的培训与提升、政府在社会组织监管方面的人才库建设以及对外部的会计师事务所、律师事务所的招标等方面仍未给予足够的重视。

---

❶ 民政部《社会组织评估管理办法》第六章第二十八条规定："获得3A以上评估等级的社会组织，可以优先接受政府职能转移，可以优先获得政府购买服务，可以优先获得政府奖励。获得3A以上评估等级的基金会、慈善组织等公益性社会团体可以按照规定申请公益性捐赠税前扣除资格。获得4A以上评估等级的社会组织在年度检查时，可以简化年度检查程序"，http://jnjd.mca.gov.cn/article/zyjd/zcwj/201110/20111000185061.shtml.

第四节　促进社会组织监管的改进措施

一、加快完善社会组织监管方面的法律法规体系

在社会组织监管方面，我国目前已形成包括三大管理条例《社会团体登记管理条例》《民办非企业单位管理暂行条例》《基金会管理条例》在内的条例与管理法规、办法，但是从狭义上讲，上述条例在内容以及法律效力、正式程度上都不及正式法律、专项法律，只是规范性文件，同时存在管理对象不具体、管理范围不明确的情况，另外部分的条例存在“重登记，轻管理”的现象。这些问题的存在使得我国对社会组织的监管存在无法可依或有法难依的现象，因此，首先必须加快制定有区别的，针对关于社会团体、民办非企业单位、基金会等机构的专项法规。同时，针对目前我国对社会组织监管“重登记，轻管理”的现状，应当在专项法规中针对性地加强在组织机构运行、收支以及接受捐赠与对外捐赠、绩效评估、合法合理性等方面的管理，同时对监督管理的内容、权限以及违反罚则后果做出进一步清晰的界定。以美国 1987 年的《非营利法人法》《非营利法人示范法》为例，这两部法不仅作为专项法律出台，并且在法律中对社会组织进行分类监管，将非营利法人分为 4 个大类，并进一步划分为 11 种类型，在此基础上进行分类规划：对不同的非营利组织类型、同一类型的非营利组织的不同活动进行区分；对不同的非营利组织的治理要求、信息公示与披露都做出各自明确的规定；另外对不同类型的非营利组织享有的特权以及优惠进行区别。我国专项法律的出台，可以借鉴社会组织发展较为成熟的发达国家类似的国际典型范例，力求通过完善监管方面的法律法规，加强对社会组织的分类监管，规范社会组织的运行机制，规范执法人员的执法程序，通过完善的法规体系提高监管方与被监管的社会组织方的专业化程度。

二、有选择性地放松双重管理，同时进一步厘清登记管理单位与业务主管单位监督职责界限

随着社会主义市场经济体制的完善以及政府机构改革、职能转变向纵深发展，双重管理体制存在的必要性越发成为社会组织管理领域饱受争议的话题。大部分对其合理性提出质疑者集中在审批门槛过高、管理职能分散混淆两方面。无论如何，随着社会组织提供公共服务职能的提升以及部分政府职能的下放，通过对双重管理体制进行改革来改善对社会组织的监管是必然趋势，但仍需注意到这是一个循序渐进且有选择的过程。

早在2013年，国务院机构改革和职能转变方案❶就提出要实现成立行业协会商会类、科技类、公益慈善类、城乡社区服务类四个类型的社会组织可直接向民政部门依法申请登记，不再需要业务主管单位审查同意。随后几年中，上海、山东、浙江、广东等地陆续就上述四种类型或其中某种类型的社会组织的单一部门登记推出相应的规定。行业协会商会类、科技类、公益慈善类、城乡社区服务类社会组织在为社会提供公共服务、承接政府职能转移方面发挥着重要作用，但目前四种类型的社会组织改革方案仍未在广泛的范围内铺开。未来以上类型的社会组织直接向民政部门依法申请登记的制度应该在全国更大的范围内推广开来，通过为该类组织提供更容易获得的合法性可以促进公共服务供给质量与效率的提高，也可以将更多应该被监管的社会组织纳入政府监管范围内，提高政府监管水平。在此基础上，再随着政府监管能力与社会组织的自律能力以及社会的参与监管能力的提高，逐步、稳妥地扩大社会组织单一部门登记的范围。

另外，在对实行双重管理的社会组织进行监管时，应当注重厘清登记管理单位与业务主管单位监督职责的界限。第一，由于三个条例都规定业务主管部门的职责为“监督、指导社会团体遵守宪法、法律、法规和国家政策，依据其章程开展活动”，因此，应当以章程为界做好登记管理部门与业务主管

❶ 国务院《第十二届全国人民代表大会第一次会议关于国务院机构改革和职能转变方案的决定（草案）》规定：“重点培育、优先发展行业协会商会类、科技类、公益慈善类、城乡社区服务类社会组织。成立这些社会组织，直接向民政部门依法申请登记，不再需要业务主管单位审查同意”，http://www.gov.cn/2013lh/content_2354397.htm。

部门的分工，业务管理部门应该投入更多的资源确认社会组织依法制定章程并按照章程开展活动，对于超出章程外的事务则应该首先由登记管理部门负责。第二，登记管理部门与业务主管部门应加强沟通，协调投入与资源配置等问题，确保沟通与协调的及时性，最大程度上减少行政资源的重复投入。

最后，在双重管理体制向单一管理体制转型和成熟的基础上，成立一个独立的、全国范围内的社会组织监管体系，如建立直接隶属于国务院的民间组织监管委员会（简称“民监会”），对社会组织进行统一协调、相对集权的行政监管。通过建立一个高层次的自上而下的监管体系，可以改善目前由于现行社会登记管理部门隶属于民政部下属二级局而不具备与各相关部委直接协调的缺点，改善我国民间组织的发展面临双头领导、重复监管的问题。

三、建立各级“互联网+督查”信息化监管平台，提高监督的创新性、主动性

“互联网+督查”概念最早由国务院办公厅针对加强政府及国有企业监督而提出，并于2019年4月22日开通相关的专栏，企业和群众可以登录中国政府网或下载国务院客户端或进入国务院“互联网+督查”小程序进行线索提供、问题反映、建议提出的操作。国务院办公厅将收到的问题线索和意见建议汇总整理，督促有关地方、部门处理。值得一提的是，民政部在2018年9月10日印发了《“互联网+社会组织（社会工作、志愿服务）”行动方案（2018—2020年）》[1]，这与“互联网+督查”不谋而合，然而由于“互联网+社会组织”囊括了办事、数据共享、服务、监察的功能，在监督方面仍不够突出，侧重于通过打通与国内主流搜索引擎、新媒体服务商的数据接口，运用大数据技术筛查互联网上非法社会组织信息，为打击非法社会组织提供具体线索，在发挥人民群众的信息反馈功能方面不太突出。

由此可见，我国各省市社会组织官方网站可在上一级的统筹互动下，模仿建立“互联网+督查”模式。通过建立“互联网+督查”模式信息反馈收集平台，各上级社会组织管理机构可以通过人民群众对所在区域社会组织管理

[1] 参见民政部《“互联网+社会组织（社会工作、志愿服务）”行动方案（2018—2020年）》（民民发〔2018〕115号），http://www.mca.gov.cn/article/gk/wj/201809/20180900011028.shtml.

存在的问题，比如对相关政策措施不落实或落实不到位，相关服务部门不作为、慢作为、乱作为或者配套设施落后不齐全等进行查证，将较为典型的问题予以公开曝光，并督促下一级相关社会组织管理机构进行严肃处理、督促改正。这种由下而上再由上而下的问题反馈和解决机制，能够真切地反映各地区社会组织存在的特殊性问题，极大限度地克服各级抽查、突击性的监督行动大都紧随上级政策，缺乏主动性、创新性的缺点。这有利于下级管理更好地获取来自人民群众的主动配合与支持，采取符合本省、本市具体情况的创新性监督、整改措施。

四、结合实际情况出台政策与执法，提高监督活动的连续性、系统性

目前，在对社会组织展开的监督管理中，尤其是政策发布与专项活动方面，从中央到地方层面的监管活动往往存在内容、频率、时间上的高度一致性，但由于我国幅员辽阔，各地经济发展水平不一，社会组织发展水平参差不齐，长期以往容易导致监管政策以及监管活动的形式化。因此各省层面在贯彻落实上级政策的同时，结合本省的经济发展状况以及所辖区域内各类社会组织实际存在的问题，对各类社会组织的管理与监督做出既有共性又符合本省社会组织监管实际的考量，在政策制定上实现符合自身实际的创新，提高政策的科学性；在进行专项活动时，应根据平时执法过程中对社会组织存在的违法违规情况及其程度有针对性地决定活动配置的人力、物力资源以及时间长度与执法频率，真正落实专项活动，实现监管常态化，使监管实际可行，提高监管的连续性与系统性。

五、加强社会组织内部自律监督机制建设，促进社会组织自我监督

自律能够形成对社会组织自身的软性约束，是促进组织健康发展的内在动力。发挥自律在社会组织监督中的作用，包括社会组织成员之间的相互监督、组织成员对组织的监督及组织与组织之间的相互监督。

在推动社会组织的自律监督机制建设方面，可以借鉴深圳的实践经验。作为全国首批社会组织建设创新示范区，深圳市极力积极推进社会组织信用

建设和行业自律机制建设工作[1]。

首先，要加强社会组织内部建设，通过各种形式的思想建设活动或制度规范，促进社会组织内部成员之间以及成员与组织之间的有效自律监督，营造一个成员活动人人遵守章程、组织运行处处符合规范的内部环境，同时要完善社会组织信息化网站建设以及组织信息披露制度。通过组织工作的信息化以及相关信息的披露，提高社会组织日常事务以及资金运转等方面的透明度，借助外力促进组织自我管理、自我约束水平的提高。

其次，在此基础上，要着力推动社会组织加快制定行业内的职业道德准则或自律诚信公约。特别是在商会与行业协会方面，可以效仿深圳市，推动各商会、行业协会制定行业诚信自律公约。通过自律公约以及行业道德规范或行业产品或服务标准的制定，规范行业内各企业的生产经营活动，引导生产者公平有序竞争，鼓励商会、行业协会对服务的对象在服务内容、服务质量、服务效率、服务价格等方面做出公允的承诺，提高生产者的道德意识以及服务人员的素质，营造有序的市场秩序。

同时，要发挥自律建设出色的社会组织典型风向标作用。通过出台相关的典型树立方案，发现、宣传现有的典型社会组织，激励、培养一批新的自律典型。另外要建立相应的奖惩机制与之挂钩。对于自律表现良好的社会组织，在等级评估、年度报告中适当简化审查步骤，在职能下放、服务购买以及税收优惠中予以优先考虑；对被纳入“异常名录”或“黑名单”的社会组织予以移出政府职能下放和服务购买名录、取消税收优惠资格等惩罚措施。

六、加强社会组织风险防范机制建设

加强社会组织的风险防范机制建设，尤其是承接政府购买的社会组织，需要社会组织的监管机构在社会组织与政府对接的层面加大风险排查力度。首先，根据各级人民政府的购买服务规定，如广东省的《政府向社会组织购买服务暂行办法》[2]，对办法中所要求的公共服务供应方的条件、资质进行审

---

[1] 参见南方日报《深圳市民政局多举措加强社会组织诚信建设推动行业自律》，http://lj.southcn.com/dsdt/sz/content/2017-05/16/content_170876868.htm.

[2] 参见广东省人民政府办公厅：《政府向社会组织购买服务暂行办法的通知》，http://zwgk.gd.gov.cn/006939748/201205/t20120531_317083.html.

查。这包括社会组织本身、社会组织的治理结构、资产管理制度、组织为提供服务所必需的设备和专业技术能力、缴纳税记录、年检、年度考核等方面的审查。

在年检、年度考核方面的风险控制中，广东省值得各地提倡推崇的一项创举是，在2019年的《广东省民政厅关于社会组织年度工作报告的实施办法》[1]中，率先创新性地提出了社会组织“年检”改“年报”的方法，实现了从“提供多部门盖章，单向递交大量纸质材料”到“一键申报，全程公开”的转变，不仅实现了手续的简便，更实现了监管的加强，提高了风险防控力度。一方面，通过给予群众查询权限促进社会组织自律与社会监督；另一方面，通过抽查审计、双随机一公开、异常名录等方法，完善信用约束机制，实现各部门协同监管，通过加大公开与加强惩治提高了年度考核的风险调控能力。

进一步地讲，在政府购买的招标环节、执行环节和评估环节对存在的相应风险进行识别与评估，确保社会组织有序、公平参与竞争，并坚守社会组织运行的基本原则，防止其在过度的竞争中“泛市场化”。

七、加强各省市层面的正向激励措施出台

首先应该继续坚持完善如《社会组织统一社会信用代码实施方案》《社会组织信用信息管理办法》《社会组织评估管理办法》等信息管理系统与评估评价体系建设，为正向激励措施的施行提供系统、平台依托。

其次，在此基础上，为了改善目前在等级评估、信用评价等方面制度的结果运用过程中，各省份对正向激励措施的运用不到位的现状，各地须尽快完善与等级评估、信用评价结果相衔接的政府职能转移优先推荐名录制度，以及为这些社会组织提供捐赠税前扣除、税收优惠或免税资格以及年度检查简化等方面的便利。具体来说，可以通过社会组织自荐、业务主管单位与登记管理机关审查的方式定期出台承接政府转移职能和购买服务推荐性目录，并注重及时调整与更新，通过修订名录及时增加对通过整改达到评价标准的

[1] 参见广东省民政厅：《广东省民政厅关于社会组织年度工作报告的实施办法》，http://zjshzz.zjsmzj.gov.cn/info2/InfoContent/4184/22945.html.

社会组织、停止对前一年年度或季度检查未达标与未及时参加的社会组织的推荐。

利用好正向激励机制，不仅能最大程度发挥等级评估、信用评价结果对社会组织产生的积极效用，避免评估与评价流为形式，也可以激励社会组织自我改善提高，提高社会组织服务质量，促进社会组织在全社会范围内的公信力提高。

八、提高监管队伍专业化水平

通过提高监管队伍的素质，从而提高监管效率与质量对社会组织监管工作而言是一种制度创新，它有利于改变目前我国各级层面上的社会组织监管体系“重登记，轻管理”的局面，推动日常管理的精细化、规范化和合理化。具体可以通过提高系统内监管人员的专业素质和监管队伍多元化两个方面入手。

对于系统内的监管人员，一要通过工作总结会议，提出、讨论在前一阶段检查过程中新出现的疑难问题，形成经验积累，探索系统性的解决措施，提高自身面对各种新问题新情况的应变能力；二要通过聘请相关专家学者或外部教育机构对系统内人员的专业素质进行专项训练，以提高监管人员在执法过程中的专业素养。

对于监管信息平台的建设，可以尝试通过项目招标交付具有成熟的数据收集、平台建设以及系统维护经验的信息技术专业人才队伍进行搭建。通过将信息平台建设的工作委托给专业化的队伍，为监督者、社会组织、民众提供更准确的、可靠的、全面的信息来源，丰富、完善社会组织的基础信息，构建统一标准的社会组织信息库。

另外，通过招标形式引入第三方评估，对社会组织负责人、组织资金运行状况、信息披露的充分性等进行评估和审查。并可以尝试引入必要的外部会计师事务所或律师事务所进行年报、财务信息审核，如资产负债状况、现金流动状况、服务内容以及收费标准的审核并提供相关法务咨询。

在保证内部成员专业素质提升的同时，借助外部专业人才的力量，有利于促进组织监管水平的专业化、科学化。

第五章

社会组织促进社会融合研究

彭灵灵　林蕾[1]

【摘要】社会融合一直是各国政府和学者关注的焦点，促进社会融合对于构建和谐社会和维护稳定的社会秩序具有重要意义。我国正处于社会转型期，社会问题和社会矛盾日益复杂化，作为社会建设和社会发展的重要主体之一，社会组织充分发挥自身优势参与到社会治理的各领域中，在促进社会融合方面发挥了重要的作用，如：形成价值共识，增强社会认同感；提供多样化公共服务，发挥协同效应；提高社会资本存量，营造和谐的文化氛围；致力脱贫攻坚，实现公益扶贫的高效化。当前我国社会组织在促进社会融合方面仍然存在社会组织党组织建设较为薄弱、社会组织动员公众参与的效果欠佳、缺乏成熟的社会组织体系等问题。有必要通过"加强基层党建，发挥党建引领作用；强化社会动员，提升能力建设；激发居民活力，培育积极的融合机制；推进组织整合，建立成熟的社会组织体系"来更好地利用自身优势促进社会融合。

【关键词】社会组织　社会融合　和谐社会

[1] 彭灵灵，广东药科大学社会工作系讲师，研究方向为社会政策与社会发展、社会组织与社会治理；林蕾，广东外语外贸大学社会管理专业 2019 级研究生，研究方向为社会组织与社会治理。

第一节　引　论

《2019年国务院政府工作报告》提出："加强和创新社会治理，推动社会治理重心向基层下移，推广促进社会和谐的'枫桥经验'，构建城乡社区治理新格局。引导支持社会组织、人道救助、志愿服务和慈善事业健康发展。"报告显示，社会力量将得到更多重视，社区将成为社会治理、社会组织的主战场。近几年来，我国加大对社会组织的扶持力度，社会组织呈现稳健发展的态势，频繁出现在政府的各项工作报告中，成为社会治理的重要主体之一。如何充分发挥社会组织的作用，承接政府相关职能，实现社会组织的效用最大化，打造新时代共建共治共享的社会治理格局，促进社会融合，引导社会成员成为维护和谐社会秩序的积极力量，构建中国特色社会主义和谐社会，推进社会建设和社会发展，逐渐成为社会各界关注的焦点。

我国正处于社会转型期，随着经济社会的快速发展，出现了城乡和区域发展失衡、贫富差距加大、失业和社会失范等一系列社会问题，社会主要矛盾发生了变化，表现在人民日益增长的美好生活需要和不平衡不充分的发展之间的矛盾。社会问题日益复杂化，价值观念日益多元化，生活方式日益多样化，开始出现新的社会阶层，形成了多元的利益群体，以农民、城市下岗工人、外来务工人员、残疾人、老年人、流动儿童等为代表的弱势群体的社会融合状况已成为政府关注的焦点。转型时期弱势群体的社会融合状况将对我国和谐社会的构建和经济的长远发展造成直接的影响，其良好的社会融合状况能为我国更好更快地发展营造良好的外部环境。社会组织作为不同于政府和市场的社会治理重要主体，在缓解和调和矛盾纠纷、维护社会稳定、解决民生问题、维护社会秩序等方面发挥了重要的作用，能够有效地促进社会融合，推动社会和谐良性运转和协调可持续发展。

查尔斯·扎斯特罗（Charles Zastrow）提出了社会生态系统理论，把人类成长生存于其中的社会环境看作一种社会性的生态系统，如家庭、机构、团体、社区等，强调生态环境即人的生存系统对于分析和理解人类行为的重要性，注重人与环境之间各系统的相互作用及其对人类行为的重大影响。社会生态系统理论影响模式清楚地说明了我们必须认识到人类生存环境的差异以及这种差异对人类行为的影响，善于从人与环境互动的角度出发去寻找影响人类行为的各种深层原因，从改变人与生存环境的关系入手去解决各种社会问题。随着越来越多的新成员进入，必然会使社会中存在千差万别的生活理念、生活方式，社会融合在此背景下变得复杂并具有挑战性。促进社会成员在与新环境的互动中求同存异，以包容和开放的心态积极融入社会具有重大意义。

一、我国社会组织发展现状

根据中国社会组织公共服务平台的数据统计显示，近几年来我国的社会组织蓬勃发展，数量和种类都呈现出持续增加的趋势。截至 2019 年 11 月，我国社会组织总数为 849292 个，其中民政部登记的社会组织数量为 2288 个。自 2010 年起，我国社会组织的数量变化趋势如图 5-1 所示，九年间已登记的社会组织由 2010 年的 254620 个增加到现在的 849242 个，涨幅较大。截至 2019 年 4 月，省级社会组织 36365 个，部级 2298 个，市级 134315 个，县级 562175 个。可以看出社会组织数量呈上升趋势，近两年的增幅较小，九年间我国社会组织数量快速增加，持续保持稳健发展态势。

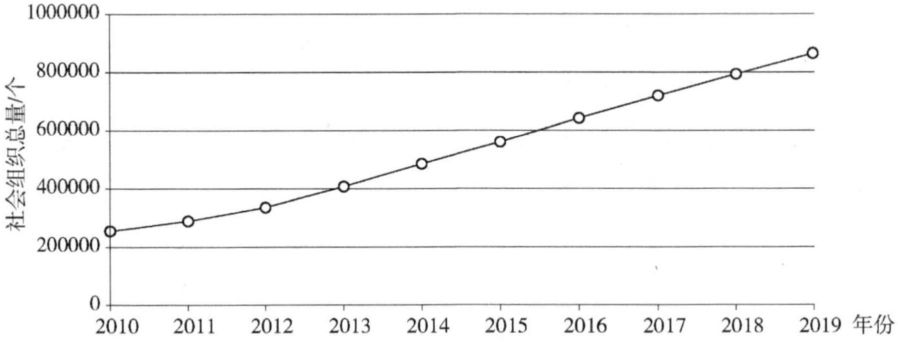

图 5-1　2010—2019 年我国社会组织发展趋势

数据来源：中国社会组织公共服务平台。

从相关的统计数据来看，当前我国不同区域的社会组织发展差异较大，华北地区的社会组织总量为 82032 个，东北地区为 55074 个，华东地区为

317829 个，华中地区为 109211 个，华南地区为 102846 个，西南地区为 98231 个，西北地区为 70379 个。下列的折线图呈现了 2010—2019 年华北（见图 5-2）、东北（见图 5-3）、华东（见图 5-4）、华中（见图 5-5）、华南（见图 5-6）、西南（见图 5-7）、西北（见图 5-8）地区社会组织的发展趋势，从图中可以看出，社会组织的数量在逐年增加，但各区域的增长幅度差距较为明显，区域发展不平衡。

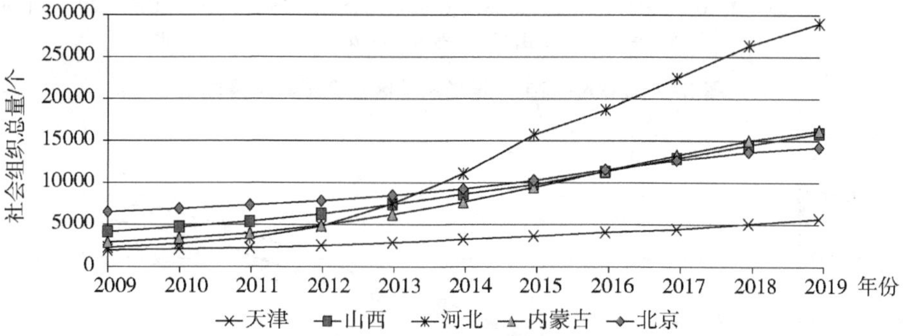

图 5-2　2009—2019 年华北地区社会组织发展趋势

数据来源：中国社会组织公共服务平台。

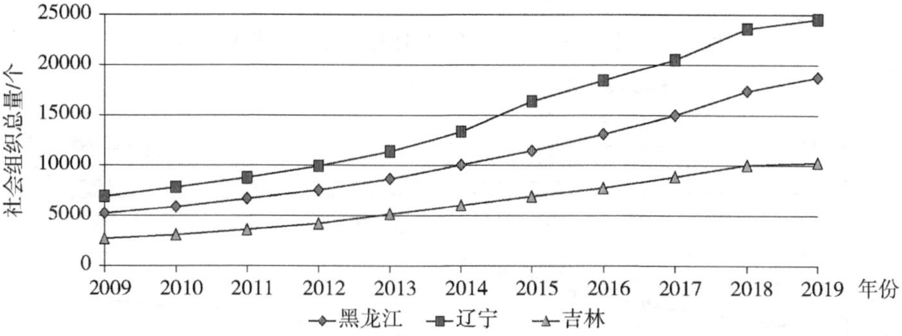

图 5-3　2009—2019 年东北地区社会组织发展趋势

数据来源：中国社会组织公共服务平台。

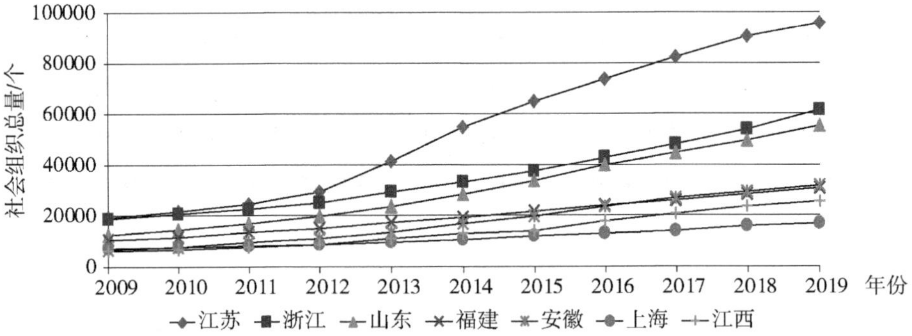

图 5-4　2009—2019 年华东地区社会组织发展趋势

数据来源：中国社会组织公共服务平台。

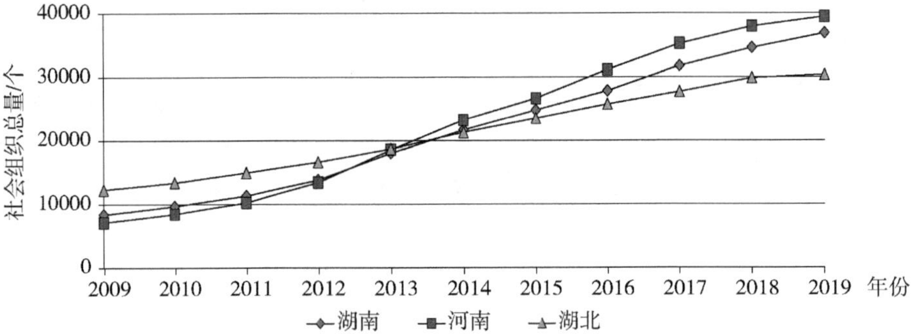

图 5-5　2009—2019 年华中地区社会组织发展趋势

数据来源：中国社会组织公共服务平台。

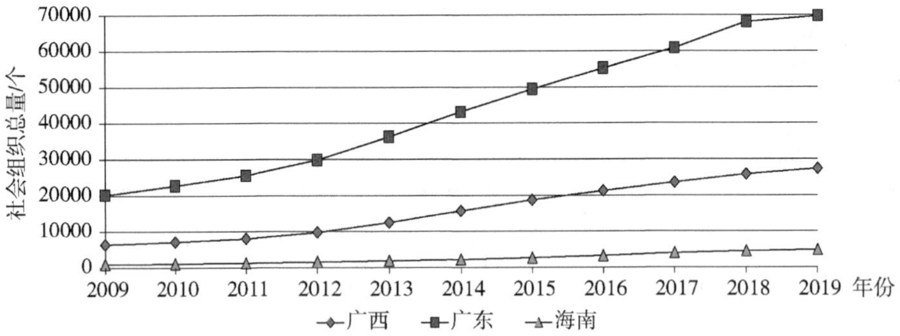

图 5-6　2009—2019 年华南地区社会组织发展趋势

数据来源：中国社会组织公共服务平台。

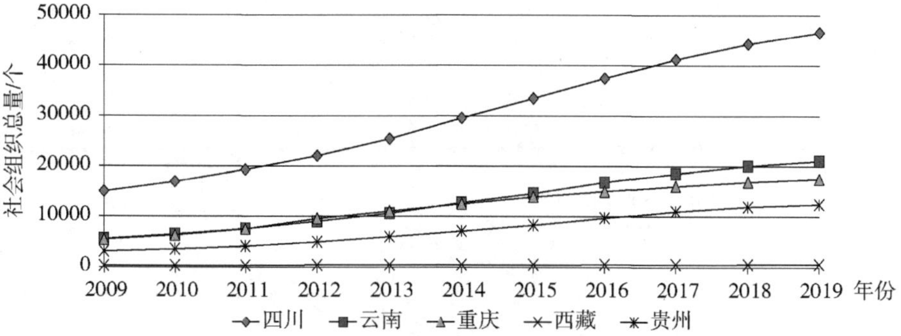

图 5-7　2009—2019 年西南地区社会组织发展趋势

数据来源：中国社会组织公共服务平台。

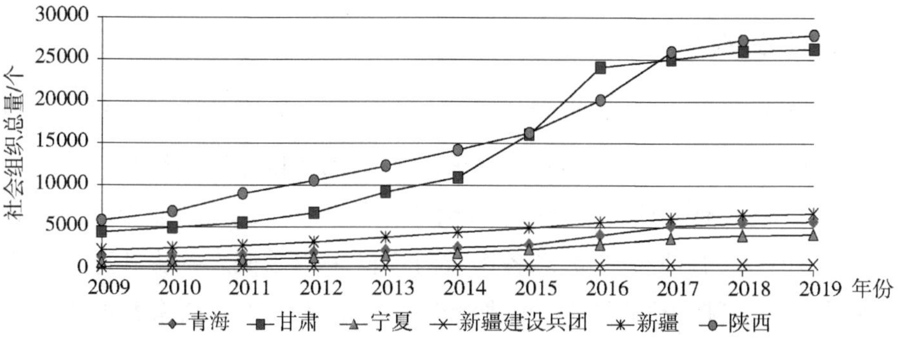

图 5-8　2009—2019 年西北地区社会组织发展趋势

数据来源：中国社会组织公共服务平台。

我国的社会组织包括社会团体、民办非企业单位（社会服务机构）和基金会三种类型，目前三种类型的社会组织数量及占比情况如图 5-9 所示。可以看出我国社会组织以社会团体和民办非企业单位为主，一半以上的社会组织是民办非企业单位，基金会占比较低，低于 1%，三种类型的组织发展程度大不相同。截止 2019 年 11 月，我国社会团体的数量为 324257 个，占全国社会组织的 45. 10%；民办非企业单位的数量为 388540 个，占比 54. 03%；基金会的数量为 6221 个，占比仅为 0. 87%。

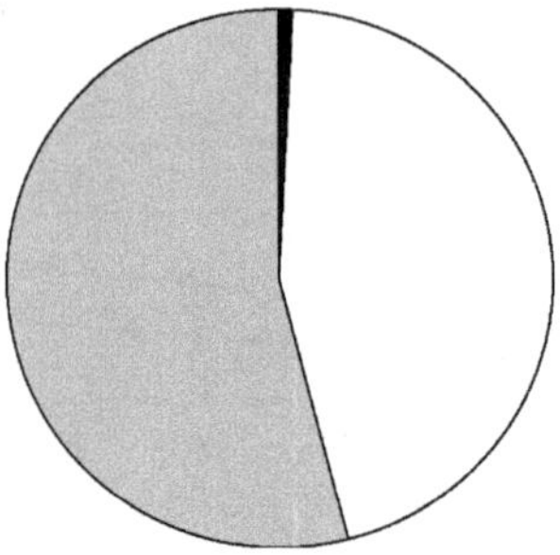

图 5-9　我国各类型社会组织占比情况

数据来源：中国社会组织公共服务平台。

二、社会融合

社会融合起源于欧洲学者在 20 世纪 70 年代对社会排斥的研究。法国学者勒内·勒努瓦（René Lenoir）首次使用了“社会排斥”的概念，欧洲共同体在 1988 年的反贫困计划中沿用了社会排斥的概念，此后社会排斥的概念逐步受到各国学者的认同，学界和各国政府广泛采用该概念并将其运用到不同的领域中。欧盟基金会在 1995 年将社会排斥定义为“它意味着这样一个过程：个人或群体被全部或部分地排除在充分的社会参与之外”。布尔查特（Burchardt）等学者提出，社会排斥是指个人生活居住在某个社会中，但并没有参与到社会公民的正常活动中，即认为是被社会排斥者，且社会成员在消费、生产、政治、社会互动等中参与不足或者不参与都可能被视为存在社会排斥。吉登斯提出，社会排斥存在多种形式，包括经济排斥、政治排斥和社会排斥。

作为社会排斥的对立面，社会融合与社会排斥是相伴而生的。随着对社会排斥研究的深入和反社会排斥行动的实施，社会融合的概念开始为多数学者和政府机构所使用。社会融合构建了一个社会目标，即让每一个个体都能居住在一个组织良好的现代社会，建立人人共建、人人共享的极具凝聚力的社会。瓦耶（J. Voyer）提出，融合是一个更加广泛的概念，并不仅仅是排斥的对立面；融合的概念表达了现有的制度安排需要有所改变，而排斥概念注重受到排斥的个体对现存制度环境的适应。

当前学界对于社会融合并没有一致的定义。欧盟在2003年关于社会融合的联合报告中的定义是："社会融合是这样的一个过程，它确保具有风险和社会排斥的群体能够获得必要的机会和资源，通过这些资源和机会，他们能够全面参与经济、社会、文化生活和享受正常的生活，以及在他们居住的社会认为应该享受的正常社会福利。社会融合要确保他们有更多的参与生活和获得基本权利的角色机会。"阿玛蒂亚·森（Amartya Sen）认为，融合社会指的是这样一个社会：社会成员积极又充满意义地参与，享有平等，能够共享社会经验且获得基本的社会福利。社会融合是一个积极的过程，可以推动人类的发展，同时确保机会均等。广泛共享社会经验和积极参与是融合社会的基本特征，所有公民都能享受基本的社会福利，享有广泛的社会平等。佩里（Perry）等提出，社会融合是一个动态的、多维度的和结构性的过程，涉及宏观、中观和微观三个层面，宏观层面指的是融合的整体驱动力量和状态，中观层面指城市的反映，微观层面是个体成员生活在社会整合中的效率及效果。杰克逊（Jackson）和斯科特（Scott）指出，社会融合视角明确要求社会有义务保证让每一位公民意识到他们自己潜能的条件；对每一位公民来说，真正意义上的共融社会应该在物质环境和发展结果方面有更高的平等地位。

对于社会融合的定义存在各种不同的观点。事实上，社会融合是一个综合的概念，具有多个维度，是一个动态的、渐进的、多维的、互动的概念。西方学者认为社会融合至少包含五个重要的维度：强化认同感、人类发展、卷入和参与、拉近距离、物质福利。大部分学者都认同社会融合是一个动态的过程，是一个对现存制度环境产生影响的过程，不仅仅是制度性的融合，也是主观性的融入，单靠强制力量无法达到融合的目标。社会融合是多维度的，包含了经济、政治、制度、文化、心理等多方面的融合，同时融合也是多层面的，存在全国范围和城市范围的社会融合，包括整体、群体和个体层面的社会融合。任远（2006）指出，社会融合是个体与个体之间、不同群体之间、不同文化之间相互配合和相互适应的过程，且以构建良性和谐的社会为目标。周皓（2012）认为，迁入者在迁入地逐渐接受和适应迁入地社会文化，并以此构建良性的互动交往，最终形成相互认可，相互渗透、交融、互惠、互补的过程就是社会融合的过程。王毅杰和史晓浩（2010）提出，社会融合是指受多种复杂因素的影响，且在宏观社会背景的制约下，流动人口在互动过程中与市民在社会结构和心理层面等相互影响、相互渗透，最终呈现为不同社会状态的过程。本章认为，社会融合强调的是一种目标和状态，是一个与城市社会持续互动，最终在政治、文化、心理等诸多方面逐步实现融合的渐进过程，为社会成员争取福利，人人享有平等的权利，达到相互融合和平等的状态。

从当前学界对于社会融合的研究和实践活动来看，社会融合的研究主体主要集中在未成年人、老年人、农民工、残疾人、流浪乞讨人员等特殊群体，或者是流动人口和移民等。这些群体在一定程度上可以被认为是社会弱势群体，由于自身能力的限制或者身体上的缺陷，导致他们在社会性资源分配、生活质量或承受力方面处于弱势，在与其他社会成员进行互动的过程中容易出现各种问题，影响他们对社会的认知和态度，产生极端心理，引发社会问题，造成较大的负面影响。虽然特殊群体是当前社会融合的主要研究对象，但是普通公民也或多或少地面临社会融合的问题，由于个体的社会性资源不一致，往往出现经济地位、社会地位、政治权利、价值观念、宗教信仰、性别、教育等方面的差异，或者是受自身条件的限制导致其在社会互动的过程中面临困境，包括经济上、生理上、体制上的弱势等。社会融合的主体包括当前学界较为关注的特殊群体，也包含在政治、经济、思想和生活等方面广泛存在的弱势群体。也就是说，社会融合的主体是所有在各个方面处于相对弱势地位的个体或者群体。它是一种双向的主体实践，所有社会成员能够理解、尊重和适应彼此的社会规范，在社会互动的过程中建立普遍交往的情感纽带。它既包括社会物质资源的共享，也包括社会地位的平等，所有的社会成员在其行为模式和组织模式上处于一种相互依存的共生状态，在良性互动中产生一种积极的融合机制，推动社会朝着平等、合作、互惠和互补的方向前进。

第二节　社会组织促进社会融合的方式

近几年来，我国各类型的社会组织迅速发展成熟，成为联结协商互动的多元主体和重构社会秩序的重要力量。与传统的政府部门相比，社会组织根植于社会，更加贴近社区，能够准确挖掘公众需求，反应迅速，机制灵活，为公众提供专业化、多样化、个性化的各种服务，在政府做不了和做不好的领域发挥其作用。社会组织能够代表不同的利益阶层，是扩大公众参与社会民主治理的有效途径，能有效培育公共意识和民主精神。当前许多社会组织正积极投身于扶弱助孤、减贫济困、安老抚幼等公益事业，在传播社会正能量、促进社会融合和社会和谐方面起了重要作用。社会组织不仅仅是公共服务的提供者和公共政策的倡导者，也是社会价值的捍卫者和社会资本的建设者。

社会组织可以通过灵活的方式为社会成员提供多样化的公共服务，在医疗卫生、抗灾救灾、养老、扶贫、环保、农村建设等多个领域发展重要作用；在社会组织的发展过程中，建构和积累社会资本，逐步提高公共意识和社会认同，链接整合多方资源，实现其效用最大化，营造和谐公正的社会氛围，有效促进社会融合。

一、形成价值共识，增强社会认同感

只有大部分社会成员对其生活的社会共同体有较强的认同感和归属感，才能营造一个和谐的社会，社会成员在复杂的社会互动过程中的感受将对他们的社会认同感造成较大的影响。随着市场经济的不断发展，生产要素跨地域流动，社会阶层的分化和分工体系日益发达，人们的价值观念和生活方式日益多元化，现代社会的异质性大大增强，社会矛盾逐渐显现，各群体之间的利益取向、价值观念和生活方式呈现出越来越大的差异性。

在价值观念多元化的当今社会，要凝聚形成价值共识，需要通过社会主流群体的示范引导和公共领域提供的群体间的沟通对话机制，在多元价值观念的对话基础上形成社会认同，从而促进社会融合。社会组织在促进社会融合方面起着重要作用，社会组织的理念、价值观等能够给社会主流文化注入活力，引导社会主流文化的正向发展，维护社会和谐稳定。同时帮助服务对象融入社会，为其营造公平和谐的社会环境；传播社会正能量，让所有社会成员共同享受公共资源和社会福利。社会组织通过多种方式收集了解社会成员的需求，提供针对性的服务，能够帮助社会成员解决部分困难，是政府与社会公众沟通的桥梁，能够增加政府与公众的有效沟通，帮助塑造公众的人生观与价值观，在互动过程中逐渐形成价值共识，从而减少社会非理性情绪的产生。

当前，社会组织在参与社会治理过程中发挥着重要作用，在承接政府购买提供基层社会服务和基本公共服务方面越来越凸显专业性。以社会组织促进非户籍人口社会融合为例，通过实地调研可以发现中山市东区社会组织在提高非户籍人口社会融合程度方面起到了关键作用，其融合机制可以总结为运作机制和效果机制两个方面。

户籍制度和在户籍基础上政府制定的相关政策和各种制度构成了流动人口融入城市社会的制度性障碍，城市的非户籍人口首先受到制度维度上的排斥，面对着一系列区别于城市居民的制度，如医疗制度、社会保障制度、教育制度等。户籍制度将城市中的部分人口隔离在分享城市社会资源以外，导致城市的非户籍人口身份与其职业和角色脱节，二元化户籍状况形成了二元化的城市制度生存环境。

在社会组织促进非户籍人口社会融合的效果机制方面，社会组织主要发挥枢纽作用。社区居委会以及政府相关部门的“触角”有限，社会组织在促进非户籍人口社会融入方面可以更好地实现职能补充。与此同时，社会组织作为一个第三方志愿平台，也更加容易与非户籍人口服务对象展开沟通对话，进而获取非户籍人口服务对象的信赖与认可，提高非户籍人口的公共意识和参与意识。在信赖与认可的基础上，非户籍人口会更加积极地参与到承接政府购买服务的社会组织的活动当中，进而提高非户籍人口对本地区的归属感和认同感。

二、提供多样化公共服务，发挥协同效应

发达的社会组织体系是实现社会融合的共同网络。我国在由传统单位制向社区制转变的过程中，流动人口大量增加，许多社会成员脱离了原来的组织体系，社会组织能够根据需求为社会成员提供丰富的个性化服务，为个体的利益诉求表达和维护提供组织化的渠道，有效提高社会成员的生活质量。同时，社会组织可以将个体及群体的维护和其社会参与热情纳入理性化、规范化的轨道，避免无组织行动给社会秩序带来的不良影响。社会组织在为社会个体提供更为丰富的服务、更为有效的利益诉求表达渠道的同时，能够使

社会成员融入现代化的社会治理体系中，逐步培育社会成员的公共意识和集体意识，提高其自我管理、自我服务、自我监督和自我教育的能力，形成促进社会融合的内生动力。社会组织通过在多领域为社会成员提供各类型的公共服务，能够缓解多种社会矛盾，在一定程度上解决多种社会问题。不同类型的社会组织能够介入不同的领域之中，准确、及时地表达弱势群体的利益诉求，针对不同的需求提供个性化的服务。虽然社会组织提供的服务不尽相同，但服务的目标是一致的，都是希望可以为社会弱势群体解决面临的各种难题，提供有效的帮助和支持，培养弱势群体对社会的归属感，提升社会对弱势群体的关注度，积极倡导社会各界人士加入公益服务的队伍中，让弱势群体真正为社会所接纳，共享社会发展的成果。社会组织为流动人口、未成年人、老年人等群体提供的多样化公共服务，能够在一定程度上降低潜在社会矛盾和社会问题爆发的可能性。

首先，户籍差异一方面提高了非户籍人口在城市中的生活成本，另一方面其内在包含的不平等因素加大了他们融入所在的城市社会的难度。与户籍密切联系的医疗和教育等方面的相关政策使得非户籍人口难以享受与户籍人口相同的各种公共资源和社会福利，在城市中的生活成本大大提高。其次，城市居民和非户籍人口对自身社会角色的认知不同，容易造成对非户籍人口的排斥，一定程度上影响了非户籍人口积极融入所在城市的行动。再次，非户籍人口社会地位的向上流动受到户籍制度的阻碍，包括政治、职业、婚姻等方面。同时，非户籍人口还容易面临城市居民文化上的排斥，这可能加剧其对城市的疏远，远离主流社会，大大降低了非户籍人口对社会融合和社会参与的主动性和积极性。

在社会组织促进非户籍人口社会融合的运作机制方面，大致可以分成前期调研、中期协同、后期收集活动反馈三个步骤。在与中山市社会组织代表座谈过程中，多位组织代表都强调了前期调研的重要性：一方面，社会组织在提供社会融合服务前需要对接政府的相关政策文件，结合组织自身特性以争取政府对本组织项目的购买；另一方面，社会组织也需要提前了解所辖社区在非户籍人口方面的具体需求，结合所辖社区的非户籍人口特征以提供有针对性的服务。

前期调研结束，在中期也就是承接政府购买服务及服务提供的过程中，需要积极地与政府相关部门、社区居委会、资源聚拢平台做好协同工作。多家社会组织代表在访谈过程中肯定了多方协同的重要性：一是服务提供过程的安全问题，二是服务提供的合法性问题，只有在获得政府相关部门或社区居委会的政策以及活动场所支持的前提下，才能更好地提供和实施社会组织的服务与活动策略。在相应的服务或活动结束以后，收集服务对象对活动的反馈也是一个不可或缺的环节。通过了解非户籍人口服务对象对本次活动或服务的意见和期待，能够有效优化社会组织在以后所提供服务的有效性和针对性，进而在优化服务质量的同时更进一步地促进非户籍人口的社会融合。

三、提高社会资本存量，营造和谐的文化氛围

社会资本是指个体或团体之间的关联——社会网络、互惠性规范和由此产生的信任，是人们在社会结构中所处的位置给他们带来的资源。社会资本根植于社会网络和社会关系中，可以从嵌入社会网络的资源中获取。同质群体成员是构建社会成员间关系纽带的基础，非制度化信任是决定纽带关系强度的关键因素，影响着成员社会生活的建构过程。建立在初级群体基础上的社会网络，在一定程度上能够在经济上和精神上给予社会成员支持，但是也阻碍着其对所生活城市的归属和认同。在充分利用现有同质关系的同时，社会成员需要建立扩展新的社会关系网，通过个体和群体间的良性互动获取更多的信息、资源及必要的社会支持。社会成员构建新的社会关系网，形成社会资本的积累机制，能够提高社会资本存量，获取更多的公共资源，更好地促进社会融合。社会组织通过多样的行动策略维持社会成员间的良性互动，在城市人口与流动人口之间构建新的社会关系网，不断积累新型的社会资本，让社会成员融入新的共同体中，为流动人口更快更好地融入城市社会生活奠定了坚实的基础。社会组织在开展服务的过程中，其成员积极动员精英领袖，共同带动其他社会成员融入社会、参与社会公共事务治理，逐步构建和谐互助的社会生态系统，提升社会资本，促进社会融合和共同发展。

社会组织不断提高自身的服务水平，为社会成员提供各类优质服务，可以帮助更多的弱势群体快速融入社会。社会组织提供的服务涵盖了职业发展、文娱康乐、维权咨询、困难帮扶等范围，可促进社会成员之间的沟通和合作，增强社会成员对城市的归属感。同时促进组织间的联动和资源共享，培育各

类组织的成长与发展，探索组织的自我管理模式，促进组织的自我发展和自我完善。通过一系列的活动增强社会成员的归属感，培养广大社会公众对所生活的城市的空间认同、文化认同和情感认同。以佛山市桂城街道大圩社区融合服务项目为例，大圩社区为典型的老城区，邻里街坊感情深厚，并拥有浓厚的庙宇、粤曲、武术、醒狮等历史文化底蕴。随着历史发展及社会飞速变化，大圩社区居民对历史文化的认同出现断层，社区内文化类型的社会团体活力不足，发展相对滞后。针对存在的问题，该项目旨在活化社区特有的传统文化资源，通过延续和研习社区共同历史文化，结合开展居民喜闻乐见的文艺活动，增强居民文化认同，促进社区团结；推动社区组织建设，传承社区传统文化，提升居民社区认同感；发展及壮大社区志愿队伍，促进志愿队伍参与到文化传承及保育工作；搭建宣传网络，加强社区文化及项目宣传，提升社会服务的认知度，解决社区传统文化传承出现的断层问题，最终使历史文化资源为社区居民所用，实现社区文化的共建共享。

近些年来，我国城市社区以项目为载体，采用政府购买服务的方式引入社会组织，社会组织通过自下而上反馈社区需求的方式提供专业服务。一方面，政府可以通过中介性的组织加强信息沟通和政策传达，并通过社会组织帮助维护社会秩序，提供社会公共服务，进而减少政府行政开支，提高公共决策的效率。另一方面，作为独立、分散的个体成员也通过社会组织来维护自身利益，参与到社会建设中来。社会组织能改变政府治理低效的局面，有效提高社会公共事务治理的效率，同时能够避免出现市场失灵的情况，在一定程度上可以弥补政府力量和市场力量参与社会建设的不足。社会组织为促进社会发展注入新的活力，推动实现社会服务社会化，也为公共精神和公共意识的形成提供培育与更新的土壤，营造了和谐的社会氛围，在提供服务的过程中逐步培育社会资本，提高社会资本存量，进而逐步推动社会融合。

四、致力脱贫攻坚，实现公益扶贫的高效化

打赢脱贫攻坚战作为三大攻坚战之一，对全面建成小康社会、实现两个“一百年”目标具有重要的意义。2019 年 3 月，习近平总书记在甘肃代表团参加审议时指出，党的十八大以来，党中央从全面建成小康社会全局出发，把扶贫开发工作摆在治国理政的突出位置，全面打响脱贫攻坚战。党的十九

大之后，党中央又把打好脱贫攻坚战作为全面建成小康社会的三大攻坚战之一。脱贫攻坚是一场必须打赢打好的硬仗，全面消除绝对贫困、实现发展成果由人民共享，满足人民对美好生活的需求，对于促进社会融合具有十分重要的意义。社会扶贫是政府、市场、社会“三位一体”大扶贫格局的重要组成部分，推动政府、市场、社会协同合作，构建专项扶贫、行业扶贫和社会贫富相互补充的大扶贫格局是全面建成小康社会、提高公众生活质量的有效路径。

社会组织是社会扶贫的重要力量，是政府精准扶贫的重要合作伙伴，可以在一定程度上弥补政府扶贫和行业扶贫失灵的问题。我国当前开展的精准扶贫实际上是政府、市场、社会组织等多元主体协同合作的集体社会行动。社会组织通过自身的服务项目构建起一个良性的公益扶贫生态网络，能够有效维持扶贫效能的可持续化，改善贫困地区的物质生活水平和精神生活质量，实现小康路上“一个都不能少”的奋斗目标。社会组织扶贫旨在消除边远农村地区的贫困，帮助所有贫困人口过上有尊严的生活，帮助他们实现自己的人生价值，进一步促进社会融合，推动社会成员的全面发展和社会的全面进步，高效解决社会问题，承担相应的社会责任。

我国政府出台了系列政策文件，强调鼓励社会组织参与脱贫攻坚，为致力于脱贫攻坚的社会组织营造了良好的外部环境。社会组织参与脱贫攻坚的体制机制日益完善，政策体系趋于健全，相关体制机制的配套措施也趋于成熟，为社会组织服务项目的开展提供了强大的动力。专注于精准扶贫领域的社会组织不断创新扶贫模式，充分利用自身专业化水平，将社会资源以最高效的配置方式投放到其精准扶贫的项目中，一定程度上弥补了单一的政府扶贫模式的不足，提供了多样化的扶贫服务。很多公益组织一直在探索公益创新的路径，贯彻科学正向的公益扶贫力量，整合各类公益资源，为多元主体协同精准扶贫打造合作平台和提供各类型的资源支持。当前我国社会组织的扶贫服务已经初见成效，充分发挥组织专业化优势，推动贫困地区的建设，政府的大力扶持为社会组织的扶贫行动奠定了良好的公众基础，提供了自由广阔的发展空间，逐步扩大了公益扶贫的影响力，赢得了广大公众的认可与赞赏。公益扶贫项目的良性运作能够实现扶贫资源的合理高效配置，为构建良好的社会发展生态营造公平和谐的社会环境。

社会组织有效开展服务项目需要建立在详尽调研和长时间基层服务的基础之上，结合自身服务的专业领域，将组织的优势与贫困地区的实际发展情况和公众的现实需求相结合，通过与村民、基层自治组织、企业等多元主体形成合作共同体，实施针对性和差异化的扶贫，为贫困地区和贫困人口提供多样化公益服务，以满足不同贫困群体生存和发展的需要。当前我国社会组织主要通过积极承担政府精准扶贫项目，或者充分利用公益行业的力量，为扶贫领域链接多方公益资源，通过发挥自身的专业优势，将科学的生产加工知识、技术、理念、人才和现代营销方法等引入贫困地区中。以人为本，重视“扶志”与“扶智”相结合，在重视解决物资匮乏的同时，注重培育贫困地区和贫困农民的自我发展能力，注重建立贫困地区的造血机制，注重贫困人口综合素质的提高和公共教育服务的供给，帮助贫困人口树立脱贫的信心和决心，使他们紧跟时代发展的步伐，帮助他们融入社会，从源头上推动脱贫攻坚，促进社会融合，减少社会问题和社会矛盾的产生。

第三节　社会组织促进社会融合的现存问题

社会组织能在政府和市场做不了和做不好的领域发挥作用，有效弥补了社会公共服务的不足，提高了公众的生活质量水平，通过多样化的方式增强公众的社会认同，增加社会资本的存量，多角度促进社会融合。随着我国以经济建设为中心的经济体制改革的逐步深入，传统的“国家—社会”二元体系被打破，以往的政府角色发生了转变，通过权力下放推动政府的职能转变，政府鼓励倡导多元主体共同参与治理过程，实现治理能力和治理体系的现代化。越来越多的主体逐渐参与到社会建设和社会发展中来，多元主体的互动容易引发潜在的社会问题和社会矛盾，构建和谐社会需要综合考虑多方因素，引导多元主体间的良性互动和协同合作。政府治理中容易出现“政府失灵”的现象，如科层制组织效率低下、寻租行为、公共政策错位、资源配置过剩等，需要引入市场力量共同参与社会治理。由于“市场失灵”的存在，容易产生垄断行为和负外部性效应等不良影响，单靠政府和市场的力量无法实现公共资源的合理配置和高效供给。社会组织作为区别于政府和市场的第三方力量，能在一定程度上弥补政府失灵和市场失灵的缺陷，既可以解决政府治理低效的难题，也能够满足社会成员的美好生活需要，提升社会服务和管理质量。虽然社会组织在促进社会融合方面呈现出显著的效果，但当前我国社会组织在发挥其促进社会融合的作用方面仍然不够成熟，存在许多不足，亟须改进。

一、社会组织党组织建设较为薄弱

近些年来我国社会组织发展迅速，如何保证社会组织健康发展极为重要。从国际环境来看，各类国际非政府组织的交流日益活跃，存在许多潜在的不稳定因素。从社会组织自身来看，当前我国社会组织仍然处于初级发展阶段，存在社会公信力不足、专业能力不足、内部治理不规范等问题。近几年来我国社会组织活跃在各个领域中，是推动社会发展和促进社会融合的重要力量。中央及各地政府高度重视社会组织的发展与建设，采取了多种方式推进社会组织建设，如直接或间接建立社会组织孵化中心、枢纽型社会组织、公益创意园，或者通过公益创投加大对社会组织的资源投入等。但从目前的情况来看，我国社会组织的发展不够成熟，社会组织的作用没有得到充分的发挥。社会组织由于其自身特性能在一定程度上促进公共资源的高效配置，提高社会治理和社会建设的水平，满足不同群体的特殊要求，有效促进社会融合。然而，社会组织对党建工作重要性的认识仍有待加强，存在轻党建、重业务的现象。社会组织党组织建设较为薄弱，流于形式，未能理顺工作管理机制，未能很好地发挥党建引领的作用，容易与社会公众产生脱节，无法根据公众需求结合自身特性提供有效的公共服务、提高特殊群体的生活质量和社会认同感、达到促进社会融合的效果。社会组织党建工作还存在很大的发展空间，没有形成党群一体化共建合理的完善体系，党建工作氛围不浓厚，党组织活动形式和内容较为单一。

二、社会组织动员公众参与的效果欠佳

社会融合本质上是社会成员之间相互影响并构建良好互动关系的过程，在此过程中减少社会排斥，逐渐同化，更快更好地融入新的群体。随着 20 世纪 80 年代我国社区建设的兴起，在由传统的单位制向社区治理转变的过程

中，各地在逐渐探索的过程中形成了各具特色的社区治理模式。居民的公共意识也在不断提高，参与社区公共事务治理的热情日益高涨，积极性大大提高。社区社会组织是创新社区治理模式、推动治理体系和治理能力现代化的重要载体，对促进社会融合起积极的促进作用。社会组织能够在社区开展多样化的活动，以此促进社区居民间的情感交流与合作共建，培育居民间的公共意识和相互之间的信任度，增强对社区的归属感和社会认同感，不断提高社会资本存量，有效促进社会融合。

但是，我国社会组织在发展过程中缺乏独立性和自主性，政府对其约束过多，使得社会组织难以充分发挥其主观能动性。大多数社会组织没有建立起健全的内部治理结构，缺乏相关法律法规和规范性文件对其内部权力制衡机制的规范，组织机构臃肿，人浮于事，容易出现寻租行为。部分社会组织未能遵循相应制度定期召开理事会，导致组织的公信力低下，难以保障组织在发展中的规范性和正式性。社会组织在一定程度上依附于行政部门，受到资源获取和自身发展空间的限制，容易造成过分重视服务项目而忽视公众的真正需求，把重心放在完成各种行政任务上，而非为社会成员提供公共服务。受组织公信力等的影响，社会组织难以与社区居民建立良好的互信关系和互动机制，动员居民积极参与社区建设的成果难以达到预期效果，促进社会融合的效果也不显著。

三、缺乏成熟的社会组织体系

社会组织作为一个共同体，能够为社会成员带来安全感和归属感，维持社会秩序稳定，推进成员间的良性互动。随着城市化和市场化的转变，我国传统的单位制逐渐解体，人际交往方式发生了巨大的变化，许多原本处于各种小共同体中的社会成员成为原子式的个体，社会秩序也随之改变。要维持稳定的社会秩序，需要建立新的融合机制，借助各类型的社会组织重新构建社会共同体是一个重要的社会融合过程，个体成员通过社会组织得以快速融合到社会体系中去。在我国市场化的进程中，社会资源的配置方式发生了巨大的变化，越来越多的社会成员由“单位人”变为“社会人”，他们失去了原有的组织归属，在面临困境时无法得到来自其他社会成员的情感慰藉，也无法通过合理的渠道来维护自身权益，容易导致个体的极端化行为。当前我国社会组织发展迅速，但社会组织体系的建构不成熟，缺乏对各类资源的有效整合和对各领域社会组织的积极引导，难以发挥社会组织体系的协同作用。成熟的社会组织体系能够有效促进社会融合，我国尚未能建立起健全的社会组织体系，将原子化的个体纳入社会组织的网络体系。

社会组织可获取的资源十分丰富，包括物质资源、人力资源、组织资源、文化教育资源、社会资本等。虽然资源丰富，但社会组织大多聚焦于组织自身，同行业同类型社会组织之间的互动较少，未能建立社会组织之间的沟通和合作平台，社会资源无法流转共享。社会组织与公众之间的联动仍然不足，部分社会成员对社会组织缺少关注，对社会发展的参与度较低，存在脱节的现象，尚未建立良性高效的参与机制。提升社会组织体系的资源整合能力是社会组织建设和推进社会融合的关键，也是社区组织自主发展能力建设的基础。社会组织体系的资源整合能力建设需要发挥各方力量，培育和组建社会组织资源整合的新载体，建立新型合作关系，形成普遍信任、互惠合作的人际关系及其支持网络，建立和完善社会资源共享和成本分摊机制。

第四节　推动社会组织促进社会融合的政策建议

在推进社会建设和社会发展的过程中，社会组织的兴起和发展是一种必然趋势，社会组织代表着协商互动的多元主体，是社会成员间的情感纽带和利益协商节点，是重构社会秩序和促进社会融合的重要力量。充分认识到社会组织在社会发展中的作用，加强社会组织建设是促进社会融合的有效路径。尽管我国目前社会组织的发展并不是很成熟，也存在很多问题，但社会组织在推动社会建设和社会发展、促进社会融合方面发挥的积极作用是毋庸置疑的。针对现存问题，加强社会组织建设、提高社会组织的发展质量，对于我国社会的长远发展具有重要意义。

一、加强基层党建，发挥党建引领作用

十九大报告明确提出，要以提升组织力为重点，把社会组织等基层党组织建设成为坚强的战斗堡垒。实现社会组织良性迅速发展，更好地促进社会

融合，需要高度重视社会组织的党建工作，创新社会组织党建工作的思路、工作模式和活动方式等，充分发挥党建引领的作用。我国社会组织的发展十分迅速，进一步加强社会组织党建工作，实现党组织和党的工作全覆盖，是实现社会组织良性发展的根本保证，是推进国家治理体系和治理能力现代化的迫切要求，也是巩固党的执政地位和落实全面从严治党的内在要求。首先需要明确社会组织党组织自身的定位，加强自身建设；其次需要健全分级负责、条块结合、区域兜底的工作管理体制，全面推进党组织覆盖和工作覆盖，建立健全社会组织党建工作长效机制；最后需要重视党务工作者的队伍建设，推进党建工作的标准化和规范化建设。

二、强化社会动员，提升能力建设

政府应该加快职能转变，放宽对社会组织的管制，让社会组织在符合公众需求的基础上自主组建和运作，在其运作过程中积极鼓励引导，减少不必要的干预，让社会组织充分发挥主观能动性，更好地促进社会和谐和社会整合。当前我国应该以提高社会组织发展质量为重点，不断推进社会组织规范化建设，深入实施社会组织品牌战略，有计划、有重点地培育扶持一批运作规范有序、作用发挥明显、品牌效应显著的社会组织，有效推动社会组织发展由数量规模型向质量效益型深度转变。

充分发挥现有的社会组织的力量，按照自助、互助、助人的类别进行分类，形成分类的人才库、资源库和问题库等数据库，根据各类不同的组织特性设立适合其自身发展的目标和给予不同的发展性任务。将社会中每一个个体组织起来，要通过社会动员吸引个体参与到社会建设当中，形成凝聚力，建立良好有效的互信机制。加大对社会组织的资金投入，通过多种形式筹集资金，支持社会组织开展多样化的项目。对具体问题进行分层解析，逐步解决公众遇到的问题，在提供社会服务的同时通过解决实际问题培养社会组织和公众的自治能力，弱势群体能够合法合理利用现有资源表达自身诉求，生活状况得到相应的改善，满意度有所提高，进一步促进社会融合。

三、激发居民活力，培育积极的融合机制

基层社区既是政府政策的落脚点，也是创新治理方式的着力点。要进一

步凝聚非户籍人口，打破因户籍差异带来的疏离感，有效促进社会融合，可以结合社区的特点建立社区的共同价值观，让居民共同加入社区建设中。以非户籍人口的适度融入为切入口推动整体融合，充分发挥社区社会组织的作用，帮助营造社区的参与平台，通过居民参与形成社区的价值观，同时开展一系列的活动和社区服务来传播社区文化，增强居民对所在社区的认同感。建立运行高效的便民服务平台，通过志愿服务和便民服务等公共事务治理的过程培育社区氛围，培育居民的集体意识和公共意识，逐步建立居民利益共享和责任共担的机制。社会组织应该对公众进行深入的需求调查，针对不同的群体特性设计、提供系统性和持续性的服务。积极动员社会力量共同参与社会建设，在共建和谐社会的同时增进社会成员间的社会认同感，让社会成员平等的社会权利得到有效落实和切实保障，逐步培育出一种积极的融合机制，扩大组织影响力，为进一步促进社会融合奠定坚实的基础。

社会组织要以公众的现实生活需求和心理需求为出发点，提供有针对性的服务，建立个性化的发展方案，链接整合多方资源，加强社会动员，培育不同类型的社区自组织，让“原子化”的个体都参与到社会建设中来，尽可能减少社会排斥。增强居民对社区公共事务的关注和介入，明确社区的需求，尊重社区居民共同治理公共事务的方式和成果，改善居民的社会生活环境，提高其生活质量。在有效动员社区居民参与的基础上，推动建立非户籍人口对其所在社区和城市的归属感，构建社会成员间的信任和共识，营造自助、互助和助人的社会氛围。

四、推进组织整合，建立成熟的社会组织体系

在我国城市化的进程中，许多社会成员在社会融合上出现了分化现象，社会融合程度是个体、家庭、社区、社会及多种因素综合作用的结果。随着传统单位制的解体和 20 世纪 80 年代我国社区建设的兴起，社区融合成为个体成员实现社会融合和城市社会化的重要路径，社会公共服务对社会融合程度起正向的促进作用。当前我国社会组织的发展水平参差不齐，应该进一步推进组织整合，逐步构建成熟的社会组织体系，完善兜底性公共服务，提高公共服务的质量和效率。充分挖掘发挥社会组织的资源优势，深化和提升社会组织品牌建设和组织培育。加强和完善社会组织能力建设和架构机制，逐

步完善社会组织的动员体系。聚焦社会民生需求及治理问题，协同社区提升居民公共意识和治理能力，从而逐步建立成熟的社会组织体系，提高社会管理和公共服务的质量和效率，有效促进社会融合，构建和谐稳定的社会秩序。成熟的社会组织应当能够通过自主决策与自主经营、自发挖掘及独立创造利用稀缺性资源，从而有选择性地确定组织的服务项目、通过提供专业化服务来满足社会公众的多层次需求。

治理重心进一步下沉到基层城乡社区，要求重视社区社会组织的建设，促进各种资源的流转与共享，构建起社区居民对社区的信任和认同，动员更多的潜在参与者积极融入社区的共同建设。链接各类企业资源，推广公益服务，倡导积极向上的社会价值，营造关爱共融的社区环境，推动社区文化建设。加强社区社会组织的整合，关注社区居民的需求，通过多样化的行动策略改善社区基层治理中出现的各种问题，减少出现排斥的现象，在社区营造共同价值、规范和氛围，提升居民的参与层次，促进居民社区参与的活力，打造一个共建共治共享的创新型社区社会治理格局及和谐、幸福、宜居的生活共同体。进一步完善社区社会组织和社区居民的动员体系，在完善现有社区社会组织管理和运行的基础上，进一步发掘和动员社区内生力量，培育组织骨干，培育社区社会组织共担意识，开展适宜社区居民提供的社区服务。

第五节　结论与讨论

当前我国正处于历史发展的交汇期、社会结构和社会秩序大变动的时期，社会问题呈现出多样化和动态化的特点，仅仅依靠政府的力量无法解决复杂的社会问题，所以在转型期推动促进社会融合的社会建设具有更加重要的意义。社会融合是社会个体成员与实现善治相统一的过程，可以最大限度调动社会成员共同参与社会公共事务治理的积极性，形成促进社会和谐和社会发展的合力。近些年来我国大力发展各类社会组织，强调重视社会力量，社会组织已成为促进社会融合、构建和谐社会及维持稳定社会秩序的一支不可忽视的重要力量。

现代社会的异质性大大增强，价值观念日益多元化。首先，社会组织通过正向的示范引导和提供有效的对话平台，通过多种价值观念的合法对话形成社会认同，引导社会主流文化向合理的方向发展，帮助服务对象积极融入社会，增加政府与社会公众间的有效沟通，进而提高社会成员对政府的信任度与好感度，减少非理性情绪的产生。其次，社会组织通过实地调研等多种方式了解服务对象的需求，针对个体和群体需求提供个性化的服务，同时将个体的利益诉求表达纳入理性化和规范化的渠道，帮助社会成员融入现代化的治理体系中，逐步培育公众的公共责任意识和社会归属感，形成促进社会和谐的内生动力。再次，社会组织通过多样化的行动策略在社会成员间构建、扩展新的社会关系网，建立起社会资本的积累机制，提高社会资本存量，让社会成员快速融入新的社会共同体中，构建和谐互动的社会生态系统，营造和谐的文化氛围，进而促进社会融合和社会发展。最后，社会组织是社会扶贫的中坚力量，在实现脱贫攻坚的过程中充分发挥了自身的专业优势，通过组织开展的服务项目建立起良性的公益扶贫生态网络，帮助贫困人口过上有尊严的生活并实现其人生价值，注重在贫困地区建立造血机制，重视培育贫困人口的自我发展能力，从根源上推动社会融合和社会的全面发展。

受到自身条件和各种外部因素的影响，当前我国社会组织在促进社会融合方面虽然已经初见成效，但仍然存在许多问题需要改进和解决，以真正实现社会组织的效用最大化。首先，我国社会组织党组织建设较为薄弱，党建工作氛围不浓厚，党组织活动形式和内容较为单一；其次，社会组织动员公众参与效果欠佳，难以与社区居民建立良好的互信关系和互动机制，动员居民积极参与社区建设的成果难以达到预期效果；最后，我国缺乏成熟的社会组织体系，对各类资源的整合能力不足，社会组织体系的协同作用得不到充分发挥，社会组织之间的沟通和合作平台不够成熟，社会资源无法流转共享。

针对所提出的问题，本章提出了以下关于更好地推动社会组织促进社会融合的几点建议：一是加强社会组织党建工作，发挥党建引领作用；二是强化社会动员，提升社会组织能力建设；三是激发居民活力，培育积极的社会融合机制；四是推进组织整合，建立成熟的社会组织体系。明确社会组织党组织自身的定位，加强自身建设，健全分级负责、条块结合、区域兜底的工作管理体制，推进党组织覆盖和工作覆盖，建立健全社会组织党建工作长效机制。充分发挥现有的社会组织的力量，按照自助、互助、助人的类别进行分类，形成分类的人才库、资源库和问题库等数据库，根据各类不同的组织特性设立适合其自身发展的目标和给予不同的发展性任务。在有效动员社区居民的基础上，推动建立非户籍人口对其所在社区和城市的归属感，构建社会成员间的信任和共识，营造自助、互助和助人的社会氛围。进一步推进社会组织的整合，构建成熟的社会组织体系，提高社会管理和公共服务的质量和效率，重视社区社会组织的建设，完善社区动员体系，挖掘社区内生力量。

我国关于社会融合的研究大多是针对国外移民和国内农民工展开的，社会组织促进社会融合的研究相比而言仍然不够系统深入，存在许多有待拓展的空间。在未来的研究中，应该借鉴已有的社会融合研究，结合当前我国社会发展的具体阶段和社会组织的发展情况，丰富关于社会组织促进社会融合的理论研究，进而更好地为相关的实践活动提供专业化的指导意见。构建科学的社会融合理论框架和测量指标体系，结合全国性或综合性的相关数据，通过定量研究分析社会融合的程度和发展趋势。社会融合是一个动态的过程，需要把握社会融合的阶段发展特点，深入探讨在中国特殊国情下社会组织促进社会融合的影响因素和影响机制，有针对性地提出政策建议，更好地发挥社会组织促进社会融合的作用等，这都需要进一步的理论研究和实践活动来证明。

第六章

广东省行业协会发展报告

王晓丹　曹原　吴佳蕙　陆绪海[1]

【摘要】 2017 年广东省行业协会商会规模迈上新的台阶，专职人员数量、资产规模、收入支出稳中有进，广东省政府在继续深化推进行业协会商会脱钩、相关政策制定、加强行业协会商会管理上做了大量工作，行业协会商会在推动、组织、协调经济发展中发挥着不可替代的作用。但是在行业协会商会创新改革中存在的问题日益显现，本章分析存在的问题并提出相应解决措施，以促进广东省行业协会商会健康、持续发展。

【关键词】 广东省　行业协会商会　脱钩　发展对策

第一节　广东省行业协会的发展历程及不同历史时期功能定位

广东省作为我国改革开放前沿腹地，市场化经济活跃发达，体制机制创新走在全国前列，相比全国而言，广东省行业协会起步早、发展快、政府扶持力度大、影响深远，在行业协会商会改革上广东省的改革比较彻底。

广东省行业协会商会从 20 世纪 80 年代开始逐步发展，受改革开放和市

---

[1] 王晓丹，广东财经大学经济学院副教授，研究方向为行业协会；曹原、吴佳蕙、陆绪海，广东财经大学经济学院保险硕士教育中心硕士研究生，研究方向为行业协会。

场经济影响，行业协会商会以较快的速度发展，但功能定位较为单一。进入21世纪后，广东省市场经济飞速发展，广东省行业协会商会改革走在全国的前列，行业协会商会主要以政府职能为主，功能定位相对全面，兼有社会和政府两重角色。近年来，广东省行业协会商会发展规模空前增大，政府职能逐步转移到行业协会商会中，并提供一定的社会服务，功能定位在提供市场化服务和管理。

第二节　广东省行业协会发展现状概述

一、基本情况

按类型分，广东省目前共有行业性协会3282个，异地商会1515个，其他商会809个。截至2019年10月11日，全省登记注册的行业协会共3282个，占社会团体总数的10.5%。按层级分，省本级273个，地市级1793个，县区级1216个，分别占总数的8.32%、54.63%、37.05%；按区域分，珠三角、粤东、粤西、粤北地区所占比例分别为68.99%、7.95%、9.96%、13.1%。

具体而言，珠三角共计2264个，其中省本级273个、广州市431个、佛山市328个、肇庆市112个、深圳市637个、东莞市72个、惠州市130个、珠海市114个、中山市69个、江门市98个；粤东共计261个，其中汕尾市41个、揭阳市96个、汕头市85个、潮州市39个；粤西共计327个，其中湛江市114个、茂名市159个、阳江市54个；粤北共计430个，其中韶关市94个、清远市124个、云浮市47个、梅州市84个、河源市81个。

广东省行业协会，单位会员19.123万家，共吸纳从业人员9517名，其中专职人员5184名、女性职员3550名、45岁以下人员6288名、大专以上学历6134名、党员1884名。全省行业协会资产总额约为19.94亿元，净资产总额14.31亿元，年收入合计17.33亿元，年支出合计15.71亿元。行业协会资产高度集中在珠三角地区，占资产总额的82.55%。

二、主要特色

一是市场经济比较活跃，市场化程度较高，无论是政府职能转变还是行业协会商会自我改革，广东省始终走在全国前列，行业协会商会自主性高、市场化程度高。二是行业协会商会规模大，收入和支出能力都比较强，经济效益和社会效益发展效果比较明显。三是引领全国性行业协会商会建设，广东省行业协会商会管理经验比较成熟，新兴产业如 VR 行业率先成立，为后续全国性行业协会商会成立和管理开创先河和提供先进经验。

三、行业协会新的发展特征

一是实行一业多会管理体制，引入多元、平等的竞争机制，培育行业协会商会优势和特色。二是准入和退出机制会更加规范化，有效防止低效垄断和过度竞争。三是行业协会商会收入来源逐步转移到政府购买服务、税收优惠、财政专项拨款，为行业协会商会发展提供充足、持续发展动力；四是行业协会商会立法环境基本成熟，地方性立法实践为国家层面的立法打下了坚实的基础。

四、引领和规范各行业和企业发展中所起的作用

一是创新研究成果，2018 年 1 月，广东省企业培训研究会 2018 迎新年会暨第一次成果发布会针对中国企业管理培训发布了《“中国管理扎根研究范式”及“管理三界”系列研究》《制造业现代企业标准化管理体系构建》《企业中高层素质提升系列教材》《企业培训师专用词典》《企业商务英语应用能力标准手册》一系列研究成果。二是促进新兴产业发展，2017 年 7 月，为促进广东省的虚拟现实行业健康与持续发展，由 VR 产业相关的 55 家单位共同发起了广东省虚拟现实技术行业协会，该行业协会旨在更好地为广东省虚拟现实（VR）产业发展服务，将通过行业整合、投资孵化、引入外脑、政府对接、上下游产业互补等措施，为虚拟现实领域提供人才支撑，助力实现互联互通、协同发展。三是推动经济发展、解决贸易纠纷、维护市场秩序等宏观作用。

第三节　广东省行业协会改革与发展过程中呈现的特点及措施

一、政府支持与外围扶持情况

广东省政府高度重视行业协会商会发展与改革工作，加强行业协会商会管理与分类指导，充分协调行业管理部门与综合管理部门工作安排，大力推进“放管服”改革，及时解决行业协会商会难题，发挥在全国的示范先进作用。广东省社会组织管理局贯彻实施行业协会商会登记制度、监督执法政策、信息化平台建设政策和党建政策，组织培训班学习汕头管理经验。

为扶持行业协会商会做大做强，支持突出政府导向、服务转型升级和产业结构调整，满足各行业和基层社会需求的孕育型社会组织发展，重点资助规模较大、职能重要或具有较强区域辐射功能的社会组织开展公共服务项目，成立社会组织发展扶持专项资金以支持社会组织参与社会治理、支持社会组织开展社会公共服务。

二、自我内生改革的变迁过程

从双重管理体制改革走向一元管理体制，行业协会商会的自治性、自主性逐步走上良性发展轨道；内部管理体制革新，自律性增强，规章制度和运行机制走上规范化发展道路，人事制度上，专职人员逐步替代兼职人员；自身能力建设上，加大资金和人才引进，提高公信力和影响力，一改行业协会商会资源和人才短缺现象。

三、发展思路的创新

一是充分利用了十九大为行业协会商会建设提供的新时代条件，行业协会商会能积极融入大格局，塑造新自我，打造共建、共治、共享格局；二是在产业、组织、现代化事业发展上建立了长远、持久的联系；三是善于发挥创新优势，特别是科技创新、信息化金融发展；四是行业协会商会发展新时代、新风貌，立足长远、高效发展，协调平衡性、可持续性发展。

四、政策支持与管理体制改革

一是结合广东省实际和发展需要，相继出台一系列配套政策文件支持，如《关于改革社会组织管理制度促进社会组织健康有序发展的实施意见》《社会组织信用信息管理办法》《社会组织抽查暂行办法》《广东省财政厅广东省民政厅转发财政部民政部关于通过政府购买服务支持社会组织培育发展指导意见的通知》《党政机关、事业单位和社会组织网上名称管理暂行办法》。二是切实改善准入环境、加强分类指导和重点支持，革新管理体制。

五、政府购买服务与承接政府职能转移

一是行业协会商会自身能力较强，提供社会服务和承接政府职能转移广度和深度较大；二是政府职能逐步真正转变，把“不该管”“管不好”的职能转移出去，行业协会商会承接更多的政府职能转移；三是政府职能转移流程公开、透明、高效，制定行业协会商会承接政府购买服务资质，按照《广东省民政厅关于全省性社会组织申报具备承接政府职能转移和购买服务资质的通知》要求，承接政府职能转移和购买服务资质申报流程，经过申报系统受理电子材料、电子文件初审、网络公示三个阶段后，省民政厅在广东省民政厅信息网、广东社会组织信息网发布《广东省民政厅关于印发广东省具备承接政府职能转移和购买服务资质的全省性社会组织目录》，资质审批工作进入纸质材料报送阶段。四是政府全程监管承接审批事项。

六、组织评估体系改革

一是转变“小政府、大社会”角色，促进行业协会商会更好地为经济服务，引入第三方评估机制，培育一批从事第三方评估的社会组织。二是第三方评估逐步建立起与委托方、承接方三方互动机制，单方责任界限较为清晰，流程较为高效透明，根据《社会组织评估管理办法》和《广东省民政厅关于开展全省性社会组织评估工作的通知》经参评社会组织对照自评、第三方评估机构考察初评、全省性社会组织评估委员会复核评定，网上公示无异后，确定相关社会组织的评估等级。三是继续推进以评促建的机制激发行业协会

商会活力，建立了《广东省全省性行业协会评估评分细则》，总分 1000 分、三级指标评分法，评估全面、科学、公信力强。

七、行业协会与行政机关脱钩试点进展

中央办公厅、国务院办公厅于 2015 年 6 月印发了《行业协会商会与行政机关脱钩的总体方案》，并于 2016 年年初确定 148 家行业协会作为首批脱钩试点，要求在 2018 年年底全面完成协会商会脱钩工作。民政部、国家发展改革委出台了《关于做好全国性行业协会商会与行政机关脱钩试点工作的通知》，对行业协会与行政机关脱钩提出了具体要求和实施时间表。

为贯彻落实党的十八届三中全会关于“正确处理政府和社会关系，加快实施政社分开，推进社会组织明确权责、依法自治、发挥作用；限期实现行业协会类社会组织与行政机关真正脱钩”的指示，按照《国务院机构改革和职能转变方案》和广东省政府重点工作实施方案的安排，广东省民政厅牵头，全力推进全省行业协会商会与行政机关脱钩工作。全省有关部门迅速行动，珠海、揭阳结合本市实际情况，制定脱钩通知和方案，为顺利推进脱钩的实施打下坚实基础。各级民政部门以召开培训班、专门会议、监督登记、加强沟通等多种形式促进脱钩方案的实施。截至 2015 年 8 月，全省 2576 个行业协会商会已实现与行政机关全面脱钩，较好地完成了脱钩任务。

为继续深化广东省行业协会商会脱钩改革，2016 年 6 月，第一批选择 100 个全省性行业协会商会深化脱钩改革试点，以“出台两个文件、明确三个重点、召开四次会议”为举措，严格落实“五脱钩”任务，稳妥推进，不断深化，初步实现脱钩改革“六个同步”。

第四节　广东省行业协会改革发展中面临的困难和挑战

一、法制建设滞后，立法与配套不健全

专门的全省性行业协会商会立法滞后，制约了行业协会商会的发展，政府购买行业协会商会服务制度、行业协会保障制度、行业协会税收制度和相

关配套政策法规亟须完善，购买服务的相关政策法规在实践中不能严格落实，损害了政会合作的平台并使竞争机制遭到破坏，不利于保障各项工作完成的质量，更不利于行业协会商会提升自身能力。行政手段越位，法律手段无法保护行业协会商会的自由表达机制，不能明确权利和义务之间的界限，无法理顺政府、行业协会商会、会员企业之间的关系。

二、政府职能转变不到位

在以广东省民政厅带头推进脱钩的工作中，尽管广东省行业协会管理和发展水平走在全国前列，但省政府政策针对的是全省经济环境，特别是珠三角地区，经济环境不同导致政府职能转变程度不同，部分地区改革发展和政府职能转变缓慢，存在政府“放不开手”依旧管理和干预行业协会商会的运营，在中央垂直管理行业所在行业协会部分存在现职公务员兼职现象，机构、职能、资产、人事、财务全面脱钩方案推进力度缺乏持续动力，没有完全确立行业协会商会的法人地位，行业协会商会自治水平和服务能力并不高，公信力和影响力不够深远。

三、协会规模小，覆盖率低，代表性不强

目前广东省行业协会和商会的数量虽然均达到上千家，但是远远不能满足飞速发展的市场经济和日益增长的社会分工需求，行业协会商会规模相对比较小、覆盖面小，多数行业协会商会集中在农业、工业、交通运输、商业等传统领域上。

广东省行业协会商会按照国民经济行业、产品、所有制、经济成分等形式细分行业协会商会，但存在跨部门、行业、地区设立的行业协会商会，有些行业中不乏协会、商会、联合会存在，联合会中又嵌套大量行业协会、商会，行业协会设立存在交叉、重复、覆盖现象，实际覆盖率低。大部分行业协会商会会员单位数量少，行业代表性不强。

四、省内区域发展不平衡，布局过于集中在大城市

广东省行业协会商会存在横向发展不平衡和纵向发展不平衡，即各市之间、同一城市不同协会之间发展不平衡。行业协会商会很大比例布局在省直、

珠三角区域，粤西北和粤东相对数量较少，发展极不平衡。受地域空间的限制，经济落后地区行业协会商会本地会员企业数量有限，本地企业对行业协会需求并不十分强烈，各行业协会之间发展水平存在很大的差距，有的协会拥有庞大的企业会员，有的协会企业会员寥寥无几，实则名存实亡。相对于发达地区，落后地区金融、文化、教育等现代服务业协会数量相对较少，新兴产业、第三产业、高新技术领域行业协会数量明显不足，而传统优势行业协会比重大，发展结构极不平衡。

五、协会内部治理结构不完善

从体制内转型的行业协会缺乏提高自身能力的动力机制，行业协会商会内部治理机制不成熟，法律要求的内部治理架构仍有待完善，部分协会商会内部治理制度存在形式化现象，并未认真贯彻执行内部治理制度和规则，协会章程中各会员权利和义务的界定需进一步明确。由于规模限制，部分行业协会商会尚未建立完善的权力机关、执行机关、监督机关、常设机构，会员大会、理事会、监事会、秘书处机构建立机制不完善，决策权、执行权、监督权相互制约能力不强，行业协会商会具体职能和活动因此受限制，业务专业水平和资源汲取能力有限，不能有效地承接政府职能。

六、缺乏创新，信息化水平偏低

行业协会商会缺乏主动转型升级的创新意识，思想创新、观念创新、方法创新不足，缺乏对全局性、方向性、战略性的研究和思考，对提高服务质量、企业号召力、社会公信力创新工作投入不足，信息公开工作缺乏创新。行业协会商会内部交流刊物相对较少，各行业协会商会信息网建设滞后，网络化、无纸化办公有待推广与普及，微博、微信公众号、微信服务号、微信群聊天室有待进一步充分利用，会员企业与前、后端产业链沟通渠道不顺畅，未能达到资源的最大化整合，及时、全面的动态信息不能第一时间被会员单位接收。

七、参政议政地位有待提高

最近几年省政府为促进企业转型升级出台很多配套措施以及设立转型升

级资金，评选示范性企业产业、示范工程等，虽然起到了一定的作用，但是政策覆盖面小、定向精准度低、效率低，政府不能真正了解企业发展状况和需求，不能把住市场脉搏。行业协会商会由同行业企业组成，对市场有敏锐的动态把握，但是转型升级资金相关行政权力却未下放给行业协会商会，完善的适应市场经济发展需要的参政议政的制度、架构、管理机制并未完全建立。

第五节　未来发展趋势及促进其健康有序发展的政策建议

政府与行业协会全面脱钩以后，未来行业协会商会将迎来前所未有的独立自主的发展机遇，对于激发市场活力有着很大的促进作用，步入了健康、快速发展之路；同时也会面临激烈的竞争环境，行业协会商会要明确自身定位、加强自律与自治，政府应加强外部监督，有效发挥促进行业协会商会健康、持续发展的作用。

一、加快立法与政社分开

广东省经济发展市场化程度较高，对地方性、专门性行业协会法律法规需求迫切，行业协会法律性质和地位尤为重要，必须加快行业协会相关立法，依法斩断行政部门与行业协会商会之间的利益输送通道，依法推进政社分开工作，依法改革“双重管理”体制。行业协会依法自律与依法自我服务，使行业协会回归服务本位，对管理方式、管理内容进行科学立法，制定科学、规范、有效的监管法规，为行业协会发展创造一个公平、公正的法律环境。

二、推进政府职能转变与政府购买服务

政府应以职能转变为管理切入点，简政放权，加大政府向社会购买服务力度，以行政体制改革为契机，全面推进政府职能转变，落实购买社会服务经费，编制政府向社会组织转移职能目录，扩大政府购买社会服务目录范围，确定具备承接政府转移职能和购买社会服务的社会组织目录。为激发行业协会商会运营活力，政府既不能“不管”，也不能“多管”，更不能“乱管”，

适度为行业协会商会提供发展空间。

三、推动行业协会设立与国民经济行业分类标准设立接轨

行业协会商会的建立应有一定的准入标准，但不应有硬性要求。大力推进行业协会设立，行业协会必须依据国家行业分类标准设立，或者根据经营方式、服务定位、经营环节、产品类型等依法设立，便于管理和监督，并且有一定的行业特征和行业代表性，打破对会员企业的经营规模、部门、所有制界限，会员企业要有广泛的代表性、行业协会要有广泛的覆盖面。

四、优化行业协会空间发展格局

在保证全省行业协会发展改革政策大方向下，适时调整和制定不同地区和同一地区不同行业协会协调发展的相关政策，加大落后地区，特别是粤西北地区政策倾斜力度，优化产业布局和行业协会商会布局，鼓励落后地区优先发展金融、教育、文化等现代化服务业行业协会商会，扩大落后地区招商引资范围和政策支持，在引进高新产业的同时做大做强地区传统优势产业，壮大传统优势产业行业协会商会，形成地方特色行业协会商会，扩大在全省范围内的影响力和模范带头作用。

五、完善行业协会人事制度

改革制度建设和用人机制，实行全员聘用制，制定专职工作人员聘用办法和具体的聘用工作方案，参照逐级聘用原则，在人力资源管理上遵循科学、适量、合理、严控的原则，完善岗位责任制，在人员聘用上因岗设人、一专多能、人尽其才，实现专职人员能进能出、职务能上能下、待遇能高能低，依据完善的聘用章程达到人事管理目标。制定全省性行业协会商会负责人应当具备的基本任职条件，建立完善的专职工作人员薪资待遇和公平的晋升体系，完善专职人员住房、医疗、养老等方面的配套政策和人事制度，加大培训交流和人才引进力度，健全激励机制，用完善的人事制度吸引、留住优秀人才服务和管理行业协会商会。

六、完善监管体系，规范行业协会行为

行业协会商会的成立不再通过主管部门的行政审批，自发组织的行业协会商会成立程序大大简化，监管部门应当建立敏锐的识别和监管体系，依法管理行业协会商会，严肃查处搞价格垄断等影响市场经济正常运行的行为。始终把规范管理放在第一位，加大行业协会商会的监管力度，建立统一登记、分级负责、协调配合、依法监管管理制度，及时出台相关管理条例和试行办法，完善行业协会商会管理架构、创新监管方式、明确法律责任和处罚类别。登记管理、主管管理、综合管理应明确职责范围，强化行业协会和商会的法人主体地位，推进行业协会商会信息化服务电子平台建设，动态反馈年度检查情况、明确资金往来去向、监督等级评估流程，与政府职能转移、社会服务购买形成信息互通。

七、建立行业协会退出机制

建立适度的行业协会竞争机制，引导行业协会在竞争中提高服务质量，建立完善的行业协会商会退出机制，严肃查处行业协会凭借行政资源乱收费、乱摊派等“红顶中介”行为，制定行业协会商会与行政机关脱钩具体实施方案，划清政府与行业协会商会的职能边界。政府部门应建立健全退出机制，行业协会商会与行政机关脱钩工作必须坚持推进，行业协会和商会退出机制同样重要，完善健全的退出机制是对脱钩机构的监督和补充，避免行业协会与行政机关藕断丝连，依法强制退出类似行业协会商会，倒逼脱钩工作落实。对于不能发挥行业协会职能和缺乏行业代表性的行业协会依法注销，对于内部管理混乱、不履行职能的行业协会依法予以撤销。

第七章

广东省学术性社会团体发展报告

张信勇　李浩然[1]

【摘要】社会团体作为社会组织的重要组成部分，在促进经济和社会发展中扮演着重要角色。本章通过整理广东省学术性社会团体的基本信息，并结合2017年年检报告情况，对广东省学术性社会团体的发展阶段、地区分布、基本特征、内部治理结构、资产状况、活动开展情况等方面进行了分析。广东省学术性社会团体的发展经历了从快速增长到增速减缓的过程；各地市发展极不平衡，并呈现出不同于其他社会组织的分布特点；社会科学类社会团体的数量是自然科学类的两倍；法人治理结构不健全、发展经费不足、开展活动数量少、缺少有质量的学术活动、承接政府职能作用不突出，是学术性社会团体发展中存在的共性问题。为此，本章建议通过完善政策法规、加大资金扶持、加强规范管理、加快人力资源开发、促进自身能力建设、改进活动方式与提高经营能力促进广东省学术性社会团体健康有序发展。

【关键词】广东　学术性社会团体　双重管理　年检

社会团体作为社会组织的重要组成部分，在促进经济和社会发展中扮演着重要角色。学术性社会团体作为我国早期社会组织的主要类型，在社会组织发展中起着举足轻重的作用。按照我国在社会组织登记时的分类，学术性

---

[1] 张信勇，广东外语外贸大学社会与公共管理学院副院长，副教授，广东省社会组织研究中心研究员，研究方向为社会组织人力资源管理；李浩然，广东外语外贸大学社会与公共管理学院2019级硕士研究生，研究方向为社会组织治理。

社会团体属于社会团体中的一种。[1] 广东省作为改革开放的前沿阵地，得益于雄厚的经济基础、毗邻港澳的地域优势，在党和政府的倡导和推动下，社会团体蓬勃发展、增长迅速。截至 2018 年年底，广东省有社会组织 68144 家，社会团体 30380 个，社会团体约占社会组织总数的 45%。[2] 随着粤港澳大湾区国家战略和深圳建设中国特色社会主义先行示范区在广东省的开展，学术性社会团体在理论研究、政策咨询、科技服务、产业孵化、技术支持等方面将发挥不可替代的作用。本章通过对广东省学术性社会团体的发展现状、存在问题进行分析，在此基础上提出对策与建议，为今后持续发展提供参考。

第一节 广东省学术性社会团体的发展现状

一、广东省学术性社会团体的总体状况

1. 广东省学术性社会团体的发展阶段

改革开放以来，广东省学术性社会团体的发展经历了一个从无到有、逐步发展壮大的历史过程。本部分通过对在省本级、地市（含各县区）登记注册的数据来反映这个历史过程。改革开放以来，广东省学术性社会团体的发展情况如图 7-1、图 7-2 所示。[3]

经过 40 年发展，广东省学术性社会团体的数量从 1978 年的 5 家增长到 2018 年的 3186 家，增长 636 倍。从图 7-1 可以看出，地市学术性社会团体的增长速度要快于省本级。根据广东省学术性社会团体的总体规模和发展速度，我们把改革开放以来的 40 年划分为四个主要阶段[4]：

---

[1] 根据 1989 年 12 月 30 日民政部《关于〈社会团体登记管理条例〉有关问题的通知》的规定，社会团体的种类可根据社会团体的性质和任务区分为学术性、行业性、专业性和联合性等。学术性社会团体一般以学会、研究会命名。其中又可以分为自然科学类、社会科学类及自然科学与社会科学的交叉科学类。

[2] 广东社会组织信息网，http://http://gdnpo.gd.gov.cn/。

[3] 1979—1987 年，省级学术性社会团体仅仅增加 11 家，地市学术性社会团体增加 27 家，由于篇幅所限，图中并未标注每年的具体数值。

[4] 王名. 中国社会组织（1978—2018）——社会共治：正在生成的未来［M］. 北京：社会科学文献出版社，2018.

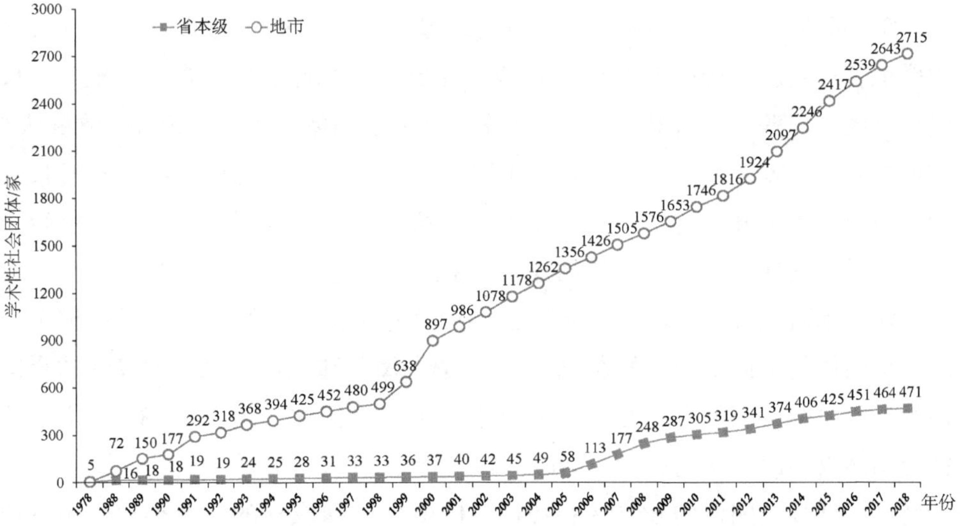

图 7-1　1978—2018 年广东省登记注册的学术性社会团体增长趋势

数据来源：广东社会组织信息网，http://gdnpo.gd.gov.cn/。

图 7-2　2008—2018 年广东省学术性社会团体与社会团体的增长情况

数据来源：广东社会组织信息网，http://http://gdnpo.gd.gov.cn/。

第一阶段（1978—1992年）：蓬勃兴起。由于1988年以前没有建立统一的登记管理制度，1988年虽已开始登记注册，但统计仍然存在较大缺失。仅仅从民政部门登记的情况看，广东省学术性社会团体在改革开放后的数量从5家增加到337家，发展迅猛。14年间增长了66倍多，迎来了第一次增长高潮。但由于改革开放初期广东省学术性社会团体几乎从零开始，所以相较于全国来看仍存在较大差距。当时全国包括各种学会、研究会、科普协会、农村专业技术研究会等在内的学术性社会团体总数大约在数十万家，占据了当时社会团体的主体部分。如在1949年中华人民共和国成立之前就成立的全国性社会团体中，至今仍存在的主要是学术类社会团体，约占77.8%；全国性社会团体发展的几次高潮中，1962—1963年，新成立的学术类社会团体约占新增全国性社会团体的66.7%；1979—1980年，新成立的学术类社会团体约占新增全国性社会团体的81.9%。[1]

第二阶段（1993—1998年）：平稳增长。这个阶段广东省学术性社会团体仅增加140家，年均增长20多家。虽然1989年国务院颁布了《社会团体登记管理条例》，但广东省却是从1993年颁布《社会团体登记管理实施细则》才开始正式实施双重登记管理制度。这期间社会团体进入“双重管理”时代，每个社会团体的成立需要得到业务主管单位的正式批准，同时还需要满足登记注册部门的条件，有些社会团体的成立可能需要两个业务主管部门同时出具同意证明。登记注册门槛高、登记注册困难成为这个时期的主要特征，学术性社会团体由于专业性强，注册更加困难。因此，这个阶段并没有出现政策明确后的快速增长期。

第三阶段（1999—2016年）：迅猛发展。1998年国务院发布新的《社会团体登记管理条例》，进一步明确社会团体登记管理部门和业务主管部门之间的职责划分，从1999年开始正式登记注册的社会团体数量快速增长，年平均增长量达到130多个。到2016年，广东省学术性社会团体数量达到2990家，大约是1998年时的6倍。其中，2000年的增长量甚至高达260个。

第四阶段（从2017年至今）：增速减缓。从2017年开始，广东省学术性

---

[1] 王名. 中国社会组织（1978—2018）——社会共治：正在生成的未来［M］. 北京：社会科学文献出版社，2018.

社会团体增速减缓，2018 年增长数量不到 80 家，是自 1998 年以来增长最少的一年。其中，学术性社会团体一直以来采取严格的双重管理，对登记注册数量影响不小。从 1989 年开始实施的“双重管理”体制一直延续到今天，随着这一体制种种弊病不断显现，广东省在 2012 年颁布的《关于进一步培育发展和规范管理社会组织的方案》中要求全面实施社会组织直接审查登记制度，并出台一系列涉及商会、校友会、公益服务类社会团体的登记指导意见，为推动各类社会组织直接登记起到积极作用，但并不涉及学术性社会团体。2016 年 2 月，国务院对《社会团体登记管理条例》进行了修订，但在注册登记时仍然采取“双重管理”。同时，党政机关领导干部不得兼任社会团体领导、加强社会团体的党建工作、加强社会团体的监管等制度和措施也在一定程度上影响了学术性社会团体数量的增长。

为了更清晰反映学术性社会团体的发展特点，我们对 2008—2018 年广东省学术性社会团体和社会团体的增长情况进行了比较。从图 7-2 中可以看出，与社会团体的增长速度相比，学术性社会团体的增长相对稳定，但增速下降较为明显。2018 年，学术性社会团体的增长率仅为 2.54%，而社会团体仍然增长 6.05%。学术性社会团体在社会团体中所占比例也反映了这一点。2008—2011 年，社会团体中的学术性社会团体还稳定在 15%左右，但从 2012 年开始逐年下降，到 2018 年，学术性社会团体在社会团体中的比例仅为 10.49%。综上所述，改革开放 40 年以来，广东省学术性社会团体的数量经历了蓬勃兴起、平稳增长、迅猛发展后，已经具备较大规模，逐步进入缓慢增长期。

2. 广东省学术性社会团体的地区分布

截至 2018 年年底，全省有各级学术性团体 3186 家，其中省本级 471 家，地市（含县区）2715 家。其中，深圳市、广州市、梅州市位居地市前 3 位，汕尾市、云浮市和潮州市位居地市后 3 位。从各地市登记注册的数量看，地区发展极度不平衡，排名最高的深圳市登记注册的学术性社会团体是排名最低的潮州市的近 8 倍。其中，登记注册在 300 家以上的仅有深圳市、广州市 2 个城市；在 100 家以上的有梅州市、佛山市等 10 个城市；不到 100 家的有惠州市等 9 所城市。

为了反映学术性社会团体发展的趋势，我们比较了省本级和各地市的学术性社会团体与社会团体的发展情况。通过图 7-3 我们可以看到，学术性社会团体在社会团体的占比，省本级仍然最高。在地市中，排名前 3 位依次是茂名市、湛江市、肇庆市，排名后 3 位是佛山市、潮州市、江门市。从各地市学术性社会团体在社会团体的占比看，高于全省水平（2018 年年底，广东省学术性社会团体在社会团体中的占比为 10.49%）的地市有 10 个，其中包括学术性社会团体数量低于 100 家的汕尾市、阳江市；低于全省水平的地级市 11 个，其中包括学术性社会团体数量排名靠前的深圳市、广州市、佛山市和江门市。由此可见，学术性社会团体与社会团体的发展趋势并非完全一致。

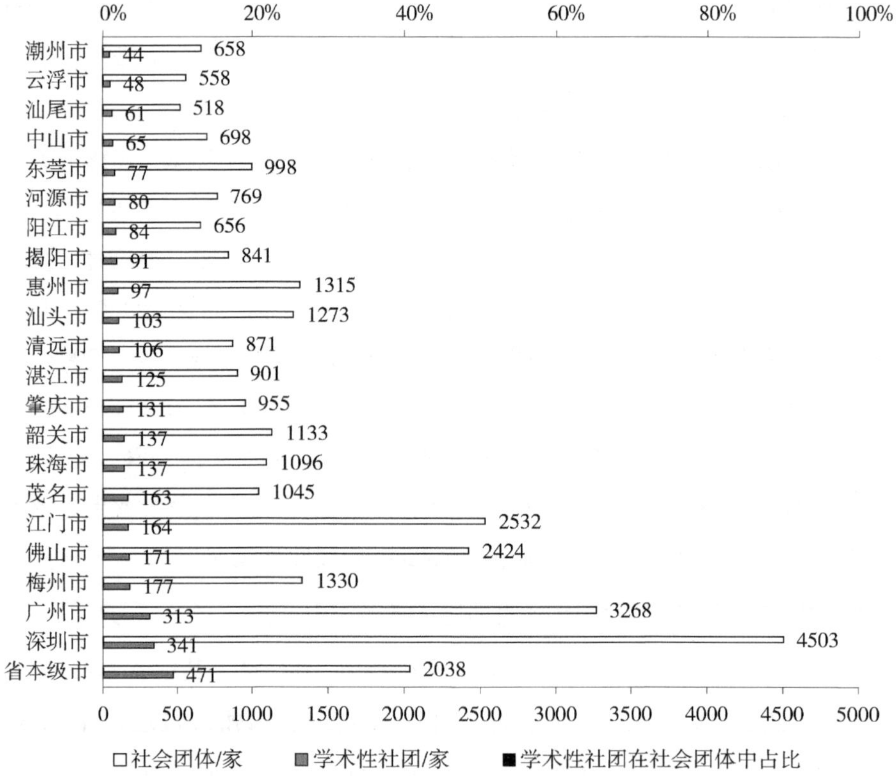

图 7-3　2018 年广东省学术性社会团体与社会团体的地区分布

数据来源：广东社会组织信息网，http://http://gdnpo.gd.gov.cn/。

表 7-1 反映了学术性社会团体的数量与人口数量、经济发展水平之间的关系。按照 2018 年每万人学术性社会团体的数量统计，珠海市、韶关市、梅州市、江门市、阳江市位居前五位；汕头市、潮州市、湛江市、揭阳市、东

莞市排名最后五位。其中，梅州市人均GPD排名全省末位，但学术性社会团体总量和万人数量都位居全省前列；而东莞市的人均GDP高居全省第6位，但学术性社会团体总量和万人数量都在全省排名靠后，学术性社会团体万人数量甚至排名末位。同样，中山市的学术性社会团体发展也与其经济地位不匹配（人均GPD排名第5位，但学术性社会团体总量却排名倒数第4位）。与之形成鲜明对比的是，珠海市无论是学术性社会团体总量（排名第8）还是万人拥有量（排名第1）都位居前列，与其经济地位完全相符（全省第2）。

表7-1　2018年广东省各地市学术性社会团体数量与GDP、人口数量比较

序号	地市	学术性社会团体数量/家	每万人平均数量/家	每万人平均数量排名	人均GDP排名
1	深圳市	341	0.26	8	1
2	广州市	313	0.21	12	3
3	梅州市	178	0.41	3	21
4	佛山市	171	0.22	11	4
5	江门市	163	0.35	4	9
6	茂名市	163	0.26	8	7
7	韶关市	137	0.46	2	12
8	珠海市	137	0.72	1	2
9	肇庆市	131	0.32	6	10
10	湛江市	125	0.17	18	14
11	清远市	106	0.27	7	15
12	汕头市	103	0.18	17	13
13	惠州市	97	0.20	13	7
14	揭阳市	91	0.15	20	17
15	阳江市	84	0.33	5	11
16	河源市	80	0.26	8	19
17	东莞市	77	0.09	21	6
18	中山市	65	0.20	13	5
19	汕尾市	61	0.20	13	20
20	云浮市	48	0.19	16	18
21	潮州市	44	0.17	18	16

数据来源：2019年广东统计年鉴。

3. 广东省学术性社会团体的基本特征

从表 7-2 可以看到，在登记管理机关上，省级登记注册 471 家，市级登记注册 1689 家，区（县）级登记注册 1026 家。大多数地市学术性社会团体都在市级社会组织登记管理机关登记注册，而梅州市等 6 个地市学术性社会团体在区（县）级社会组织登记管理机构登记注册的数量超过市级。另外，珠海市、中山市、东莞市三地由于没有下辖县（市），除了珠海市外（少数在区级社会组织登记管理机构注册），学术性社会团体几乎都在市级社会组织登记管理机构登记注册。

根据学术性社会团体的学科属性，我们将其分为社会科学类和自然科学类两大类。在 3186 家学术性社会团体中，近 2/3 为社会科学类，1/3 为自然科学类，呈现出社会科学类社会团体在数量上远超自然科学类社会团体的局面。

表 7-2 广东省学术性社会团体的基本情况

地区	总数/家	登记管理机关			属性		业务主管单位	
		省级/家	市级/家	区级/家	自然科学类/家	社会科学类/家	科协或社科联/家	占比/%
广东省	471	471	—	—	179	292	201	42.68
广州市	313	—	212	101	93	220	88	28.12
深圳市	341	—	272	69	107	234	65	19.06
佛山市	171	—	100	71	77	94	27	15.79
东莞市	77	—	77	0	28	49	24	31.17
中山市	65	—	65	0	29	36	5	7.69
珠海市	137	—	121	16	50	87	48	35.04
惠州市	97	—	52	45	39	58	20	20.62
江门市	163	—	65	98	55	108	10	6.13
肇庆市	131	—	63	68	42	89	34	25.95
汕头市	103	—	66	37	47	56	17	16.50
潮州市	44	—	32	12	10	34	1	2.27
揭阳市	91	—	42	49	24	67	14	15.38
汕尾市	61	—	37	24	15	46	1	1.64
湛江市	125	—	55	70	29	96	30	24.00

续表

地区	总数/家	登记管理机关			属性		业务主管单位	
		省级/家	市级/家	区级/家	自然科学类/家	社会科学类/家	科协或社科联/家	占比/%
茂名市	163	—	94	69	63	100	66	40.49
梅州市	178	—	72	106	58	120	18	10.11
河源市	80	—	47	33	24	56	14	17.50
清远市	106	—	50	56	40	66	12	11.32
云浮市	48	—	23	25	18	30	4	8.33
阳江市	84	—	60	24	33	51	27	32.14
韶关市	137	—	84	53	49	88	73	53.28
合计	3186	471	1689	1026	1109	2077	799	25. 08

数据来源：广东社会组织信息网，http://http://gdnpo.gd.gov.cn/。

在业务主管单位上，无论是省本级，还是地市、科协或社科联都是最主要的业务主管单位。其中，省本级学术性社会团体超过40%的业务主管单位登记在省科协或省社科联。在地市中，韶关市、茂名市、珠海市、阳江市、东莞市等地市也有超过1/3登记在科协或省社科联。同样属于数量超过300家的广州市和深圳市，两者在业务主管单位上呈现不同特点；前者最主要的业务主管单位是科协或社科联；而后者最主要的业务主管单位是地市人民政府相关职能部门，说明大部分都没有业务主管单位，只是政府相关部门担任业务指导单位。与之类似的，还有中山市、江门市、潮州市、汕尾市、云浮市等地市。

二、省级学术性社会团体的发展现状[1]

1. 基本情况

从表7-3和图7-4可以看到，393家省级学术性社会团体中，社会科学类约占60%，自然科学类约占40%。参照社科联的划分方法，将社会科学类学术性社会团体又分为：文史哲类（包括文学、文化、历史、哲学、艺术等类别）、经济类（包括经济、财政、会计等类别）、政法类（包括政治、法

[1] 本部分数据来源于参加广东省2017年全省性社会团体年检的393家学术性社会团体的年检报告。截至2017年年底，共有464家省级学术性社会团体。

律、行政管理等类别）、社会及综合类（包括社会、工商管理、综合性社科等类别）和教育类。在具体分类时，按照其所属学科或从事业务范围进行归类，难以归入某一学科的则划归社会及综合类。参照中国科协对科技社会团体的划分❶，将自然科学类学术性社会团体又分为：理科类、工科类、医学类、农学类和交叉学科类。在具体分类时，按照其所属学科或从事业务范围进行归类，难以归入某一学科的则划归交叉学科类。

其中，社会及综合类最多，68 家；文史哲类其次，66 家；工科类第三，57 家；经济类第四，45 家；医学类第五，40 家。可以看出，上述社会团体主要集中在科学技术、医疗卫生、经济发展、社会民生等与当代社会联系密切的领域。相比较于自然科学类，社会科学类中难以归入某个学科类别的综合类社会团体更多，如广东省残疾人事业发展研究会、广东省科技馆研究会等。这与自然科学类和社会科学类社会团体在功能上的差异有关。社会科学类社会团体更侧重于理论引领、文化普及、政策咨询等功能，而自然科学类社会团体更多体现在科技服务、技术创新、科学普及等功能。因此，社会科学类社会团体的会员群体覆盖面更广，既有高校科研院所专家学者，也有普通民众；而自然科学类社会团体的会员群体则相对集中，虽然来自不同性质的单位，但大部分都是从事专业技术工作的人员。

从业务主管单位可以看到，省科协和省社科联所占比重最大。这与科协和社科联的职责密不可分。科协是科学技术协会的简称，根据《中国科学技术协会章程》的规定，科协的主要任务是推动科技事业发展，具体包括联系科学技术工作者、开展学术交流和科技创新、普及科学知识、承接政府职能等。社科联是社会科学届联合会的简称，是在各级党委领导下的全市社会科学界的学术性群众团体，承担当地哲学社会科学界的管理职能，其主要任务是加强社科工作者的联系、组织开展学术研究和参与决策、促进研究转化为咨询服务、提高群众理论素养等。因此，无论是科协，还是社科联，都有专门的部门（学会部或社会团体部）负责联系学术性团体。

从机构设置数量看，393 家学术性社会团体共设立 1632 家机构，其中分

❶ 一般中国科协将科技社会团体划分为基础学科类（理科类）；工程技术与技术学科类（工科类）、医学类、农科类和综合及交叉学科类（交叉学科类）。

支机构 1419 家、代表机构 41 家、办事机构 164 家和经营性实体 8 家（见表 7-3，图 7-4）。从机构设置的情况看，分支机构主要以各类专业委员会为主。其中，分支机构数量位列前三位的分别是广东省中西医结合学会、广东省医学会和广东省水利学会，分别有 120 家、106 家和 88 家。其分支机构数远远高于其他学术性社会团体。而且从统计结果看，自然科学类社会团体的分支机构设置数量普遍高于社会科学类社会团体，尤其是医科类和工科类社会团体。这与医学、工学的从业人员数量较多密不可分。

表 7-3 2017 年省级学术性社会团体的基本情况 单位：家

学术性社会团体数量	类别		业务主管单位				机构设置数量
	社会科学类	自然科学类	广东省人民政府相关职能部门	广东省科学技术协会	广东省社会科学届联合会	其他	
393	238	155	101	99	74	119	1632

数据来源：广东省 2017 年全省性社会团体年检报告。

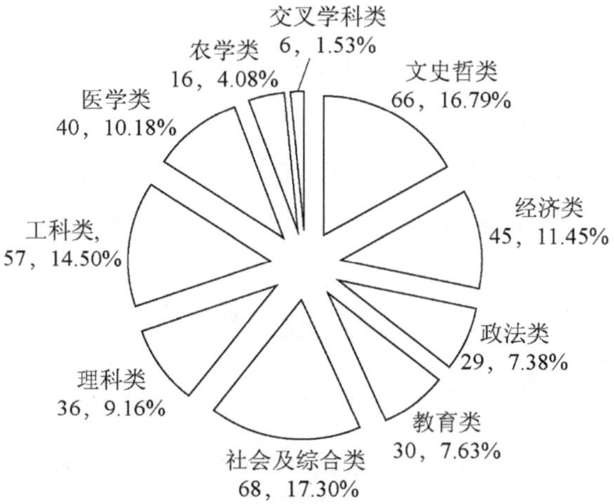

图 7-4 2017 年省级学术性社会团体的学科分布

数据来源：广东省 2017 年全省性社会团体年检报告。

2. 内部治理结构情况

学术性社会团体的内部治理一般由权力机构、决策机构、执行机构和监督机构组成。权力机构为会员（代表）大会，一般一届召开一次。决策机构为理事会或常任理事会，一般一年召开一次。执行机构也就是办事机构由日常工作负责人（秘书长）和工作人员组成。监督机构为监事会。

（1）会员、理事、常务理事和监事情况。393 家学术性社会团体设立的理事人数、常务理事人数、负责人人数和监事人数分别为 28212 人、10423 人、3454 人和 620 人（见表 7-4）。多达 160 家学术性社会团体（占比为 40.7%）未设立监事。说明在学术性社会团体法人治理结构中，监事会是较为薄弱的一环。从 393 家省级学术性社会团体的情况看，共有单位会员数 26151 个，平均每个社会团体约有 66 个单位会员。排名前十的社会团体单位会员数共计 6957 个，约占单位会员数的四分之一；排名第一的广东中华诗词学会，其单位会员数达 1210 个（见表 7-5），平均每个社会团体有 1128 名。排名前十的社会团体个人会员数共计 252846 名，超过个人会员数的一半（见表 7-4、表 7-5）。其中排名前两位的广东省护理学会和广东省医学会规模非常大，个人会员数都超过 7 万，远远高于其他学术性社会团体。并且，个人会员排名前十的社会团体中，7 家为医学类，反映出医学类学术性社会团体普遍规模较大（见表 7-5）。年检报告显示，绝大多数学术性社会团体能够定期召开会员大会、理事会和常务理事会。约 95% 的学术性社会团体每 4~5 年召开一届会员代表大会，约 5% 的学术性社会团体每 1~3 年召开一届会员代表大会。约 57% 的学术性社会团体每年召开 2 次以上常务理事会会议，超过 80% 的学术性社会团体每年召开理事会会议少于 2 次（见图 7-5、图 7-6、图 7-7）。在设立监事会的社会团体中，约 12% 的学术性社会团体每年召开 2 次以上监事会会议，约 51% 的学术性社会团体从未召开过监事会会议（见图 7-8）。

表 7-4　2017 年省级学术性社会团体的会员、理事和监事数量

学术性社会团体数量/家	单位会员数/家	个人会员数/人	理事数量/人	常务理事数量/人	负责人人数（秘书长以上）/人	监事数量/人	工作人员数量/人	专职工作人员数量/人
393	26151	443314	28212	10423	3454	620	1339	478

数据来源：广东省 2017 年全省性社会团体年检报告。

表 7-5　单位会员数和个人会员数排名前十位的省级学术性社会团体　单位：家

排名	名称	单位会员数	排名	名称	个人会员数
1	广东中华诗词学会	1210	1	广东省护理学会	73388
2	广东省法学会	1031	2	广东省医学会	71376
3	广东省青少年犯罪研究会	1022	3	广东省法学会	37352
4	广东省精神文明学会	908	4	广东省中医药学会	22103
5	广东省电机工程学会	725	5	广东省中西医结合学会	12244
6	广东省介入性心脏病学会	500	6	广东省预防医学会	9000
7	广东劳动学会	440	7	广东省健康管理学会	8500
8	广东省健康管理学会	394	8	广东省药学会	7983
9	广东省食品安全学会	370	9	广东省卫生经济学会	5600
10	广东图书馆学会	357	10	广东省铁道学会	5300

数据来源：广东省 2017 年全省性社会团体年检报告。

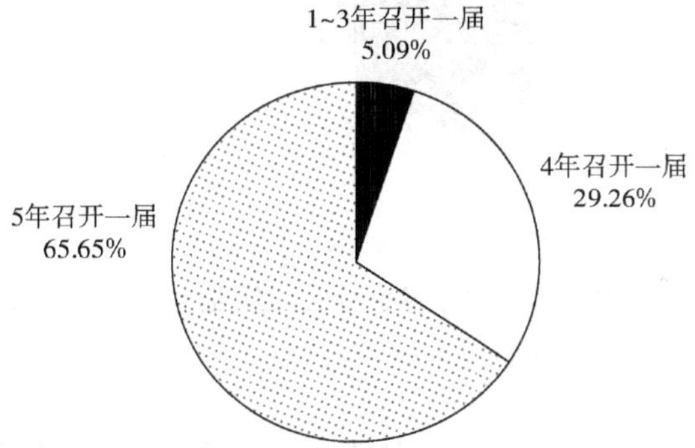

图 7-5　2017 年省级学术性社会团体会员代表大会召开会议情况

数据来源：广东省 2017 年全省性社会团体年检报告。

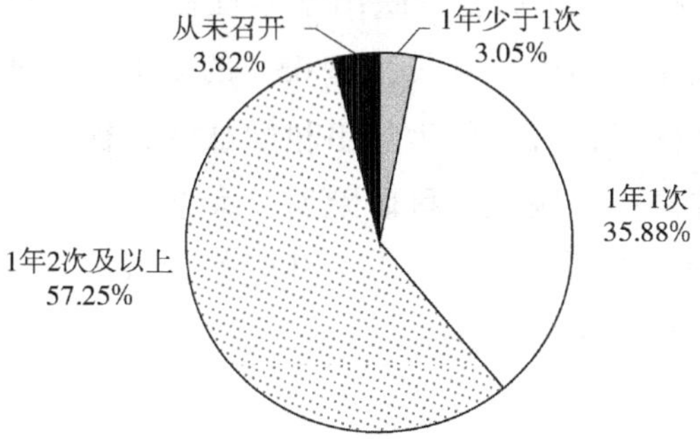

图 7-6　2017 年省级学术性团体常务理事会召开会议情况

数据来源：广东省 2017 年全省性社会团体年检报告。

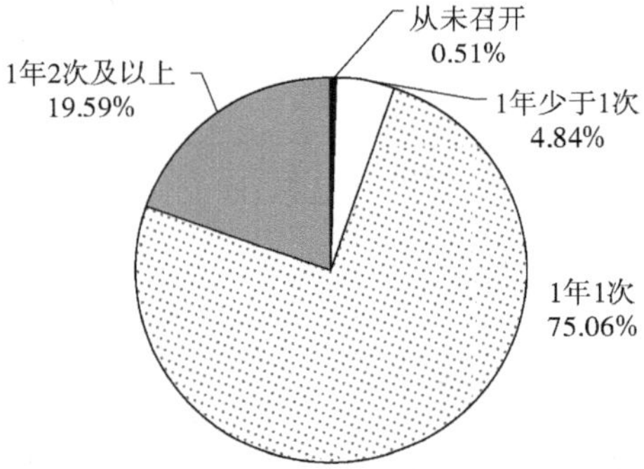

图 7-7　2017 年省级学术性社会团体理事会召开会议情况

数据来源：广东省 2017 年全省性社会团体年检报告。

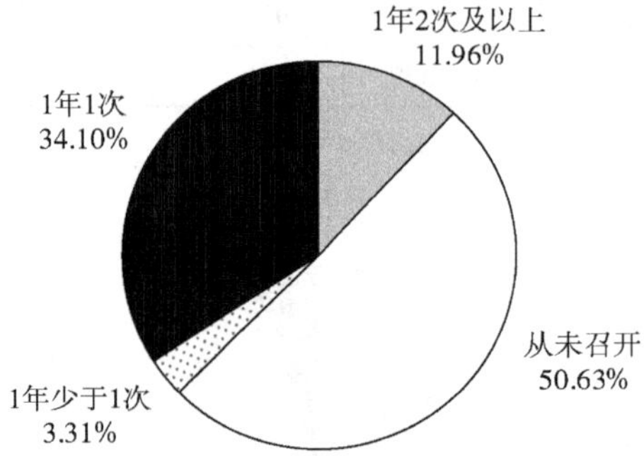

图 7-8　2017 年省级学术性社会团体监事会召开会议情况

数据来源：广东省 2017 年全省性社会团体年检报告。

（2）负责人（秘书长）情况。从表 7-6 可以看出，学术性社会团体中担任秘书长的男性约占 70%，女性约占 30%。超过一半的秘书长为研究生以上学历，80% 以上为本科以上学历，反映出学术性社会团体负责人的高学历和专业性。超 70% 的秘书长为中共党员，超 65% 的秘书长为兼职。上述特征可能与学术性社会团体秘书长大多数为从事科学技术、社会科学的专业技术人员有关，他们大多在高校、医院、科研院所、大型国企等体制内单位从事高层次的专业技术工作。学历普遍较高、中共党员比例高、兼职情况较多是学术性社会团体秘书长的共同特点。

表 7-6　2017 年省级学术性社会团体负责人（秘书长）情况

学术性社会团体数量/家	性别		学历			政治面貌			是否专职	
	男/人	女/人	研究生及以上/人	大学本科/人	大学专科及以下/人	中共党员/人	民主党派/人	其他/人	是/人	否/人
389	283	106	198	145	46	282	24	83	130	259

数据来源：广东省 2017 年全省性社会团体年检报告。

（3）工作人员情况。从表 7-4 可以看到，393 家学术性社会团体共有工作人员 1339 人，专职工作人员 478 人。平均每家社会团体工作人员不到 4 名，专职工作人员不到 2 名。从全体工作人员的学历分布看（见图 7-9、图 7-10），84%为本科及以上学历，41%为研究生及以上学历，其中 17%为博士学历。专职工作人员的高层次学历人员比例低于全体工作人员，16%为研究生及以上学历，仅有 3%为博士学历。从年龄分布看（见图 7-11、图 7-12），无论是全体工作人员，还是专职工作人员，约 40%为 45 岁以上。总体来看，学历高、人员少、年龄大是学术性社会团体工作人员的主要特点。

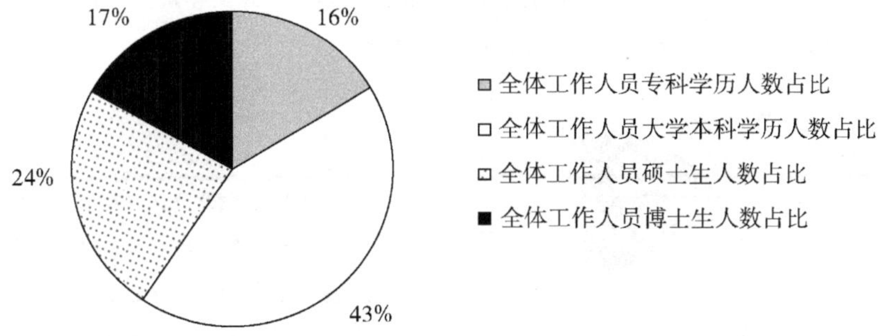

图 7-9　2017 年省级学术性社会团体工作人员受教育程度情况

数据来源：广东省 2017 年全省性社会团体年检报告。

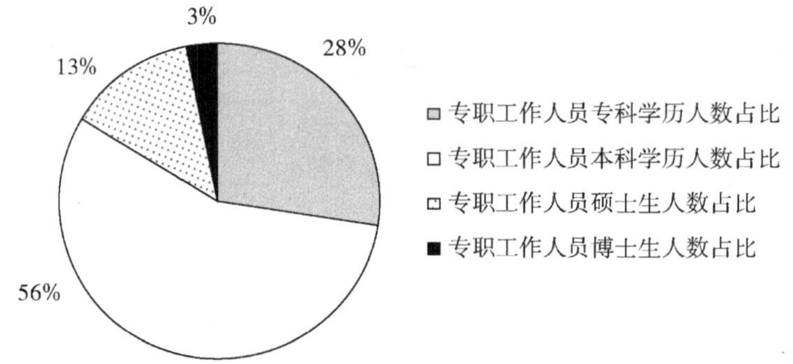

图 7-10　2017 年省级学术性社会团体专职工作人员受教育程度情况

数据来源：广东省 2017 年全省性社会团体年检报告。

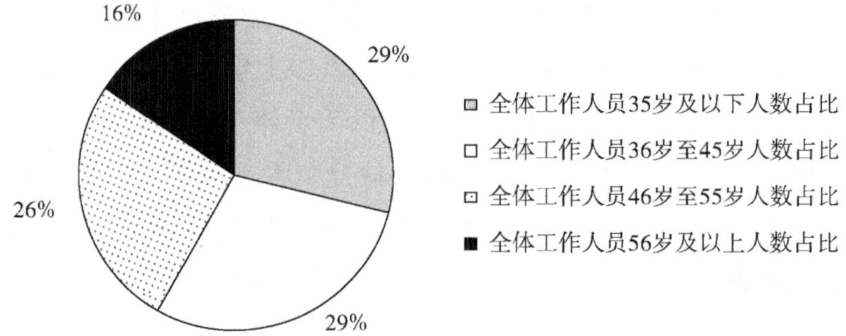

图 7-11　2017 年省级学术性社会团体工作人员年龄分布情况

数据来源：广东省 2017 年全省性社会团体年检报告。

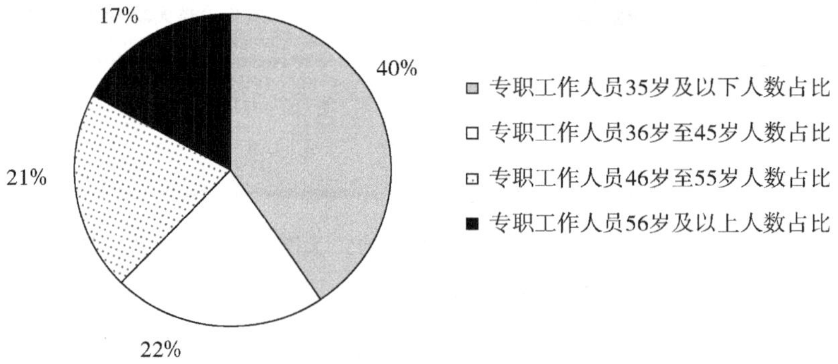

图 7-12　2017 年省级学术性社会团体专职工作人员年龄分布情况

数据来源：广东省 2017 年全省性社会团体年检报告。

（4）党建和群团组织情况。从表 7-7 可以看出，建立党组织的学术性社会团体数量非常少，仅为 37 家，约占总数的 10%。其中，建立党委或党总支 4 家，独立党支部 22 家，联合党支部 11 家。党员总数 4967 人，有 1 名以上党员的学术性社会团体有 195 家。党员数量 3 人以上的有 118 家，党员数量 3 人以下的有 77 家。另外，有 10 家社会团体建立工会，3 家建立团组织，7 家建立妇联组织。

表 7-7 2017 年省级学术性社会团体的党建和群团组织情况

学术性社会团体数量/家	建立党组织数量/家	党员总数/人	建立工会数量/家	建立团组织数量/家	建立妇联数量/家
393	37	4967	10	3	7

数据来源：广东省 2017 年全省性社会团体年检报告。

3. 资产情况

（1）净资产。2017 年度，387 家省级学术性团体平均净资产为 114.66 万元。最高净资产达 11248.26 万元，最低净资产为-261.31 万元。其中，9 家净资产为 0，62 家净资产为负，108 家净资产在 0～10 万元，127 家净资产在 10 万～100 万元，77 家净资产在 100 万～1000 万元，4 家净资产在 1000 万元以上。其中，广东省医学会净资产高达 1.12 亿元，远超其他学术性社会团体，比排名第二的广东省房地产估价师与房地产经纪人学会高出 7900 万。排名前十位的学术性社会团体净资产总和超过其他所有之和，而超过 40% 的学术性社会团体净资产不足 10 万。由此可见，学术性社会团体资产规模差异巨大。通过分析发现，排名前四位的学术性社会团体的领域为事关经济发展与社会民生的医疗、房地产、会计、法律。

（2）收入情况。2017 年度，388 家省级学术性团体平均收入为 254.61 万元。最高收入达 11406.63 万元，最低收入为-7.46 万元。其中，34 家收入低于 0 元，127 家收入在 0～10 万元，155 家收入在 10 万～100 万元，65 家收入在 100 万～1000 万元，7 家收入在 1000 万元以上。其中，广东省医学会收入高达 1.14 亿元，远超其他学术性社会团体，比排名第二的广东省健康管理研究会高出 7900 万。排名前十位的学术性社会团体收入总和超过其他所有之和，而约 40% 的学术性社会团体收入不足 10 万。由此可见，学术性社会团体之间收入的巨大差距。排名前十中，有 9 家为医疗与健康领域的学术性团体。通过分析收入来源（见图 7-13），我们发现学术性社会团体的收入主要来自提供服务收入和会费收入，两者合计超过收入来源的 90%。其中，提供服务收入占比更是接近 80%。这也可以解释为何收入排名靠前的学术性社会团体绝大多数为医疗与健康领域。

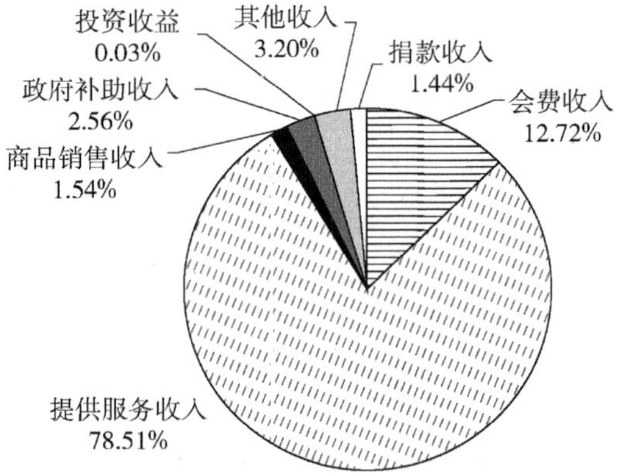

图 7-13　2017 年度学术性社会团体收入来源

数据来源：广东省 2017 年全省性社会团体年检报告。

（3）支出情况。2017 年度，388 家省级学术性团体平均支出为 119.1 万元。最高支出达 9300.28 万元，最低支出为 0 元。其中，11 家没产生任何支出费用。144 家支出在 0~10 万元；158 家支出在 10 万~100 万元，69 家支出在 100 万~1000 万元；6 家支出在 1000 万元以上。其中，广东省医学会支出高达 9300 万，远超其他学术性社会团体，比排名第二的广东省健康管理研究会高 5700 万。由此可见，学术性社会团体之间支出的巨大差距。排名前十二位的社会团体其支出费用总和超过其他所有社会团体之和，约 40% 的学术性社会团体支出在 10 万元以下。支出排名前十与收入排名前十的社会团体几乎相同，说明这些社会团体运营良好，大量开展活动，既能创造收入，也需要高额支出。从 2017 年度学术性社会团体支出类别可以看到（见图 7-14），约 98%的支出都是业务活动成本和管理费用，其中四分之三都用于业务活动，说明这些学术性社会团体的支出几乎都用于社会团体运转。

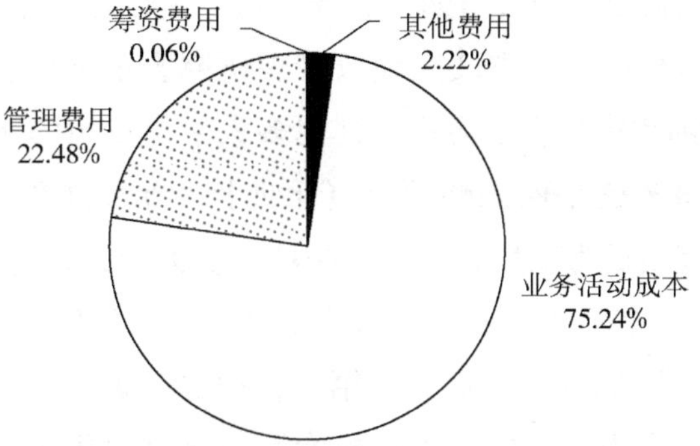

图 7-14　2017 年度学术性社会团体支出类别

数据来源：广东省 2017 年全省性社会团体年检报告。

4. 活动开展情况

（1）学术交流。第一，学术会议与科学普及。2017 年度，共有 262 家学术性社会团体举办学术研讨会与论坛，共举办 1291 场次，累计参与人数近 28 万人次。131 家学术性团体未举办任何活动。其中，广东省中西医结合学会等 10 家学会举办活动次数均在 20 次以上。广东省航空学会等 5 家学会举办的活动参与者都在 10000 人次以上。其中，广东省中西医结合学会举办各类研讨会和论坛多达 76 次，参与者达 17600 人次。而广东省航空学会虽然承办活动不多，但仅仅是"全国航空科普文化月活动"参与者就达 20000 人次。从举办研讨会和论坛的学术性社会团体所属学科看，教育、法学、医学、计算机等与社会发展联系紧密的领域开展的学术研讨、科普教育活动更加频繁，受众面也更加广泛。第二，发行学术与科普刊物。2017 年，共有 62 家学术性社会团体公开发行了 64 种刊物，占所有学术性社会团体总数的 15.7%。其中，336 家未公开发行任何刊物，51 家发行 1 种刊物，5 家发行 2 种刊物，1 家发行 3 种刊物。另外，有 128 家发行了 142 种内部资料性刊物，占所有学术性社会团体总数的 32.6%。其中，265 家未发行任何内部资料性刊物，116 家发行 1 种刊物，10 家发行 2 种刊物，2 家发行 3 种刊物。综合分析，共有 222 家社会团体既没有公开发行刊物，也没有发行内部资料性刊物，约占总数的 56.5%。

（2）承接政府职能。第一，承接政府购买服务。2017 年度，共有 74 家学术性社会团体承接191个政府购买服务项目，项目总资金6618.71万元。其中，广东社会学学会和广东省政府绩效管理研究会承担的项目数量最多，为13个。广东省教师继续教育学会联合其他多家单位承担的《广州市中小学教师培训工作定点服务资格商采购项目（第四批）》，项目经费达3000万元，要求3年完成，该项目为项目经费最高的项目。另外，78个项目的经费在10万元以下，其中14个项目没有任何经费；106个项目的经费在10万~50万元；7个项目的经费在50万元以上。第二，举办培训、评审、认证、鉴定等活动。2017年度，共有117家学术性社会团体开展培训、认证、鉴定、职称评审等专业服务活动736项。其中，开展培训569场，实施鉴定130场，职称评审与奖项认证23场，公益咨询服务14场。排名前十的学术性社会团体累计举办376场活动，超过总数的一半。其中，开展培训最多的为广东省中西医结合学会，共开展134场培训，远超其他学术性社会团体；开展鉴定最多的为广东省土木建筑学会，共开展61场鉴定，几乎占到鉴定总数的一半。第三，举办赛事、文艺评奖。2017年度，共有40家学术性社会团体开展71项各类赛事、文艺评奖活动。主要包括以下三个类别：第一，举办各级学科或学术竞赛。包括承办全国性竞赛的地区赛事，如2017年中国奥林匹克化学竞赛广东赛区、丘成桐数学竞赛南部赛区、全国高中数学联赛（广东选拔赛、决赛）等；主办省级学科或学术竞赛，如2017年第32届广东省信息学奥林匹克竞赛、2017年广东高中学生化学竞赛、第十三届广东中小学生天文奥林匹克竞赛、广东省第27届“蓝盾高校杯”软件设计及信息安全竞赛。第二，举办各类文化艺术比赛。如“2017珠江·恺撒堡国际青少年钢琴大赛”广州赛区比赛、广东提琴文化节暨弦乐公开赛、国音杯第三届广东省中小学师生艺术比赛、第五届广东省少年儿童声乐器乐舞蹈电视大赛等。第三，举办各类科技或技能比赛。如第四届中航国际杯广东青少年模拟飞行大赛、首届广东青年陶艺技能大赛、2017“广易杯”广东茶艺师职业技能大赛、广东省金融科技职业技能竞赛等。第四，举办综合类比赛。如第十一届广东省大学生社会管理调研大赛、广东省少先队辅导员风采大赛、2017广东大学生材料创新大赛等。

第二节　广东省学术性社会团体发展存在的问题

一、增速日趋减缓，地区发展不平衡

自 2016 年以来，广东省学术性社会团体发展进入低速增长期。出现这种情况有多种原因：一方面，学术类社会团体的服务群体主要是会员——科研工作者。科研工作者数量相对有限，同时以学科门类来确定归属，并据此启动、设立学术类社会团体。因此，学术类社会团体在经过一段时期的快速发展后，容易出现相对饱和的情况——新的学科门类的出现速度要远远低于学术类社会团体的发展速度，所以，学术类社会团体在近些年的发展速度开始逐步降低。另外，相对于行业协会商会、公益服务类社会团体等其他类别可以直接在民政管理部门审核登记，学术性团体仍然坚持“双重管理”，在登记注册前要进行较为严格的前置性审批。

地区之间十分不均衡，学术性社会团体发展规模过小。数量最多的深圳是数量最少的潮州的 8 倍，所有地级市每万人学术性社会团体数量都不到 1 个。一般来说，社会组织的发达程度与当地的经济水平密切相关。截至 2018 年年底，广东省社会组织数量排名靠前的城市几乎都是经济发达的珠三角城市。但是，学术性社会团体的发展却呈现出与一般社会组织不同的特点。学术性社会团体数量较多的城市中，除了有经济发达的深圳市、广州市、佛山市、珠海市，也有经济不太发达、社会组织数量较少的梅州市、茂名市，而经济发达的中山市、东莞市、惠州市，学术性社会团体数量却非常少。这可能与多种原因有关。学术性社会团体不同于其他社会组织，它的会员以从事自然科学或社会科学研究的知识分子为主。因此，学术性社会团体的发展需要当地具备一定的文化氛围与教育基础。通过分析，我们发现学术性社会团体发展较好的城市具有如下特点：第一，具有一定数量从事高等教育、科学研究、医疗卫生、高新科技等专业技术工作的单位。例如，广州市、深圳市、佛山市、珠海市都有类似特点。第二，城市具有一定规模，并有一定数量受过高等教育的常住人口。中山市、东莞市等地虽然也有一些高校，但是常住

人口中受过高等教育的人口有限。第三，具有重视教育与文化的传统氛围。梅州市无论是在经济总量上，还是社会组织总量上，在全省都属于欠发达地区，但当地的学术性社会团体却十分活跃，且60%都在县级登记注册，反映出当地对于教育、文化、科技等方面的重视程度。第四，政府重视对学术性社会团体的扶持与指导。学术性社会团体发展较好的地区，不仅科协或社科联等业务指导单位发挥了作用，而且区县级登记管理机关也给予更多指导。

二、内部治理不健全，专职人才队伍匮乏

根据《广东省社会团体法人治理结构与治理规则》（以下简称《规则》）的规定，社会团体法人治理结构包括设立会员（代表）大会、理事会（常务理事会）、监事会、秘书处。统计显示，多达160家学术性社会团体（占比为40.7%）未设立监事会，说明一部分学术性社会团体内部治理体系不健全。同时，定期召开会员大会、理事会、常务理事会是现代法人治理结构的基本要求。根据《规则》要求，社会团体可以通过章程规定每届会员（代表）大会的年限，一般为3~5年；理事会、常务理事会、监事会会议每半年至少召开一次。统计显示，广东省绝大部分学术性社会团体都能做到3~5年至少召开1次会议（代表）大会，但是召开理事会和监事会的频率则远远达不到要求。约43%的学术性社会团体没有按要求召开常务理事会会议，80%的学术性社会团体没有按照要求召开理事会会议，88%的学术性社会团体没有按照要求召开监事会会议。由此可见，大部分学术性社会团体在法人治理结构上并不健全。

社会团体应设专职工作人员。统计显示，广东省约40%的学术性社会团体未配备专职工作人员，24%的学术性社会团体仅仅配备1~2名专职工作人员。大部分学术性社会团体采取兼职的形式，由挂靠单位指派人员充当工作人员，负责处理日常事务和内外联络，没有对各种功能进行细化分工，通常由秘书长根据需要执行决策，没有实现专人专职，难以履行学术性社会团体章程规定的各种功能，导致执行机能成效不明显。总的来说，学术性社会团体专职人员比较匮乏，而且年龄偏大、业务能力不足。

根据社会团体的不同类型、不同特点，还应采取多种形式组建党的基层组织。凡专职工作人员中有3名以上正式党员的社会团体，要单独建立党组

织；正式党员不足3名的，可与同一业务指导（主管）单位辖区的社会团体或其他单位建立联合党组织。尚不具备建立党组织条件的社会团体，可建立党小组或由业务指导（主管）单位的党组织选派党的工作指导员或联络员，为建立党组织创造条件。根据调查显示，广东省约30%的学术性社会团体有3名以上正式党员，但仅有10%的学术性社会团体建立了党组织。一方面部分社会团体不太重视党建工作，另一方面也有可能与学术性社会团体会员和兼职工作人员将组织关系挂靠在原单位有关。

三、发展经费严重不足

根据2017年对393家学术性社会团体的年检报告统计分析，约40%收入低于10万元，其中约10%没有任何收入。对收入来源进行分析，约40%主要收入来源于提供服务收入，约28%的学术性社会团体主要收入来源于会费收入，但超过40%的学术性社会团体没有任何会费收入。提供服务收入和会费收入是学术性社会团体收入的主要来源，但有97家学术性社会团体既没有提供服务收入，也没有会费收入，而仅有10家收入超过10万元。另外，约15%的社会团体能够获得政府补助收入，且仅有27家获得超过10万元经费。同时，各社会团体还面临着较大的费用支出，平均支出达119万元。同时，有60家年度支出低于1万元，说明工作基本处于停滞状态。对比2017年度的收入与支出，共有187家学术性社会团体支出大于收入，平均透支16.9万元。由此可见，近一半的学术性社会团体发展经费严重不足。

此外，不同类型的学术性社会团体由于收入来源不同导致了经费数量的巨大差异。161家自然科技类社会团体平均收入222.6万，而229家社会科学类社会团体平均收入才61万。医疗、工程、生物、房地产、会计等学术性社会团体通过面向社会开展服务获得高额收入，这类社会团体往往经费较为充足。

四、学术活动数量少、质量低

学术交流是学术性社会团体的基本职能和存在的价值所在。学术性社会团体的主体是从事自然科学和社会科学研究与应用的工作者。学术性社会团体通过学术交流为会员、社会、政府等提供相关的服务。但通过年检报告发现，广东省学术性社会团体开展活动比较活跃的仅有1/5，这些学术性社会团体不仅能按照章程规定召开理事会、常务理事会，还能定期组织开展学术年会（研讨会、论坛）等学术活动，积极组织开展学术研讨会、国际学术交流、科普宣传等。但有将近一半的学术性社会团体每年举办1~2次学术活动。还有1/3学术性社会团体未举办任何活动，基本停滞，处于休眠状态。

学术性社会团体的学术水平高低直接影响他们的生存能力，还影响社会形象。学术水平高的学术性社会团体不仅为政府所重视，还提升了学术性社会团体对本地区专业技术人员的吸引力。调查发现，挂靠在高等学校、科研院所、医疗系统、学术机构的学术性社会团体举办高水平的学术活动相对频繁，参加学术活动的对象不仅有省内知名专家，还有全国知名学者和院士，以及国际知名学者和专家，共同交流学术观点和学科前沿热点问题。挂靠在政府部门的学术性社会团体，每年也会开展1~2次学术活动，但更多的是部门的内部交流，交流的内容一般为行业内的经验交流，甚至有些是工作总结，普遍水平不高。此外，广东省393个学术性社会团体在办刊的数量和水平上也不理想，共有190家学术性社会团体发行206种刊物，但公开发行的刊物只有64种。大部分刊物是文件汇编式、会员单位宣传式和信息交流式的内部刊物。

五、承接政府职能的作用不突出

推动学会有序承接政府转移职能是科协组织积极贯彻中央部署，服务政府职能转变、科技体制改革、社会治理改革及群团工作需求的重要改革举措。2015年7月，中共中央办公厅、国务院办公厅印发《中国科协所属学会有序承接政府转移职能扩大试点工作实施方案》，并通知要求有关各方结合实际认真贯彻落实。科技类社会团体应通过开展科技评估、资格认定、标准研制、奖励推荐等发挥独特优势，有序承接政府职能。但是，对广东省393家学术性社会团体年检发现，不到30%的学术性社会团体开展了736场培训、评审认证、鉴定等活动，其中83家学术性社会团体每年开展活动不足5场。并且，在开展的活动中，约80%为各类培训，仅有18%为技术鉴定，约2%为职称评审与奖项认证。说明科技类社会团体在承接政府转移的职能过程中，没有发挥自身独特优势，开展专业技术性强的社会服务。另外，约40家学术性社会团体举办了 71 项各类赛事和文艺评奖活动，起到了提高专业教育、传承历史文化、丰富精神生活的作用。由此可见，学术性社会团体在承接政府职能的过程中，参与服务的数量不多、提供服务的专业性不强、专业人才的能力得不到发挥，是目前存在的问题。

第三节　广东省学术性社会团体发展的策略建议

一、完善政策法规，加大培育扶持

1. 进一步完善和推进符合条件的学术性社会团体直接登记

从 1989 年开始实施的“双重管理”机制在监管社会团体的健康有序发展上起到了重要的作用。随着社会的发展，“双重管理”在社会组织的登记与管理上的弊端日益显现。为此，中央和地方一直在探索化解双重管理登记的创新举措。其中，2012 年广东省率先在公益慈善类、社会服务类、工商经济类等社会组织实施由民政部门直接审查登记，不再需要业务主管机关审查同意，极大地促进了部分社会组织的蓬勃发展。随后，2016 年 8 月中共中央办公厅、国务院办公厅印发的《关于改革社会组织管理制度促进社会组织健康有序发展的意见》中提出，“在自然科学和工程技术领域内从事学术研究和交流活动的科技类社会组织，以及提供扶贫、济困、扶老、救孤、恤病、助残、救灾、助医、助学服务的公益慈善类社会组织，直接向民政部门依法申请登记”。“对直接登记范围之外的其他社会组织，继续实行登记管理机关和业务主管单位双重负责的管理体制。”对 2017—2018 年登记注册的学术性社会团体统计发现，在 196 家学术性社会团体中，仅有 39 家没有业务主管单位，直接向民政部门登记，仅占新登记注册的 20%。其中，自然科学类学术性社会团体仅有 17 家。由此可见，虽然从政策法规上，学术性社会团体中的自然科学类可以直接向民政部门依法申请登记，但是在实际中仍然没有得到有效执行。原因可能有多方面，虽然政策支持科技类社会组织可以直接向民政部门依法申请登记，但是，作为社会组织登记管理机关，往往会要求注册的科技类学术性团体配备业务指导单位方才审核通过。但是，业务指导单位往往不愿意承担只有义务没有权利的职责。因此，政府主管部门要进一步明确业务指导单位的权责，创造条件支持科技类社会团体直接登记。

2. 加大转移承接政府职能、政府购买服务力度，培育发展学术性社会团体

政府主要通过转移承接政府职能、政府购买社会组织服务、建立孵化基地、专项资金扶持等方式投入财政资金，扶持社会组织发展。在这些措施中，加大转移承接政府职能对于科技类社会团体的发展最为有力；而加大政府购买社会服务力度则更适合社科类社会团体的发展。同时，在各种社会组织孵化和培育支持的政策中，绝大部分是针对公益服务类社会服务机构，鲜有针对学术性社会团体。虽然，广东省科协和广东省社科联也有一些扶持政策，如《广东省科协学会学术项目管理暂行办法》《广东省社科类社会组织学术活动扶持资金使用管理办法》，但是其资金支持力度和覆盖范围仍然有限。对于大部分不以科协和社科联作为业务主管单位的学术性社会团体，其发展举步维艰。因此，民政部门要出台相关政策，对事关民生的科技类与社科类社会团体给予扶持与培育，并持续在经费上给予支持。

二、加强规范管理，完善内部建设

1. 按照科学的法人结构规范社会团体管理，加强内部建设

学术性社会团体要严格按照章程规定，加强制度建设，形成民主办会的运作机制。明确会员（代表）大会、理事会、监事会的责、权、利。理事会作为学术性社会团体的决策机关，理事会成员严格按照民主程序选举产生，建立健全各项规章制度，从体制上防止行政化倾向。同时，要提出明确的任期目标，明确各工作岗位的权利、职责和义务。

2. 完善财务会计制度和建立监事会制度

依照《民间非营利组织会计制度》等有关法律法规及政策的规定，制定社会团体的财务会计制度。建立公开透明的财务制度，每年应制作财务预决算报告并进行审计，提交理事会审议，接受会员对财务状况的监督，并确保相关资料的真实性和完整性。为了保障理事参与决策的独立性，应当设立监事会制度，即由会员代表大会选举出监事委员组成监事会，监事会只对会员

代表大会负责，代表大会闭会期间对理事会负责。

三、加快人力资源开发，促进自身能力建设

1. 加强人力资源体系建设

社会团体内部治理的核心环节就是人力资源的开发。一要最大限度把本地区本行业的专家（学者）、专业技术人员吸纳到社会团体中来，更好地体现学术性社会团体的代表性；二要及时发展、大力发掘、培养学术性社会团体的领导人才；三要建立和健全学术性社会团体工作人员的培训机制和职业生涯规划，要不断提高学术性社会团体负责人和专职人员的素质，推动工作人员的专业化与职业化；四要建立志愿者招募、培训制度，建立志愿者工作队伍，探索与政府部门合作开展志愿服务的途径。

2. 多途径强化自身能力建设

自身能力决定着学术性社会团体的前提和命运。一是要加强学术性社会团体的管理能力建设，社会团体负责人不仅要掌握社会团体规范管理的政策法规，还要学习社会团体经营的方法与技巧。二是要围绕社会团体发展的宗旨建立社会团体的发展愿景、发展路径与发展举措，并建立自身特色，打造品牌活动，产生社会影响力。三是要以会员为基础打造社会团体专业人才队伍体系，为社会团体的持续运营提供必要的人力资源。

四、改进活动方式，提供经营能力

1. 推动学术性社会团体活动社会化

学术性社会团体要积极响应国家政策号召，回应社会关切，面向社会需要开展社会服务。要探索与政府部门、科研院所和其他社会团体组织合作途径，整合各方资源，打造精品活动，扩大学术性社会团体的社会影响和显示度，取得全社会的广泛支持。

2. 推动学术性社会团体活动国际化

广东省作为改革开放的前沿阵地，在粤港澳大湾区建设中要起到引领作用。学术性社会团体在开展学术交流、科技服务时要有国际化视野，通过邀

请国际知名专家学者，开展前沿领域学术会议，提升广东省的科技水平，服务广东省科技创新与产业升级。

3. 推动学术性社会团体工作信息化

借助现代信息技术、网络技术和通信技术，开展学术性社会团体信息化工作是提升核心竞争力的重要措施。通过网站、微信公众号、App 等开展信息宣传与产品服务，既可以提高社会团体的办事效率，也可以更好地服务会员，加强会员与社会团体、会员与会员之间的联络交流，从而更有效地整合信息资源和发挥专业人才智库的作用。

4. 推动学术性社会团体服务市场化

在坚持非营利性的基础上，树立经营社会团体的观念，非营利不等于不营利，不营利就不会发展。国外科技社会团体的发展实践也恰恰说明了非营利组织是需要引入营利精神和商业行为的。中国科协、民政部鼓励科技社会团体树立经营观念，通过为社会提供有效服务获得收入。广东省发展健康有序发展的学术性社会团体无一例外在市场化上走在前列，它们通过提供有市场竞争力的产品与服务，获得良好经济效益，为社会团体发展提供充足的经费保障。

第八章

广东省社会服务机构发展报告

王傅　徐巧文　程姿媛　邱曼凌[1]

【摘要】 据2018年数据统计，广东省社会服务机构发展现状呈现总量较多，从业人员高学历、年轻化、专业化、女性偏多等特点。本年度，广东省在政策制定、扶持社会服务机构发展、加强社会服务机构从业人员权益保障以及社会服务机构监管方面做了大量工作，社会服务机构在推动经济发展、承接政府公共服务与社会治理等方面发挥了重要的作用，但仍然存在一些问题，据此提出了相关的对策建议。

【关键词】 广东省　社会服务机构　发展　监管

党的十九大报告指出，“加强社区治理体系建设，推动社会治理重心向基层下移，发挥社会组织作用，实现政府治理和社会调节、居民自治良性互动”；十九届四中全会进一步指出，“发挥群团组织、社会组织作用，发挥行业协会商会自律功能，实现政府治理和社会调节、居民自治良性互动，夯实基层社会治理基础”。可见，在现代社会里，社会治理不能离开社会组织。社会越发展，越需要社会组织在社会治理中发挥作用。在我国民政部门登记体系中，社会组织包括三大类，分别是社会团体、社会服务机构（以前叫民办

---

[1] 王傅，仲恺农业工程学院人文与社会科学学院社会工作与社会政策系主任，讲师，研究方向为公共管理和社会工作；徐巧文，仲恺农业工程学院人文与社会科学学院行政管理系学生，研究方向为社区社会工作；程姿媛，仲恺农业工程学院人文与社会科学学院行政管理系学生，研究方向为社会服务机构发展；邱曼凌，仲恺农业工程学院人文与社会科学学院行政管理系学生，研究方向为社会服务机构发展。

非企业单位[1]）和基金会。作为利用民间资产举办的、从事非营利性（公益性、慈善性）社会服务活动的社会组织，社会服务机构在经济社会发展中的作用日趋重要。

按照民政部的定义，社会服务机构是指自然人、法人或者其他组织为了公益目的，利用非国有资产捐助举办，按照其章程提供社会服务的非营利法人。主要涵盖教育事业（如民办学校）、卫生事业（如民办医院）、文化事业（如民办艺术团体、文化馆或活动中心）、科技事业（如民办科研院所）、体育事业（如民办体育场馆）、劳动事业（如民办职业培训学校或民办职业介绍所、民政事业（如民办福利院或民办社区服务中心）、社会中介服务业（如民办评估咨询服务中心）、法律服务业及其他相关行业。从功能上讲，社会服务机构是通过开展社会服务来提供准公共产品或服务。从组织性质来讲，社会服务机构是依靠专业化水平来提供公共服务的非营利组织。从组织结构来讲，社会服务机构是采用严谨科学的法人治理结构模式，与企业类似。从管理方式来讲，社会服务机构的工作人员按劳获得报酬，机构实行岗位责任制。

第一节　广东省社会服务机构发展情况

一、社会服务机构总量

截至 2018 年 1 月 1 日，广东全省注册登记的社会服务机构有 34185 家，其中省本级 807 家，在各地市中，数量最多的是深圳市，有 5148 家；第二是广州市，有 4535 家；第三是东莞市，有 3482 家；第四是佛山市，有 2425 家；第五是湛江市，有 2006 家；其他 16 个地市均未超过 2000 家，如表 8-1 和

[1] 社会服务机构这一称谓，源于《中华人民共和国慈善法》。2016 年 3 月 16 日，《中华人民共和国慈善法》由第十二届全国人民代表大会第四次会议通过，并于当年 9 月实施。在《中华人民共和国慈善法》颁布后数月内，民政部制订了社会团体、社会服务机构和基金会管理条例，修订后公开征求意见。“民办非企业单位”在征求意见稿中被正式修改成了“社会服务机构”。但因为只是征求意见稿，原有的《民办非企业单位登记管理暂行条例》和《民办非企业单位登记暂行办法》并未废止。因此，仍然存在两种概念混用的情况。

图 8-1 所示。

表 8-1　广东省社会服务机构数量情况（数据截至 2018 年 1 月）

地区	机构数量/家	百分比/%
广东省	34185	100
广东省本级	807	2. 36
广州市	4535	13. 27
韶关市	776	2. 27
深圳市	5148	15. 06
珠海市	1265	3. 70
汕头市	1228	3. 59
佛山市	2425	7. 09
江门市	1112	3. 25
湛江市	2006	5. 87
茂名市	940	2. 75
肇庆市	947	2. 77
惠州市	1557	4. 55
梅州市	787	2. 30
汕尾市	418	1. 22
河源市	952	2. 78
阳江市	754	2. 21
清远市	1155	3. 38
东莞市	3482	10. 19
中山市	1550	4. 53
潮州市	721	2. 11
揭阳市	1216	3. 56
云浮市	404	1. 18

注：因四舍五入，百分比之和可能不为 100%。

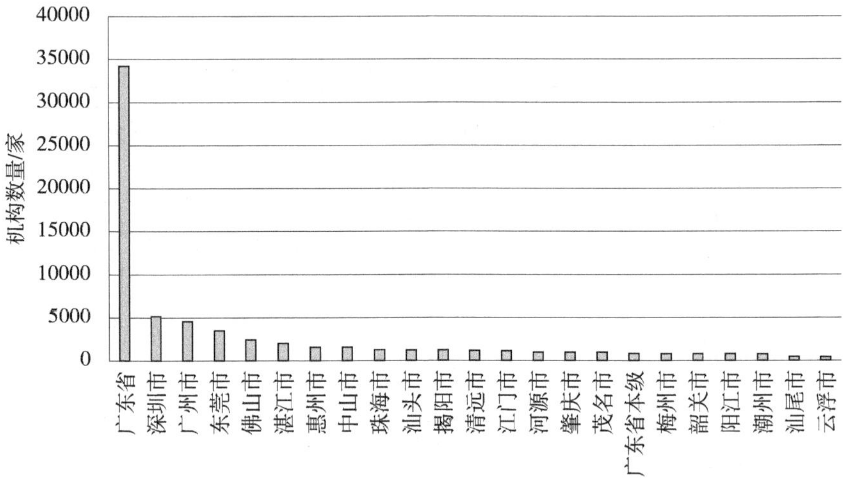

图 8-1　广东省社会服务机构数量情况（数据截至 2018 年 1 月）

数据来源：广东社会组织信息网（http://gdnpo.gd.gov.cn/）。

二、社会服务机构人力资源情况

1. 职工人数

截至 2018 年 1 月 1 日，在全省注册登记的社会服务机构中，总职工人数为 488785 人，其中省本级 43288 人，在各地市中，数量最多的是深圳市，有 110138 人；其次是广州市，有 70300 人；再次是东莞市，有 44536 人，如表 8-2 和图 8-2 所示。

表 8-2　广东省社会服务机构职工人数情况（数据截至 2018 年 1 月）

地区	职工人数/人	百分比/%
广东省	488785	100
广东省本级	43288	8. 86
广州市	70300	14. 38
韶关市	7402	1. 51
深圳市	110138	22. 53
珠海市	3084	0. 63
汕头市	17123	3. 50

续表

地区	职工人数/人	百分比/%
佛山市	35242	7.21
江门市	13730	2.81
湛江市	15137	3.10
茂名市	10873	2.22
肇庆市	6434	1.32
惠州市	28546	5.84
梅州市	6902	1.41
汕尾市	6863	1.40
河源市	10671	2.18
阳江市	9414	1.93
清远市	13318	2.72
东莞市	44536	9.11
中山市	13595	2.78
潮州市	5987	1.22
揭阳市	10215	2.09
云浮市	5987	1.22

注：因四舍五入，百分比之和可能不为100%。

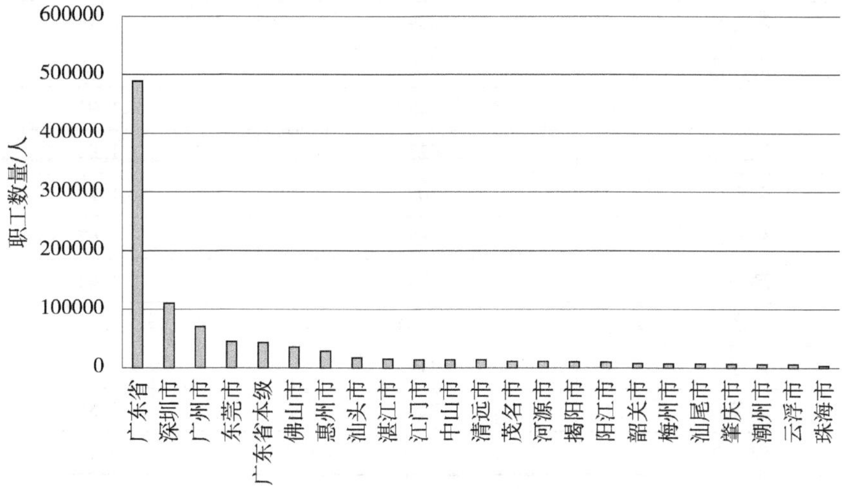

图8-2　广东省社会服务机构职工数量情况（数据截至2018年1月）

数据来源：广东省民政厅计划财务处。

在性别分布上，女职工数量较多。截至 2018 年 1 月 1 日，在全省注册登记的社会服务机构中，女职工人数为 231096 人，其中省本级 16799 人，在各地市中，数量最多的是深圳市，有 49994 人；其次是广州市，有 46186 人；再次是佛山市，有 22742 人，如表 8-3 和图 8-3 所示。

表 8-3 广东省社会服务机构女职工人数情况（数据截至 2018 年 1 月）

地区	女职工人数/人	百分比/%
广东省	231096	100
深圳市	49994	21. 63
广州市	46186	19. 99
佛山市	22742	9. 84
广东省本级	16799	7. 27
惠州市	9518	4. 12
中山市	9096	3. 94
汕头市	8708	3. 77
江门市	7381	3. 19
清远市	6835	2. 96
茂名市	6739	2. 92
湛江市	5833	2. 52
河源市	4999	2. 16
揭阳市	4889	2. 12
韶关市	4437	1. 92
阳江市	4250	1. 84
云浮市	4073	1. 76
梅州市	3861	1. 67
潮州市	3733	1. 62
肇庆市	3594	1. 56
汕尾市	3193	1. 38
东莞市	3147	1. 36
珠海市	1089	0. 47

注：因四舍五入，百分比之和可能不为 100%。

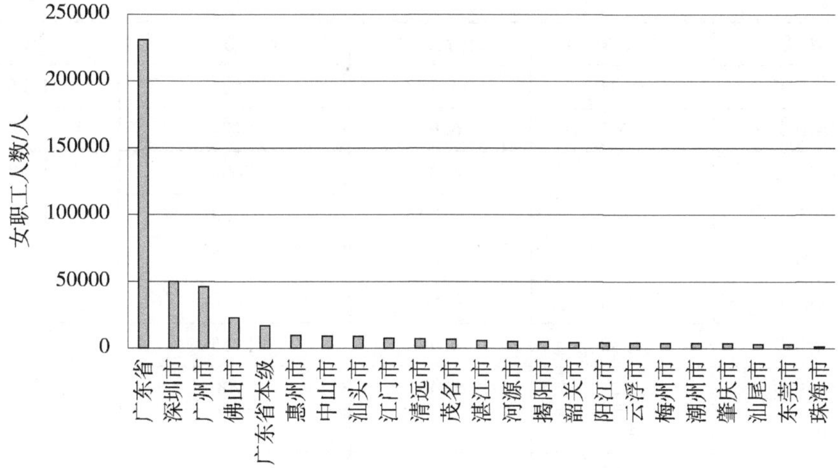

图 8-3　广东省社会服务机构女职工人数情况（数据截至 2018 年 1 月）

数据来源：广东省民政厅计划财务处。

2. 专科以上学历人数

截至 2018 年 1 月 1 日，在全省注册登记的社会服务机构中，大学专科学历人数为 115573 人，其中省本级 3625 人，在各地市中，数量最多的是深圳市，有 47127 人（占比 40.78%）；其次是广州市，有 19192 人；再次是佛山市，有 8045 人。大学本科及以上人数为 110517 人，其中省本级 34357 人，在各地市中，数量最多的是深圳市，有 30367 人（占比 27.48%）；其次是广州市，有 17937 人；再次是佛山市，有 6492 人，如表 8-4 和图 8-4 所示。可见，各地市文化程度分布极不均匀，需要改善。

表 8-4　广东省社会服务机构专科以上学历人数（数据截至 2018 年 1 月）

地区	大学专科/人	百分比/%	大学本科及以上/人	百分比/%
广东省	115573	100	110517	100
广东省本级	3625	3. 14	34357	31. 09
广州市	19192	16. 61	17937	16. 23
韶关市	993	0. 86	797	0. 72
深圳市	47127	40. 78	30367	27. 48
珠海市	298	0. 26	389	0. 35

续表

地区	大学专科/人	百分比/%	大学本科及以上/人	百分比/%
汕头市	4603	3.98	1501	1.36
佛山市	8045	6.96	6492	5.87
江门市	5031	4.35	2064	1.87
湛江市	3734	3.23	1568	1.42
茂名市	4214	3.65	1657	1.50
肇庆市	1035	0.90	534	0.48
惠州市	4038	3.49	2915	2.64
梅州市	1721	1.49	748	0.68
汕尾市	468	0.40	122	0.11
河源市	1155	1.00	453	0.41
阳江市	1838	1.59	135	0.12
清远市	2667	2.31	2101	1.90
东莞市	5	0.00	199	0.18
中山市	2018	1.75	3693	3.34
潮州市	1384	1.20	635	0.57
揭阳市	1206	1.04	1455	1.32
云浮市	1176	1.02	398	0.36

注：因四舍五入，百分比之和可能不为 100%。

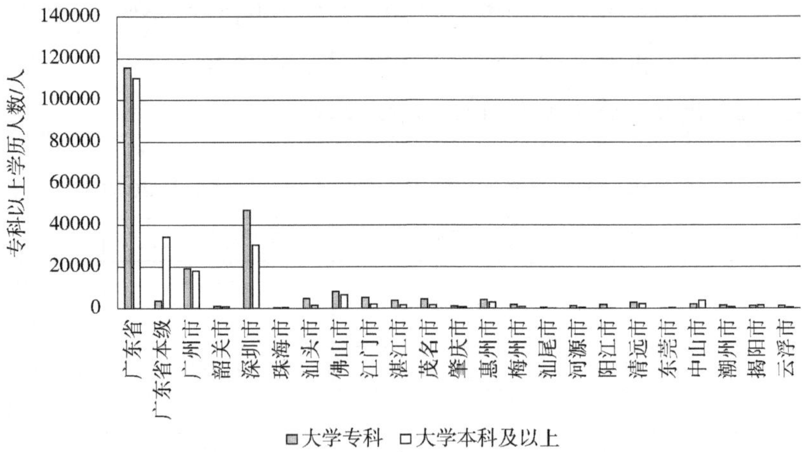

图 8-4　广东省社会服务机构专科以上学历人数（数据截至 2018 年 1 月）

数据来源：广东省民政厅计划财务处。

3. 年龄结构情况

截至 2018 年 1 月 1 日，在全省注册登记的社会服务机构中，工作人员年龄分布情况如表 8-5 和图 8-5 所示，发现：全省 35 岁及以下人数最多，有 291196 人，占比 59.58%；56 岁及以上最少，有 16739 人，占比 3.42%。可见，社会服务机构吸引了年轻的群体，未来的发展势头不可阻挡。在 35 岁及以下人群中，最多者为深圳市（73580 人，占比 15.05%），其次是广州市（39917 人）和东莞市（27817 人）。

表 8-5　广东省社会服务机构年龄结构情况（数据截至 2018 年 1 月）

地区	35 岁及以下/人	占比/%	36 岁至 45 岁/人	占比/%	46 岁至 55 岁/人	占比/%	56 岁及以上/人	占比/%
广东省	291196	59.58	128820	26.36	52030	10.64	16739	3.42
省本级	19562	4.00	12596	2.58	7541	1.54	3589	0.73
广州市	39917	8.17	20057	4.10	7391	1.51	2935	0.60
韶关市	3902	0.80	2438	0.50	896	0.18	166	0.03
深圳市	73580	15.05	27796	5.69	7660	1.57	1102	0.23
珠海市	1675	0.34	949	0.19	407	0.08	53	0.01
汕头市	9786	2.00	5128	1.05	2143	0.44	66	0.01
佛山市	25089	5.13	7691	1.57	2043	0.42	419	0.09
江门市	7433	1.52	4181	0.86	1836	0.38	280	0.06
湛江市	7156	1.46	4470	0.91	3196	0.65	315	0.06
茂名市	6772	1.39	2964	0.61	820	0.17	317	0.06
肇庆市	3357	0.69	2226	0.46	728	0.15	123	0.03
惠州市	18186	3.72	4134	0.85	2646	0.54	3580	0.73
梅州市	4088	0.84	1576	0.32	926	0.19	312	0.06
汕尾市	4069	0.83	1812	0.37	756	0.15	226	0.05
河源市	6661	1.36	3049	0.62	628	0.13	333	0.07
阳江市	6784	1.39	1918	0.39	595	0.12	117	0.02
清远市	5539	1.13	5364	1.10	1906	0.39	509	0.10

续表

地区	35 岁及以下/人	占比/%	36 岁至45 岁/人	占比/%	46 岁至55 岁/人	占比/%	56 岁及以上/人	占比/%
东莞市	27817	5.69	9869	2.02	5632	1.15	1218	0.25
中山市	7045	1.44	5132	1.05	1330	0.27	88	0.02
潮州市	2068	0.42	2177	0.45	1305	0.27	437	0.09
揭阳市	6666	1.36	2122	0.43	1048	0.21	379	0.08
云浮市	4044	0.83	1171	0.24	597	0.12	175	0.04

注：因四舍五入，百分比之和可能不为 100%。

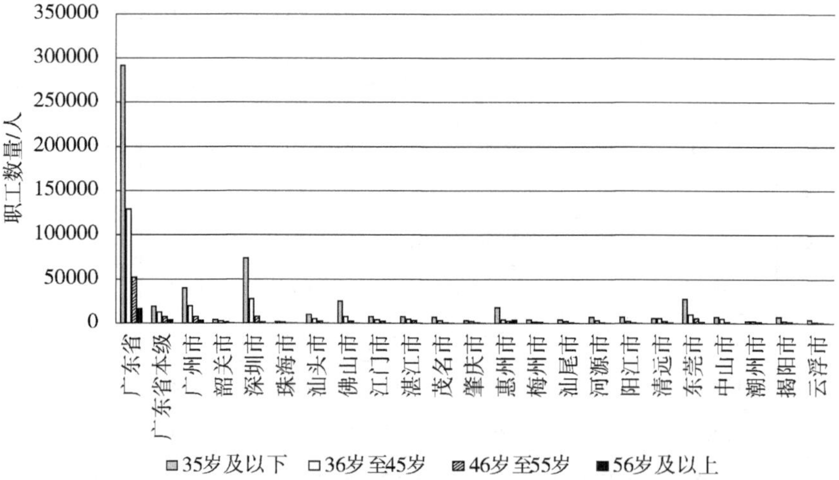

图 8-5 广东省社会服务机构年龄结构情况（数据截至 2018 年 1 月）

数据来源：广东省民政厅计划财务处。

4. 获取资格证书人数（以社会工作师为例）

截至 2018 年 1 月 1 日，在全省注册登记的社会服务机构中，工作人员持有助理社会工作师（初级）证书者 4716 人，占比 0.96%，其中省本级 149 人，占比 0.03%。在各地市中，数量最多的是广州市，有 1319 人，占比 0.27%；其次是揭阳市，有 704 人，占比 0.14%；再次是汕尾市，有 542 人，占比 0.11%。

工作人员持有社会工作师（中级）证书者 2005 人，其中省本级 143 人，占比 0.03%。在各地市中，数量最多的是深圳市，有 494 人，占比 0.10%；

其次是广州市，有 392 人，占比 0.08%；再次是汕头市，有 252 人，占比 0.05%，如表 8-6 和图 8-6 所示。

表 8-6　广东省社会服务机构工作人员持证情况（数据截至 2018 年 1 月）

地区	助理社会工作师/人	社会工作师/人
广东省	4716	2005
省本级	149	143
广州市	1319	392
韶关市	12	13
深圳市	513	494
珠海市	46	25
汕头市	305	252
佛山市	151	91
江门市	79	36
湛江市	157	1
茂名市	42	13
肇庆市	108	80
惠州市	10	6
梅州市	1	0
汕尾市	542	19
河源市	13	33
阳江市	0	75
清远市	150	41
东莞市	1	1
中山市	376	57
潮州市	34	226
揭阳市	704	1
云浮市	4	6

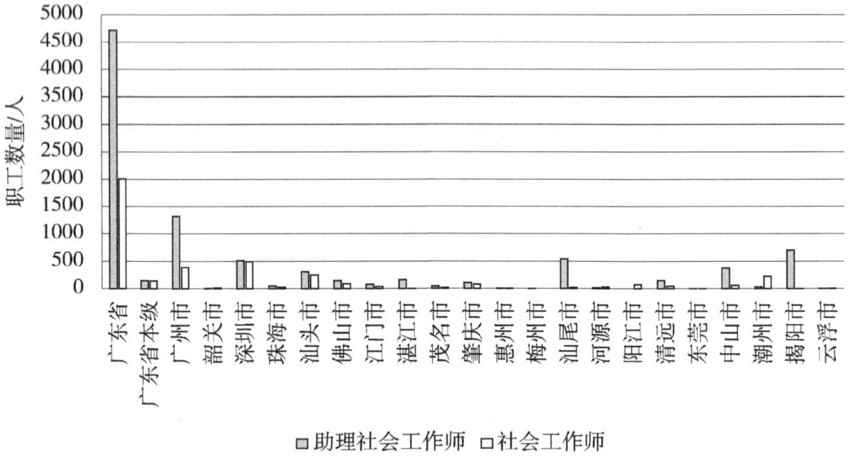

图 8-6　广东省社会服务机构职工数量情况（数据截至 2018 年 1 月）

数据来源：广东省民政厅计划财务处。

第二节　促进广东省社会服务机构发展的法规政策

一、国家层面的法规与政策

1. 关于改革社会组织管理制度，促进社会组织健康有序发展的法规与政策

2016 年 8 月，中共中央办公厅、国务院办公厅印发《关于改革社会组织管理制度促进社会组织健康有序发展的意见》❶（以下简称《意见》）。该《意见》针对社会组织发挥作用不强、时有违法违规的现象，提出了健康有序发展的意见。《意见》中重点要求党组织的战斗堡垒作用和党员的先锋模范作用，加强党对社会组织工作的领导，推进党组织和工作有效覆盖，加强党建工作基础保障。关于社会服务机构的公务员兼任问题，该《意见》明确规定，在职公务员不得兼任社会服务机构负责人，已兼职的在该《意见》下发后半年内应辞去公职或辞去社会组织职务。

❶ 中共中央办公厅　国务院办公厅印发《关于改革社会组织管理制度促进社会组织健康有序发展的意见》[EB/OL]. http://www.gov.cn/gongbao/content/2016/content_5106178.htm.

2. 关于鼓励社会力量兴办教育，促进民办教育健康发展的意见的法规与政策

2017 年 1 月，国务院印发的《关于鼓励社会力量兴办教育促进民办教育健康发展的若干意见》（国发〔2016〕81 号）提出，发展民办教育要坚持“育人为本、德育为先，分类管理、公益导向，优化环境、综合施策，依法管理、规范办学，鼓励改革、上下联动”的原则，对民办教育改革发展做出全面部署，着重从六个方面推进：①加强民办学校党建工作，发挥党组织的政治核心作用，增强道路自信、理论自信、制度自信、文化自信；②创新体制机制，建立差别化政策体系，放宽社会力量投入教育的准入条件，拓宽办学筹资渠道，探索多元主体合作办学，并健全退出机制；③完善扶持制度。加大财政投入力度，创新扶持方式，建立健全政府补贴、购买服务、助学贷款、基金奖励、捐资激励等制度。落实学生同等资助政策，实行税费优惠、用地、收费等方面的差别化扶持政策；④加快现代学校制度建设，健全党组织参与决策制度，推进党组织领导班子成员和决策机构、行政管理机构成员“双向进入、交叉任职”；⑤引导学校科学定位，深化教育教学改革，创新人才培养机制，积极培育优质教育资源和品牌，吸引各类高层次人才到民办学校任教；⑥提高管理服务水平，规范学校办学行为，积极培育民办教育行业组织，支持行业组织在行业自律、交流合作、协同创新、履行社会责任等方面发挥桥梁和纽带作用。

3. 关于民办教育分类管理的法规与政策

2017 年 1 月，教育部、人力资源社会保障部、民政部、中央编办、工商总局五部门发布了《民办学校分类登记实施细则》的通知[1]（教发〔2016〕19 号，以下简称《细则》），该《细则》共 6 章 18 条，着力建立健全民办学校分类管理分类登记机制，重点解决两类学校“到哪里登记”“如何登记”的问题，规定了民办学校设立审批、分类登记、变更注销登记、现有民办学校分类登记等方面的内容。在设立上，该《细则》做出如下具体规定：①在程序上，应当依法依规进行审批，经批准正式设立的民办学校，由审批机关

[1] 教育部等五部门关于印发《民办学校分类登记实施细则》的通知［EB/OL］. http://www.gov.cn/xinwen/2017-01/18/content_5160937.htm#allContent.

发给办学许可证；②在设置标准上，应当参照国家同级同类学校设置标准；③在申请材料上，应当提交法律法规、学校设置标准规定的材料和学校党组织建设有关材料。经批准正式设立的民办学校，由审批机关发给办学许可证后，依法依规分类到登记管理机关办理登记证或者营业执照。民办学校是典型的社会服务机构，实施严格的双重管理制度。

非营利性民办学校有两种登记情况：①符合《民办非企业单位登记管理暂行条例》等民办非企业单位管理有关规定的，到民政部门登记为民办非企业单位；②符合《事业单位登记管理暂行条例》等事业单位登记管理有关规定的，到事业单位登记管理机关登记为事业单位。其中，实施本科以上层次教育的非营利性民办高等学校，由省级人民政府相关部门办理登记；实施专科以下层次教育的非营利性民办学校，由省级人民政府确定的县级以上人民政府相关部门办理登记。

4. 关于登记管理工作中信息共享问题的法规与政策

2017 年 2 月，中央编办和民政部发布的《关于加强事业单位和民办非企业单位登记管理工作中信息共享与业务协同的通知》（中央编办发〔2017〕13 号）要求，为做好事业单位、民办非企业单位登记管理，要加强在两者登记管理工作中的信息共享与业务协同，注意做到“严格依法依规登记”“加强信息开放共享”“优化登记管理服务”。

5. 关于培育发展社区社会组织的法规与政策

2017 年 12 月，民政部发布《关于大力培育发展社区社会组织的意见》（民发〔2017〕191 号），该意见根据中央有关文件要求，提出了大力培育发展社区社会组织的四大意见：①培育发展社区社会组织的总体要求；②充分发挥社区社会组织的积极作用；③加大对社区社会组织的培育扶持力度；④加强对社区社会组织的管理服务。其中，着重强调了要加大扶持力度和加强党的领导。在现实中，很多社区社会组织登记为社会服务机构，必须关注这一规章。

6. 关于社会组织名称管理的法规与政策

2018 年 6 月，民政部办公厅发布《关于在社会组织登记管理工作中加强名称管理有关问题的通知》（民办发〔2018〕11 号，以下简称《通知》），该《通知》针对有社会组织名称不冠以县级以上行政区划名称，或者擅自冠以“中国”“全国”“中华”，甚至“亚洲”“世界”等字样，或者形式与内容不符（如将社会团体登记为社会服务机构，将社会服务机构登记为基金会）等不规范现象，做出了如下规定：①严格依法依规审核社会组织名称，主要是名称的规范性、完整性和名实一致性审查；②组织开展社会组织名称管理自查工作，对查出的名称不符合规定的，各级民政部门要依法依规进行规范；③加强对社会组织规范使用名称情况的监督检查；④进一步落实工作指导和请示制度，地方民政部门在名称审核、管理过程中涉及法规政策适用不清楚的，对于该通知发布之后新登记社会组织名称审核仍不规范的，发现一起，通报批评一起。

7. 关于统一的社会组织登记管理行政法规的法规与政策

2018 年 8 月 3 日，民政部发布《社会组织登记管理条例（草案征求意见稿）》（以下简称《征求意见稿》），并公开向社会各界征求意见。此《征求意见稿》拟统筹合并原来三个条例，即：①《民办非企业单位登记管理暂行条例》（修订草案征求意见稿）；②《社会团体登记管理条例》（修订草案征求意见稿）；③《基金会登记管理条例》（修订草案征求意见稿）。此次征求意见是正式在行政法规中使用“社会组织”的称谓，是关于社会组织立法的一大进步。

8. 关于“互联网+社会组织治理”的行动方案

2018 年 9 月，民政部发布《“互联网+社会组织（社会工作、志愿服务）”行动方案（2018—2020 年）》的通知，提出了推动“互联网+社会组织治理”，主要举措为优化社会组织网上办事服务、推动社会组织法人库及相关信息系统建设、推动社会组织数据管理和数据共享、推动社会组织信息网上公开与公众查询、运用互联网手段实施社会组织执法监察和引导社会组织提升信息化服务能力和互联网传播水平。

9. 关于慈善组织信息公开的管理办法

2018 年 8 月，民政部发布《慈善组织信息公开办法》，该办法要求慈善组织应当依照有关法律法规和本办法规定，在民政部门提供的统一的信息平台（以下简称统一信息平台），向社会公开基本信息、年度工作报告和财务会计报告、公开募捐情况、慈善项目有关情况、慈善信托有关情况、重大资产变动及投资、重大交换交易及资金往来、关联交易行为等情况、法律法规要求公开的其他信息等。

上述法规与政策汇总起来，如表 8-7 所示。

表 8-7　2017—2018 年国家出台的与社会服务机构有关的法规与政策

颁布时间	部门	法规或政策内容
2017 年 1 月	国务院	《关于鼓励社会力量兴办教育促进民办教育健康发展的若干意见》
2017 年 1 月	教育部、人力资源社会保障部、民政部、中央编办、工商总局五部门	《民办学校分类登记实施细则》
2017 年 2 月	中央编办和民政部	《关于加强事业单位和民办非企业单位登记管理工作中信息共享与业务协同的通知》
2017 年 12 月	民政部	《关于大力培育发展社区社会组织的意见》
2018 年 1 月	民政部	《社会组织信用信息管理办法》
2018 年 6 月	民政部办公厅	《关于在社会组织登记管理工作中加强名称管理有关问题的通知》
2018 年 8 月	民政部	《社会组织登记管理条例（草案征求意见稿）》
2018 年 9 月	民政部	《“互联网+社会组织（社会工作、志愿服务）”行动方案（2018—2020 年）》
2018 年 8 月	民政部	《慈善组织信息公开办法》

二、地方层面的法规与政策

1. 关于推进行业性专业性人民调解工作的指导意见

2017 年 3 月，广东省司法厅、广东省综治办、广东省高级人民法院和广东省民政厅联合发布关于贯彻落实《司法部等四部门关于推进行业性专业性人民调解工作的指导意见》的实施意见，此意见是对国家指导意见的落实，属于实施细则。该细则提出，要“适应新时期、新形势下化解特定行业、专业领域社会矛盾纠纷的现实需要，按照整体推进、突出重点、体现特色、务求实效的工作思路，与时俱进，创新工作理念、工作机制和工作方法，做到

‘成熟一个、发展一个、保障一个、规范一个’，确保工作成效”。

2. 关于通过政府购买服务支持社会组织培育发展的指导意见

2017年4月，广东省财政厅、广东省民政厅联合发布《关于转发财政部民政部关于通过政府购买服务支持社会组织培育发展指导意见的通知》，是对国家指导意见的落实，属于实施细则。该细则认为，要结合“放管服”改革、事业单位改革和行业协会商会脱钩改革等将政府购买服务支持社会组织培育发展工作落到实处，统筹推进，充分发挥社会组织在提供公共服务能力方面的优势，发挥社会组织在顺应公共服务需求、促进公共服务供需衔接方面的积极作用，要分类指导，重点培育、优先发展行业协会商会类、科技类、公益慈善类、城乡社区服务类社会组织，同等条件下优先向社会组织购买民生保障、社会治理、行业管理、公益慈善等领域的公共服务。

3. 关于社会组织信息公开的管理办法

2018年5月，广东省民政厅发布《广东省民政厅关于社会组织信息公开的办法（试行）》，该办法是对民政部《社会组织信用信息管理办法》的贯彻落实，并依据省委办公厅、省政府办公厅《关于改革社会组织管理制度促进社会组织健康有序发展的实施意见》的精神而制定的新规章，对信息公开的内容、方式和监督管理都进行了规定。对于未按规定履行信息公开义务的社会组织，属于《社会组织信用信息管理办法》中列入社会组织活动异常名录违规情形的，由登记管理机关依法列入社会组织异常名录，如表8-8所示。

表8-8 2017—2018年广东省出台的与社会服务机构有关的法规与政策

颁布时间	部门	法规或政策内容
2017年3月	广东省司法厅、广东省综治办、广东省高级人民法院、广东省民政厅	关于贯彻落实《司法部等四部门关于推进行业性专业性人民调解工作的指导意见》的实施意见
2017年4月	广东省财政厅、广东省民政厅	《关于转发财政部民政部关于通过政府购买服务支持社会组织培育发展指导意见的通知》
2018年5月	广东省民政厅	《广东省民政厅关于社会组织信息公开的办法（试行）》

第三节　广东省社会服务机构发展存在的问题

2018 年，广东省社会服务机构取得了一定成效，但是其成效与广东省经济发展仍然存在一定程度的“不匹配”现象，与其他组织（如企业）相比，其发展程度略显滞后，未能完全满足人民群众日益增长的美好生活需要。因此，广东省社会服务机构仍然处于不完善的初级阶段。

一、法规与政策不健全，创新的速度和力度明显放缓

关于社会服务机构的法规与政策，国家民政部 2016 年 5 月出台了《社会服务机构登记管理条例（征求意见稿）》之后，迟迟没有定稿的《社会服务机构登记管理条例》出台。2018 年 8 月民政部发布征求意见稿公开向社会各界征求意见，但由于三大条例的修订工作出台缓慢，使得各地对于合并的条例的预期也存在观望态度。2017—2018 年，广东省新出台的关于社会服务机构的法规与政策极少，相关政策基本上是转发和执行上位法规和政策，未有具有开创性的政策法规。

二、社会服务机构总量不足，发展不平衡，增长速度明显放缓

2017 年广东省 GDP 达 8.99 万亿元，近三十年广东省级经济总量连续位列全国首位。然而，广东省社会服务机构数量却偏少（35252 个）。尽管在我国大陆 31 个省、自治区和直辖市中排列第二，但与排名第一的江苏省（53122 个）相比，数量显著偏少，如表 8-9 和图 8-7 所示。从地区分布来看，广东省的社会组织集中在省本级和珠江三角洲地区，粤东西北地区数量稀少，区域发展极不均衡。

表 8-9　我国大陆社会服务机构数量情况（数据截至 2018 年 1 月）

地区	机构数量/个
全国合计	416733
部本级	109
北京市	6890

续表

地区	机构数量/个
天津市	2896
河北省	13686
山西省	7107
内蒙古自治区	7453
辽宁省	15765
吉林省	5898
黑龙江省	10776
上海市	11226
江苏省	53122
浙江省	28192
安徽省	15765
福建省	10825
江西省	12357
山东省	31787
河南省	23575
湖北省	17277
湖南省	19235
广东省	35252
广西壮族自治区	12311
海南省	4107
重庆市	9378
四川省	22588
贵州省	5688
云南省	8713
西藏自治区	47
陕西省	11099
甘肃省	5701
青海省	1603
宁夏回族自治区	2355
新疆维吾尔自治区	3950

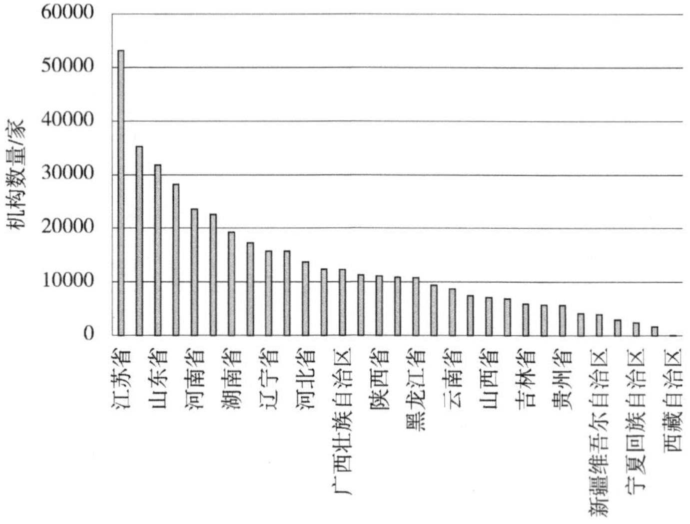

图 8-7　我国大陆各省、自治区、直辖市社会服务机构总量比较（2018 年度）

资料来源：国家民政部规划财务司公布的《2018 年第二季度各省社会服务统计数据》。

三、信息公开的社会服务机构总数不足，公开资料不全

按照民政部《民政统计季报（2018 年 2 季度）》的公布数据，2018 年 2 季度全国共有社会服务机构 41.7 万个，广东省 35252 个。广东社会组织信息网上公布的社会服务机构为 35298 个，数据存在少量出入。然而，该网上公布的接受年度检查的社会组织总量（其中还包括社会团体和基金会）只有 8386 个（2013—2018 年），公布数量严重不足。

在民政部《2017 年社会服务发展统计公报》中，详细公布了“全国共有民办非企业单位 40.0 万个，比上年增长 10.8%，其中：科技服务类 1.6 万个，生态环境类 501 个，教育类 21.7 万个，卫生类 2.7 万个，社会服务类 6.2 万个，文化类 2.1 万个，体育类 1.8 万个，法律类 1197 个，工商业服务类 3652 个，宗教类 115 个，国际及其他涉外组织类 15 个，其他 3.0 万个”。但在广东省的相关网站中，未见到类似的《广东省社会服务发展统计公报》，未见到分类统计的社会服务机构数量。

在已公开的服务机构中，公开的资料并不完整，仅公开了机构的基本资料（如名称、业务主管单位/党建领导机关、业务范围、统一社会信用代码、

法定代表人基本资料、成立时间、住所、是否合署办公、办公电话、传真、网站地址和电子邮箱)、评估等级、换届情况、是否为异常名录和慈善组织、是否公开募捐以及年度检查结论等资料。

四、社会服务机构登记管理机关力量不强，扶持保障措施尚需完善

广东省各级社会组织专职行政人员仅300余名，但各级社会服务机构有35252个，此外还有社会团体29445个和基金会1028个。在四大类社会组织直接登记后，社会组织特别是社会服务机构登记数量剧增，登记管理机关在咨询、登记、年检、日常监管和执法等方面工作量明显增大。由于人手、经费的制约，一些登记管理部门对社会服务机构登记、变更、年检等服务不够精细，对法人治理、信息服务、人才培养、基本建设等指导不够得力，对违法违规和非法行业协会的执法查处不够有力。尤其是县区一级，人员普遍不足，工作经费和设备严重缺乏。

五、社会服务机构内部治理机制不够健全

社会服务机构的内部治理机制尚不健全，表现在如下一些方面：

1. 自我发展定位与“非营利性”有偏差

在相关问卷调查中发现，部分社会服务机构（特别是教育类和科技服务类）自身定位与企业并无区别，重视机构做大做强，而非以社会效益为主。部分社会服务在完成政府购买服务项目时，只是重视数量指标完成，重视“服务痕迹”和服务材料的完善程度，对于实际服务的效用并不关心。

2. 对购买方的依赖性较强

社会服务机构资金往往比较短缺。理论上，社会服务机构的来源是多渠道的：个人或企业捐赠、政府购买和服务收费。但在实际层面，教育类和科技服务类社会服务机构多数依靠服务收费，社会工作机构和养老机构则多数依赖于政府购买。特别是后者，对于政府资助依赖性较强，当合同到期后重新购买服务时会出现“断粮”或者人员流失的现象。

3. 内部治理机构不完善

由于职业生涯的上升通道不明晰，薪酬待遇不高，社会服务机构的工作

人员普遍不稳定，流动性较大。机构内部人员数量不够，出现了为了凑齐评估指标要求的人数，“一人在数个机构任职”的情况。这是社会服务机构生存艰难所致。

第四节　加快广东省社会服务机构发展的对策建议

社会服务机构的规范与发展，是加快政府职能转变、加强社会治理、反映社会诉求的根本需要，是优化资源配置、满足公共服务需求、推进社会建设的有效渠道。广东省社会服务机构建设是一项涉及多方面内容的综合性工程，可谓任重道远。课题组重点提出以下策略建议：

一、加快完善社会服务机构的法规与政策，促进社会服务机构依法治理

加快社会服务机构立法，是全面实施依法治国方略的重要组成部分，是社会服务机构由低级向高级发展的必然要求，也是国际社会服务机构管理的必要举措。建议国家尽快出台《社会组织法》或者《社会服务机构法》，广东省尽快修订出台《广东省社会服务机构管理条例》，充分体现中央关于社会组织和社会服务机构的指导思想、基本原则、总体目标和登记审查、管理监督、扶持引导、发挥作用等基本精神，充分体现创新精神和广东特色。同时，建议尽快出台配套政策，主要是政府转移职能和购买服务、财政资金支持社会组织、社会服务机构人才建设、专职人员社会保障、社会服务机构参与民主协商等，政策文件要有可操作性。

二、全面修改社会服务机构章程范本

章程范本是法规建设的重要组成部分，是社会服务机构的行动纲领，也是政府部门检查社会服务机构是否合格的主要依据。现有的社会服务机构章程范本，内容简单，约束力不强，社会服务机构制定章程的随意性太大，必须全面修订。建议在章程范本中增加社会服务机构服务国家、服务社会、服务群众、服务行业的共同宗旨；增加促进经济发展、管理社会事务、提供公

共服务等社会服务机构职能；增加政府相关部门的具体监督管理职责，增加党建工作内容等。通过修订章程范本，更好地规范社会服务机构行为。

三、改革综合监管体制，促进社会服务机构健康发展

1. 在监管主体上，应该多主体全方面监管

这方面体现在：①政府部门监管，明确部门监管职责，民政部门、行业管理部门和综合监管部门的职责要细化。②社会服务机构党组织监管，确保党的战略方针政策在社会服务机构中贯彻落实，发现问题及时制止。③社会服务机构行业自律，同类型的社会服务机构之间相互监管，形成行业自律互律。④社会监督。建立年度报告公示制度和信息公开制度。依托省社会组织信息网和省社会组织法人单位信息资源库，进一步完善省、市、县三级社会组织登记管理信息，公示社会服务机构的登记信息、年度检查情况、异常名录、抽查情况、撤销登记、行政处罚和其他监管信息，引导社会服务机构接受社会监督，提升运作的公开性和透明度。

2. 在监管方式上，应该有所创新

这方面体现在：①在网上年检的基础上，增加实地抽检的频次。②强化等级评估工作，规定所有社会服务机构成立两年后必须申请评估，不申请评估的，将不具备承接政府购买的资格。③建立异常名录，对社会服务机构的准入条件、业务范围、服务领导、活动方式等划定红线，实施目录管理。④建立部门联合执法检查制度，及时发现并解决社会服务机构的违法违规行为和异常情况。

四、加大政府培育扶持力度，促进社会服务机构发展壮大

加大政府培育扶持力度，首先，要完善财政经费资助制度，建议每年适当增加财政资助经费额度，把资助对象扩大到扶持品牌社会服务机构和社会服务机构的品牌项目、公益项目、科技项目、公共信息平台建设等。其次，要完善税收优惠政策。增加税收减免优惠的种类和范围。最后，要完善专职人员社会保障制度，建议省市出台具体办法，完善社会服务机构职工的养老、医疗、失业、生育和工伤等社会保险。

五、加强社会服务机构党建工作

在党的组织运行体系中，基层组织是党在社会基层组织的战斗堡垒，是党的全部工作和战斗力的基础。“基础不牢，地动山摇。”党的基层组织要以提升组织力为重点，突出政治功能。因此，要加强社会服务机构党建工作，把党建工作写进章程，让党建工作成为每个社会服务机构的法定工作。实现党的组织和党的工作全覆盖，党员不足 3 人的由上级党委协调指导成立联合党支部。出台发挥社会服务机构党组织作用的有效机制，充分体现党对社会服务机构的政治领导。建立一套党务工作制度，实现党务工作规范化制度化。建立并完善社会服务机构党建工作基础保障，建立多渠道、多元化投入机制和资源共享、共建互促机制，为党组织开展活动、发挥作用创造条件。

第九章

社会组织内部治理面临的困境及完善对策研究

杨美芬[1]

【摘要】 社会组织作为“第三种机制”，对推进国家治理现代化具有重要作用。完善社会组织的内部治理结构不仅有助于提高社会组织自身能力，也有利于发挥社会组织参与社会治理的功能。现阶段社会组织内部治理还存在内部决策机制不够民主、内部治理结构不完善、财务制度不健全、激励机制不足、监督机制薄弱等问题，今后社会组织应进一步提高内部决策机制的民主性、形成分权制衡的内部治理结构、完善财务管理制度、健全人力资源管理机制和构建全方位的监督机制，以增强自身内部治理能力。

【关键词】 社会组织　内部治理　决策机制　激励机制　监督机制

第一节　社会组织内部治理的理论基础与现实背景

随着国家治理转型的推进，加强社会建设成为国家治理的重点。特别是党的十九大以来，为了满足人民群众对美好生活的需要，解决社会问题和社会矛盾，党和政府提出要加强和创新社会治理领域，推进治理体系现代化，

---

[1] 杨美芬，广东外语外贸大学社会与公共管理学院讲师，广东省社会组织研究中心兼职研究员，研究方向为政府治理与社会组织。

建立共建共治共享的社会治理格局，完善社会治理的制度建设。推进和完善社会组织的建设与管理，不仅是创新社会管理的着力点和突破口，也是助力社会良性运行和协调发展的关键外部条件。一个国家社会组织发展的成熟程度，是衡量其社会自由发达程度的重要标准，也是满足社会发展和公民权利的客观需要。因此，社会组织作为社会治理的重要参与主体，其本身的内部治理结构与机制问题研究也成为理论界和政界关心的现实议题。作为社会治理的“第三种机制”，社会组织完善自身内部治理机制，将有助于弥补政府的有限能力和市场失灵，帮助国家实现治理转型。

一、优化社会组织内部治理的理论基础

在全球化不断推进和发展的同时，国家与社会生活发生了许多深刻的变化。越来越多潜在的棘手问题或风险逐步演化为威胁国家政治经济、社会生活稳定的危机，这让人们意识到政府和市场都可能存在失灵现象，仅仅依靠自上而下的国家干预和市场机制的自发调节无法解决愈发复杂的经济社会问题。20 世纪 90 年代以后，治理理论开始兴起。关于治理理论的研究也如雨后春笋开始丰富起来。最为权威的治理概念来自于全球治理委员会在 1995 年的《我们的全球伙伴关系》研究报告中提出的，“治理是各种公共的或私人的个人和机构管理其共同事务的诸多方式的总和。它是使相互冲突的或不同的利益得以调和并且采取联合行动的持续过程。这既包括有权迫使人们服从的正式制度和规则，也包括各种人们同意或以为符合其利益的非正式的制度安排”[1]。治理理念强调多元主体对国家政治社会生活的共同参与，社会组织作为政府和市场之外的第三部门，理应在社会治理中发挥重要作用。在此之中，社会组织的内部治理机制是否完善，将直接影响其参与社会治理的效果和功能。

关于组织内部治理的概念，许多学者从不同视角给出不同解释。Saidel. J. R.（1998）认为：组织的治理与组织所面临的环境、组织的目标、组织的活动以及组织的决策者和参与者息息相关，组织治理的关键是董事会成员

[1] 程昔武. 非营利组织治理机制研究［M］. 北京：中国人民大学出版社，2008.

和具体执行人员发挥重要作用❶。马庆珏（2011）提出组织治理包括组织内部的一系列管理制度和措施以及包括外部监督在内的制度安排，包括组织的人力资源管理、激励约束机制、财务管理、员工薪酬福利、内部权力制约关系等制度和结构的设计。具体也就是指通过建立委托者、决策者、执行者和监督者之间的激励约束机制的模式，规避组织在委托—代理和多权分立关系中的代理者失控和公共利益受损的风险❷。聚焦到社会组织的内部治理，谭珊珊（2012）将其定义为：为了实现组织目标，依照一定的组织规章制度、通过分工和合作形成的组织决策者、执行者及监督者之间有效制约、权责明确的组织结构的一种互动过程。即通过制定一种具有约束力的制度，合理地来划分组织所有者和组织经营者的权利及义务，是组织的所有者（主要是会员）对组织经营者的一种监督和制衡❸。孙录宝（2015）结合社会组织民间性、非营利性、自愿性等特征，把社会组织内部治理看作是“指导与控制社会组织各项利益关系的制度或过程”❹。综合相关研究成果，本章认为社会组织的内部治理是指以实现组织目标为目的，通过制定制约、分配组织权力、利益关系的相关规章制度，形成以决策、执行、监督、激励机制为主的结构安排的过程。

二、重视社会组织内部治理的现实背景

党的十九大的召开，标志着我国进入了中国特色社会主义新时代。作为新时代社会建设的重要力量，社会组织近年来在国家政策的支持与社会需求的推动下，获得了迅猛的发展。根据民政部发布的《2017 年社会服务发展统计公报》数据显示，截至 2017 年年底，全国共有社会组织 76. 13 万个，比上年增长 8. 4%，其中，社会团体 35. 5 万个，比上年增长 5. 7%，各类基金会 6307 个，比上年增长 12. 5%，民办非企业单位 40. 0 万个，比上年增长 10. 8%。全国社会组织吸纳社会各类人员就业 864. 7 万人，比上年增长

❶ Saidel J R. Expanding the Governance Construct: Function and Contribution of Nonprofit [J]. Advisory Groups Nonprofit and Voluntary Sector Quarterly, 1998 (4).

❷ 马庆珏. 社会组织能力建设 [M]. 北京：中国社会出版社，2011.

❸ 谭珊珊. 社会组织内部治理机制创新研究 [D]. 大连：东北财经大学，2012.

❹ 孙录宝. 论社会组织科学化内部治理 [J]. 山东行政学院学报，2015 (5).

13.2%，如表 9-1 所示。

表 9-1　2010—2017 年全国社会组织发展情况　　单位：万个

团体	年份							
	2010	2011	2012	2013	2014	2015	2016	2017
社会团体	24.5	25.5	27.1	28.9	31.0	32.9	33.6	35.5
基金会	0.22	0.26	0.30	0.35	0.41	0.48	0.56	0.63
民办非企业单位	19.8	20.4	22.5	25.5	29.2	32.9	36.1	40.0

资料来源：民政部，《2017 年社会服务发展统计公报》。

广东省作为改革开放的排头兵，在党的十八大、十九大精神的指引下，积极通过各项政策制定与执行促进社会组织发展。截至 2018 年 12 月，社会组织数量已达 68144 个，其中社会团体 30380 个，民办非企业单位 36675 个，基金会 1089 个，如表 9-2 所示。广东省通过改革社会组织管理体制，加大对社会组织扶持力度，为全国社会组织改革提供了先试经验。当前，广东省社会组织发展总体工作位居全国前列，发展态势良好，但也存在一些问题，比如专业化职业化程度偏低、内部治理不够完善、自我发展能力较弱等❶。为此，如何完善社会组织内部治理机制、提高社会组织内部治理能力成为推动社会治理创新，构建共建共治共享的社会治理格局，实现治理体系现代化的重要现实议题。

表 9-2　2018 年广东省社会组织发展情况　　单位：个

地区	社会组织数量（本月新增）	其中		
		社会团体数量（本月新增）	民办非企业单位数量（本月新增）	基金会数量（本月新增）
广东省本级	3345（16）	2038（12）	827（3）	480（1）
广州市	7922（51）	3268（31）	4589（18）	65（2）
深圳市	10375（61）	4503（25）	5518（29）	354（7）
珠海市	2430（19）	1096（9）	1324（10）	10（0）

❶ 涂斌，彭未名，王达梅．广东社会组织发展报告（2016—2017）［M］．北京：社会科学文献出版社，2018．

续表

地区	社会组织数量（本月新增）	其中		
		社会团体数量（本月新增）	民办非企业单位数量（本月新增）	基金会数量（本月新增）
汕头市	2584（21）	1273（10）	1295（11）	16（0）
佛山市	5000（38）	2424（15）	2557（23）	19（0）
韶关市	1908（18）	1133（17）	773（1）	2（0）
河源市	1799（14）	769（10）	1026（4）	4（0）
梅州市	2243（16）	1330（8）	897（8）	16（0）
惠州市	3025（26）	1315（11）	1700（15）	10（0）
汕尾市	1085（23）	518（4）	565（19）	2（0）
东莞市	4657（24）	998（11）	3622（12）	37（1）
中山市	2338（16）	698（8）	1637（8）	3（0）
江门市	3668（14）	2532（9）	1134（5）	2（0）
阳江市	1511（32）	656（6）	851（25）	4（1）
湛江市	3090（26）	901（11）	2182（15）	7（0）
茂名市	2222（37）	1045（10）	1171（27）	6（0）
肇庆市	2053（25）	955（7）	1098（18）	0（0）
清远市	2159（57）	871（6）	1285（51）	3（0）
潮州市	1495（11）	658（2）	828（9）	9（0）
揭阳市	2233（15）	841（5）	1363（9）	29（1）
云浮市	1002（13）	558（8）	433（4）	11（1）
合计	68144（573）	30380（235）	36675（324）	1089（14）

资料来源：广东社会组织信息网统计数据，http://www.gdnpo.gov.cn/home/index/indexStatistics/2018-12-01.

第二节　社会组织内部治理面临的困境

一、内部决策机制不够民主

决策机构作为社会组织内部管理的一个权力部门，其设置的合理性与科学性将直接制约社会组织内部治理绩效。目前，社会组织内部治理的代表机构包括会员代表大会和理事会。会员代表大会作为社会组织的最高权力机构，名义上具有决策权力，从而为社会组织成员发声，保障组织成员的基本利益。但在实际运作中，许多社会组织的决策权是集中在理事会上。

实践中，大部分社会组织均设有会员代表大会和理事会。2009 年一项关于深圳市行业协会的调查结果显示，深圳市社会组织中，设有会员大会的占 69.8%，设有会员代表大会的占 50.9%；设有理事会的占 84.9%，设有常务理事会的占 75.5%❶。可见，设有理事会的社会组织数量明显高于设有会员代表大会的社会组织。另外，许多草根社会组织甚至未设置理事会或理事会规模过小，大部分决策集中于组织的领导者、创办者、管理者手中，这就限制了组织员工与被服务对象发表意见的空间。

从理事会的产生方法来看，选举方式和投票方式在很大程度上能反映选举决策机构的民主化程度。来自深圳市的一项关于其选举方式和投票方式的调查数据显示，选择差额选举的占 49.1%，等额选举的占 37.7%，选择其他方式和不填写的占 13.2%；选举中采用无记名投票方式仅占 47.2%，超过一半实行“鼓掌通过”“举手表决”的投票方式❷。可见，无论是选举方式和投票方式都还不够民主。“鼓掌通过”和“举手表决”的投票方式在很大概率上就助力了候选人当选。

从理事会的构成来看，社会组织理事会的产生包括政府任命和自身设立两类。由于社会组织具有较强资源依赖性，因此其理事会成员大多由可获取资源的关键人物组成，如政府官员、企业领导人等。这就在一定程度上剥夺了社会组织基层服务对象及工作人员的发言权和权利诉求，造成社会组织内部治理民主性的丧失❸。

二、尚未形成分权制衡的内部治理结构

当前我国社会组织内部治理面临的困境之一，就是许多社会组织并未能

---

❶❷ 高金德．深圳市行业协会商会组织法人治理结构研究——一个实证性的分析［J］．社会团体管理研究，2009（1）．

❸ 孙录宝．论社会组织科学化内部治理［J］．山东行政学院学报，2015（5）．

形成分权制衡的内部治理结构。一方面，会员大会或会员代表大会名义上是社会组织的决策机构，但实际的决策权往往掌握在理事会手上。这样一来，理事会集决策与执行于一身，加上监督机制的缺位，容易造成理事会权力过于集中而缺乏制约，职责不能有效履行，分权制衡机制严重弱化甚至虚化，可能发生一些暗箱操作的事件。另一方面，许多社会组织理事会的决策权往往控制在少数高层管理人员手中，如会长、秘书长、部分理事成员等。由于高层管理人员考虑因素较多，因此经常出现组织决策集权色彩过重，没有基于组织成员的利益出发，也缺乏倾听来自普通成员和服务对象的心声，不利于组织健康持续发展。

另外，我国社会组织内部治理机构之间关系松散，内部治理结构太过行政化。社会组织内部机构之间如果过于任意、松散，带来的必然后果要么是独揽大权，要么是一盘散沙，社会组织运作效率极其低下，甚至无法持续发展下去，严重阻碍社会组织发展[1]。同时，我国社会组织中占比较大的社会团体和民办非企业单位，很多内部治理结构都是参照行政机关设置，缺乏属于社会组织本身的特色和优势，而是体现出浓厚的行政化色彩，这导致许多社会团体和民办非企业单位的独立性不强，对政府资源的依赖性较强。由于独立性较差，个人、企业对社会组织缺乏认同甚至持抗拒情绪，影响了社会组织的公信力，导致成员参加社会组织活动的积极性不高。独立发展从事社会服务的能力较差，不仅影响了社会组织自身的发展，也不利于社会组织参与社会治理的功能发挥。

三、财务管理制度不够完善

衡量社会组织发展是否健全的一个重要指标是该组织是否具备规范的财务管理制度。较强的财务管理能力，不仅能助力社会组织提升自身能力，还能增加社会组织的公信力。当前，社会组织的财务管理制度还存在许多不足，主要集中在以下三个方面：

第一，财务制度建设不完善。许多社会组织并没有制定单位内部的会计制度、财务审批制度。社会组织的内部会计机构和会计基础工作不健全。有

---

[1] 戚枝淬. 社会组织内部治理结构法律问题研究［J］. 理论月刊，2016（8）.

些社会组织甚至没有专门的会计机构和财务人员，更谈不上做好基础的会计核算工作。同时，由于缺乏严格的财务审批制度，导致各种专用资金被挪作他用。

第二，资产管理制度不健全。我国社会组织的资金来源多数为政府财政资金，资产也是由此形成的。多数社会组织的固定资产缺乏规范的资产管理岗位责任制度，导致社会组织对各项财产的保全控制能力较弱，这无疑会降低财政资金的使用效率甚至造成组织资产流失。

第三，资金的使用不规范。按照规定，社会组织各项收入除用于组织管理成本和其他合理开支外，应全部用于登记核定或者章程规定的公益性或者非营利性事业，盈余不得分配。现实是存在某些社会组织违规分配利润资金，不依法使用资金。另外，社会组织在费用控制方面也存在不合理的情况。许多单位为了增加下一个年度的财政拨款或不被减少拨款，每到年底就开始突击花钱。各个社会组织单位对费用基本不加控制，不该花的费用也都花了。[1]

四、激励机制不足

人力资源管理是社会组织内部治理的重要组成部分。只有充分发挥人才的支撑与助力作用，才能保障和推动社会组织的健康、有序、稳定发展。令人遗憾的是，当前社会组织内部治理面临的普遍挑战就是人才稀缺、人力资源素质较低等问题。根据2017年广东省民政厅计财年报数据显示，2017年广东省社会组织的从业人员为687389人，其中，大学本科及以上学历水平的为145150人，仅占总人数的21%，拥有社会工作师资格的仅2356人，占总人数的0.34%，拥有助理社会工作师资格的也只有5250人，占总人数的0.76%[2]。可见，社会组织从业人员的受教育水平还有待提高，专业化程度也较低。究其原因，缺乏有效的激励机制是社会组织组建强有力人力资源队伍的一大阻碍。社会组织激励机制不足主要体现为：

[1] 邬爱其．我国社会组织内部治理结构研究——一项基于内容分析法的研究［J］．中国社会组织公共服务平台，http://www.chinanpo.gov.cn/700108/92685/newswjindex.html.

[2] 涂斌，彭未名，王达梅．广东社会组织发展报告（2016—2017）［M］．北京：社会科学文献出版社，2018.

第一，薪酬水平没有竞争力。尽管在完善内部治理的过程中，社会组织已经意识到自身薪酬管理体系存在问题，但限于组织资源与能力，大多数社会组织仍然无法保障其从业人员的薪酬待遇得到提高。根据一项针对 95 个全国性社会组织从业人员的薪酬调查显示，2012 年社会组织从业人员分析样本的月平均工资为 4962 元，年平均工资为 59546 元，而高达 60% 以上的社会组织从业人员认为其工资水平低于或远低于经济发展水平，无法调动起工作积极性。❶

第二，培训机制不健全。对于组织而言，稳定、有效的培训机制不仅有利于提高组织成员的专业能力、业务能力和综合素质，也有助于增强组织能力，提高组织绩效。现实是多数社会组织内部并没有建立针对组织成员的制度化培训体系。前已述及，当前社会组织从业人员整体受教育水平较低，因此其获得培训的需求就愈发强烈。然而培训机制的缺失和不健全，导致部分社会组织从业人员的业务能力较差。有些甚至因为工作压力大而出现心理问题，严重影响工作效率和效果。

第三，忽视组织文化建设。除了物质激励，文化精神激励也是组织激励机制的重要组成部分。健康的组织文化建设有助于凝聚组织成员，增强组织成员的使命感和责任感，提高组织成员对组织的认同感，有利于组织形成稳定的工作团队，帮助组织实现目标。当前社会组织内部激励不足的一个重要原因就是对组织文化建设的忽视。多数社会组织为了生存，忙碌于各种项目运作中，缺乏对组织成员的关爱，忽视他们的精神需求，未能发挥文化建设对于组织激励的作用。

五、监督机制薄弱

监督机制是否健全，将对社会组织内部治理绩效产生重要影响。严格的监督机制有利于督促社会组织完善内部治理结构，规范内部运作流程，走向良性健康的发展。遗憾的是，监督机制薄弱是当前社会组织内部治理的一个突出问题，主要表现为：

---

❶ 王爱敏. 社会组织薪酬制度研究［J］. 中国社会组织公共服务平台，http://www.chinanpo.gov.cn/700103/92530/newswjindex.html.

第一，内部监督机构不健全。根据相关规定，社会组织内部监督机构为监事会，但实际还存在许多社会组织由于规章制度建立不完善而未设立监事会，或者设立监事会后没有真正发挥其监督职能，使得监事会形同虚设。监督机构的缺乏和不健全，也导致社会组织内部治理结构未能形成分权制衡的机制，特别是关于决策权力监督的缺位，容易引发“一言堂”的局面出现。

第二，缺乏自律意识与自律机制。社会组织的性质本身决定了社会组织成员应具有较强的使命感和责任感，将组织宗旨内化为自身道德品质及个人追求，要求组织成员具有为服务社会贡献自己力量的精神。鉴于自律教育的不足和自律意识的缺乏，存在某些社会组织人员未能有效抵制道德缺失而做出有损组织利益、社会利益的行为，这将降低社会组织的公信力，不利于社会组织的长久发展。另外，由于缺乏自律机制，社会组织的信息披露水平较低。虽然中央、地方省市均建立了社会组织信息网站，主动公开披露社会组织的相关信息，但仍存在信息内容的广度和深度不够，信息内容笼统、模糊等问题。

第三，社会监督不到位。首先，政府对社会组织的监督过度依赖“年检”，对社会组织的日常运行状况缺乏必要的监督，没有形成对社会组织的外部约束力。其次，传媒监督作用发挥不到位。鉴于社会组织不是带有强烈的“行政”色彩，就是附加鲜明的“公益”标签，许多新闻媒体对社会组织的报道还是偏向正面，尽量“报喜不报忧”。同时，社会公众监督不到位。一方面，鉴于社会组织的信息公开还不到位，身为组织外人的公众无法获得关于社会组织的财务、活动、管理等方面的信息，对其项目的日常运行状况也不清楚，因此很难对社会组织进行有效的监督。另一方面，尽管我国的相关法律规定了公众具有社会监督的权利，但实际中公众普遍缺乏公民意识，社会对公民意识教育的重视程度也不够高，这导致社会公众鲜少能主动对社会组织进行监督。

第三节　完善我国社会组织内部治理的对策建议

一、完善社会组织内部决策机制，提高决策民主性

理事会作为大部分社会组织的常设决策机构，对组织的重大事项进行决策，因此，必须严格规范理事会的产生机制、结构及职能作用，同时建立民主的决策程序来保证决策的科学性和民主性。

首先，社会组织必须严格规范理事会的产生机制。通过制定组织章程来明确理事会的产生机制，保证相关利益群体的选举权，对理事的资质、选举程序等进行严格的规定。其次，社会组织必须落实民主选举、差额选举制度。尽量采取多样的民主选举方式。可以通过无记名投票、差额推荐、竞选等方式来产生理事成员，从而增加选举的公开性、竞争性和公平性，避免暗箱操作、内部指定的情况发生。同时，章程应明确规定理事会的任职期限、换届方式和换届程序。社会组织要严格按照章程规定按期换届，召开换届改选的会员（代表）大会、理事会必须符合法定人数和程序，不得以通信方式召开。另外，还要注意理事会的结构配置与更新。其理事会结构组成按照合理的比例包括与本社会组织相关利益群体的参与。理事会的成员结构中要有其服务对象、管理人才、法律人才等理事。对不理事、“乱”理事的人员实行问责，及时淘汰不称职的理事，增补相关研究专家、行业专家，进一步优化理事会人员结构。最后，规范理事会的民主议事范围、程序和方法，对于组织人、财、物等重要事项的决策，不得以鼓掌通过的方式进行表决，必须经过民主程序来决定。

二、完善社会组织内部治理结构，增强社会组织独立性

完善社会组织内部治理的关键在于通过建立相互制约的组织体系，并进行各主体之间的权责划分，使组织各部门机构之间实现分工合作、相互制约。一个健全的社会组织内部治理结构，主要应包括权力机构、决策机构、执行机构和监督机构这四个主体。

首先，明确社会组织的最高权力机构是会员（代表）大会。权力机构行使制定和修改章程、理事会规则、监事会规则、决定组织的工作方针和任务目标，选举和罢免会长、副会长，审议和批准年度财务报告，对组织重大事项变更、终止和清算等事项做出决议等的权力❶。其次，明确社会组织的决策机构是理事会，理事会由会员（代表）大会选举产生，同时也是会员（代表）大会的执行机构。理事会对关于组织发展的宗旨、重要活动等重大问题做出领导决策，其产生机制与执行规范如上所述。再次，社会组织的执行机构一般是秘书处，作为常设办事机构，秘书处可根据日常工作需要设置部门机构，配备相应人员。秘书处负责组织的日常事务管理和执行，秘书长负责秘书处日常的管理指挥工作。为了保证社会组织的运行效率，秘书长应挑选高素质的专业化人员来担任。最后，社会组织应设立监事会。前已述及，当前还存在部分社会组织没有设立监事会这一常设监督机构，为了保障组织的重要决策和日常事务得到有效的监督，监事会的存在具有重要的意义。监事会的组成人员应当尽可能包含企业、公众、会员等，尽量保证人员的多样性。

另外，社会组织要通过优化内部治理结构，提升组织的专业性，避免组织对外部资料（特别是政府部门）的过度依赖，减少行政干预带来的影响，改变社会组织人事行政化倾向，真正从内部提升组织能力，从而增强独立性。

三、完善财务管理制度，严格执行财经纪律

由于社会组织的主要资金来源为政府财政资金或社会捐赠，而其本身则以社会公益人的身份在某些领域提供公共产品或服务，这就使得社会组织存在所有权、收益权、控制权“三权分离”的现象。为了避免“内部人控制”，争取公众的信任，保障社会组织的公益目标❷，社会组织必须建立规范的财务管理制度，严格执行财经纪律，才能保证自身健康稳定的发展。

首先，社会组织要按照《中华人民共和国会计法》《民间非营利组织会计制度》等规定，结合本单位业务活动特点，制定、完善和健全单位的财务管理制度。社会组织要制定内部会计核算办法，严格财务管理，建立健全财务

❶ 刘畅．非赢利组织的治理结构探索［J］．社会科学，2006（4）．

❷ 刘会超．我国社会组织内部治理机制研究［D］．青岛：青岛大学，2016．

审批制度，明确审批权限和责任，加强内部监督。建全会费、服务收入制度、印章管理制度。社会组织会费的设置应当上报业务主管部门审批和备案，服务收费应当保证不以营利为目的。其次，社会组织必须配备专业的财务人员。所有财务人员都应该持证上岗，要遵守会计不得兼任出纳的原则，并且会计、出纳等岗位不得由社会组织负责人的直系亲属担任。有条件的社会组织要配备资产管理人员，建立定期盘点制度，加强对非现金资产的登记和管理，做到账实相符、账表相符。另外，建立有效的财务监管机制。社会组织应建立财务信息披露制度，严格规定详细的财务信息披露渠道、内容等。政府相关部门应加强对社会组织的监管，一方面，可以采取定期与不定期相结合的方式，对社会组织的具体财务情况进行检查；另一方面，完善年检制度，确保年检执行过程的规范性和真实性。

四、健全社会组织人力资源管理机制，提高社会组织对人才的吸引力

人力资源管理是社会组织内部治理的重要内容。为了获取更好的发展，提升组织对人才的吸引力，社会组织应结合现代人力资源管理理论，有目的、有方法地开发和整合人力资源，不断完善社会组织人力资源管理机制。

首先，社会组织应当做好人力资源规划。根据组织架构，对不同层次的职位进行职位分析，明确规定各个职位的任职资格和工作要求，并根据职位需要进行有针对性的人才招聘。为了最大限度地激发员工的工作热情，发挥员工的个人潜力，提高员工的工作能力，社会组织应主动帮助员工做好职业生涯规划，为员工提供相应的信息和指导。其次，进一步改进员工的薪酬和福利制度。为了提高组织对人才的吸引力，社会组织应依法依规并结合组织本身的实际情况确定从业人员的薪酬结构和水平，薪酬水平要尽可能不低于当地的平均工资水平。另外，还要及时足额兑现承诺薪酬，并建立正常的工资增加机制，不断完善社保公积金缴存机制。再次，重视对员工进行全方位的培训。社会组织可仿照公务员培训，对组织员工进行分类培训，具体包括针对新员工的入职培训、针对全体员工的旨在更新专业知识的在职培训、针对获得晋升人员的岗位培训以及针对专业性要求较高的岗位进行专门业务培训等。另外，为了缓解员工压力，提升员工的组织认同感和工作幸福感，还可以定期组织针对全体员工的心理培训，保证员工的心理健康。最后，要坚

持物质激励与精神激励相结合。社会组织应高度重视对员工的精神激励，通过宣传、培训和日常指导弘扬组织价值文化，培育员工的组织认同感，定期开展文化交流活动，建立起内部长效的精神激励机制。

五、构建全方位监督机制，促进社会组织健康发展

监督机制薄弱是当前社会组织内部治理面临的困境之一。由于信息不透明、信息不对称，对社会组织的监督存在效率低下甚至无效的问题。只有全方位加强对社会组织的监督，才能督促社会组织自觉遵纪守法，长期健康地发展。

首先，除了前已提及的设立监事会、构建财务监督机制外，社会组织应建立全面的组织信息披露制度。除了及时公布财务信息外，还应重视非财务信息披露的具体性。例如建立网站，尽可能详细公布有关组织架构、组成人员、组织性质、组织发展历程、组织联系方式等基本信息，对基本信息的变更做到及时公布和修改。及时公布社会组织所承担的政府购买公共服务项目情况，接受公众的监督。尽量丰富信息披露的渠道，通过多样化的媒介对相关信息进行披露。其次，鼓励采用第三方评估机构对社会组织进行绩效评估。为了确保社会组织绩效评估的独立性和科学性，提高绩效评估的可靠性和效果，要积极利用第三方评估机构的力量，发挥专业人士的优势，由第三方评估机构定期搜集、整理和发布社会组织的运营信息，根据评估指标定期对社会组织进行评估，并及时向社会和公众公布评估报告和数据，便于公众查询和了解社会组织的绩效状况。最后，重视加强公众教育，通过实地宣传、课堂教学等多种方式提高公众参与社会组织监督的意识、知识和能力，尽可能保障公众参与社会组织监督的渠道多样化，最大限度发挥公众的社会监督功能。

第十章

社会组织项目运营与管理
——基于效能的分析框架

贾晶晶❶

【摘要】 社会服务项目的长期性、公共性、风险性和有限性决定了社会组织项目运营管理的特殊性与复杂性。目前，广东省社会组织项目管理还存在缺乏项目管理的意识、项目前期准备不足、项目规划和设计理论基础欠缺、项目运作“唯指标化”现象突出、项目监测效果不明显、风险控制的意识和经验缺乏、对项目的评估和提炼意识不足等问题。文章以G市“关爱基金”社会服务项目的运营与管理为典型案例，论述基于“投入—过程—产出—结果—影响”效能框架下社会组织实现高效项目运营管理的可能。

【关键词】 社会组织　社会服务项目　项目运营与管理　效能

政府购买服务已成为现阶段政府转移公共服务职能的重要手段。在城乡社区服务、慈善救济、对弱势群体的权益保护、资源和环境保护、促进经济社会发展等社会服务领域，社会组织作为服务的承接方发挥着越来越重要的作用，社会组织的自身能力建设对社会建设的成效影响深远。因此，作为社会组织自身能力建设的重要组成部分❷，如何科学合理地设计服务项目、高效地运营服务项目对社会服务质量的提升和社会组织的健康发展至关重要。那么，社会服务项目运营管理的特点是什么？现阶段社会组织项目运营和管理

---

❶ 贾晶晶，广东外语外贸大学广东省社会组织研究中心研究员，社会与公共管理学院讲师，研究方向为政社关系、非营利组织管理、基层治理。

❷ 金罗兰．我国非营利组织与项目管理［J］．北京工商大学学报（社会科学版），2005（6）．

方面存在哪些问题？如何提高社会服务项目的运营与管理能力？本章将对以上问题一一解答。

第一节　社会组织项目管理的特殊性和重要性

项目（Project）又称计划、方案，本是指对某一阶段的任务进行的努力，它有明确的任务性和目标性。作为项目管理的“圣经”、由美国项目管理协会（Project Management Institute，简称 PMI）编写的《项目管理知识体系指南》（PMBOK©指南）将项目解释为：“一种临时性、阶段性的为完成特定服务或任务的努力。”[1] 项目管理在企业管理中的运用已经非常广泛，但在社会组织中的运用还较为薄弱，项目管理的机制和方式还未在各类型社会组织中广泛使用。社会组织作为社会服务的主要承接方，社会服务项目的运营与管理对组织的专业性和独立性提高至关重要，甚至关系着组织的生死存亡。社会服务项目的特点也决定了社会组织的项目管理更具独特性。

一、社会服务项目的长期性

企业的项目管理一般侧重于工程类项目，根据美国项目管理协会的定义可知，项目具有“独特性、复杂性、关联性、目标性、时间期限性、预算性以及按规格说明书执行”的特点。这说明项目具有短期性和临时性的特点。但社会服务项目不同于一般的项目性质，更强调项目的社会服务属性，主要以服务类项目为主。一般而言，社会性服务主要指为整个社会正常运行与协调发展提供的服务，如公用事业、文教卫生事业、社会保障和社会管理等，这决定了社会服务的长期性。因此，社会服务项目不仅具有一般项目的特点，还具备常态化、过程导向的特点。进而言之，社会服务项目管理必须明确项目的长周期性特点。这意味着从项目的前期评估到项目影响的评估，社会服务项目支出的周期变长。

---

[1] 美国项目管理协会. 项目管理知识体系指南（第四版）［M］. 王勇，张斌，译. 北京：电子工业出版社，2009：5-10.

二、社会服务项目的公共性

一般的项目管理主要在组织内部立项，而社会组织的服务项目多从组织外部申请。在我国，承接政府购买的社会服务项目是社会组织立项的主要途径。如前所述，社会服务项目具有长期性特点，同时也具备公共性特点。因而，社会组织在进行项目管理时必须注重以维护公共性和服务性为目标。此外，企业的私立性特点决定了其项目管理更看重营利性，而社会组织非营利性、志愿公益性的特点决定了其项目管理的最终目标是实现组织宗旨。因此，社会组织在实施项目管理的过程中，必须注重以实现公共利益的最大化为另一个目标。故而在项目运营与管理的各个阶段，社会组织必须将公共性贯穿始终，作为其具体行动的重要考虑因素。

三、社会服务项目的风险性

项目风险主要是指在项目设计、运营和终结过程中可能导致损失的不确定性，如果风险发生，将会对目标造成正面或负面的影响[1]。从根本上说，风险源自于项目活动自身的独特性。任何项目都会有风险，由于各项目的过程及成果之间都或多或少存在差异，这种差异导致我们自身的知识、能力、经验等无法对项目做到百分百的覆盖，所以任何项目都无法杜绝风险的影响[2]。而社会服务项目因其独特性，在项目管理的各个阶段，对风险的管理和控制更加重要、更具独特性：第一，社会服务项目除提供基本公共服务之外，还肩负缓和社会矛盾、解决社会难题、降低不稳定因素的重任，因此需对项目进行过程式监管，以降低社会服务项目执行中的各类风险[3]；第二，社会服务项目的服务对象为公众，如若项目产生风险，可能会引发更大的社会风险，因而在不同的社会服务项目管理中，风险控制的侧重点应该不同；第三，社会服务项目还兼具公共服务责任的特点，虽然政府外包的是公共服务业务，

---

[1] 王宾，周佩．基于“3+X”风险管理模式论政府投资项目建设［J］．管理世界，2012（4）．

[2] 广东项目管理协会官网，http//www.gpma.org.cn/view-4223e9341d6e4e4b93fb306d39fe1ffd-f19b5a3a30294cfb8ba887ad9a3f3662.html．

[3] 陈天祥，贾晶晶．科层抑或市场？——社会服务项目制下的政府行动策略［J］．中山大学学报（社会科学版），2017（3）．

但因项目产生的责任风险也必须在项目管理的各个阶段考虑到。

四、社会服务项目的有限性

社会服务项目旨在满足社会成员社会、经济、健康和娱乐等需求，项目服务的目标群体大、项目影响涉及的范围广，但单个服务项目所能波及的服务群体和影响范围有限。一方面，社会服务项目的界限较为模糊。单个服务项目虽然有相对确定的项目目标和受益群体，但由于服务项目的公共性，导致某些社会服务项目具有非排他性和非竞争性，故而社会服务项目的界限比较模糊；另一方面，社会服务项目的结果不易评估，也决定了项目成效的有限性。由于社会建设的长期性，多数社会服务项目在短期内不会产生非常明显的效果，常态化的社会服务项目也导致项目效果评估的难度提升。因此，社会组织在进行社会服务项目管理过程中必须明晰单个服务项目只能是社会建设中的某一个环节，社会组织必须将有限的资源合理分配到与自身使命密切相关的项目中去。

第二节　广东省社会组织项目管理存在的问题

社会服务项目的特殊性和复杂性要求社会组织重视项目运营与管理，根据政府采购大数据网的数据显示，2016 年至 2018 年，广东省政府采购服务类项目与货物类和工程类相比增速最快（见图 10-1），呈逐年增长趋势且服务类项目的总数量远远超过工程类项目。面对大量的社会服务项目，对项目的管理也就愈发重要。

以广东省为例，根据广东省社会组织网 2019 年 9 月数据显示：广东省目前共有社会组织 70266 家，其中社会团体 31217 家、民办非企业单位（社会服务机构）37899 家、基金会 1150 家（见表 10-1），较上年同期分别增长 4.2%、5.37%、9.00%，社会组织总数涨幅达 4.90%，社会组织数量呈稳步上升趋势，社会组织承接政府购买服务的数量不断提升。但现阶段广东省社会组织在项目管理方面还存在诸多问题，项目运营与管理的意识和经验均比较欠缺。具体而言主要包括以下几个方面。

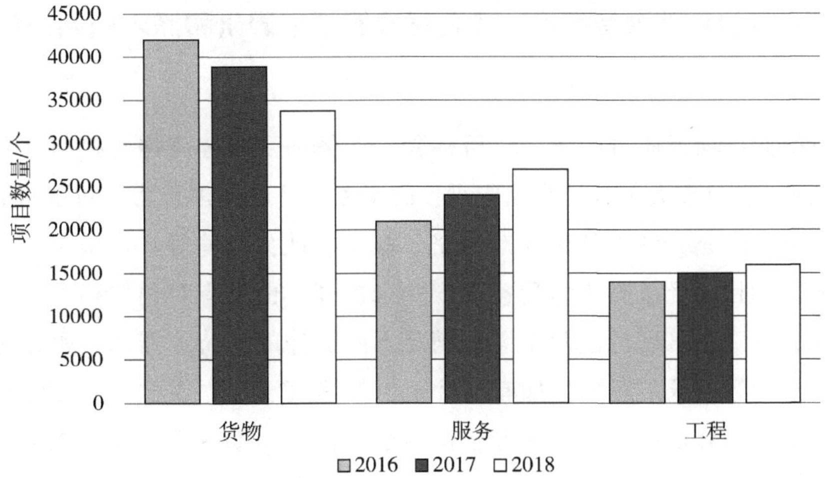

图 10-1　2016—2018 年广东省政府采购项目数量结构

资料来源：https: //cloud. tencent/com/developer/news/383427.

表 10-1　广东省社会组织逐年变化数据　　单位：个

年份	社会组织数量	其中		
		社会团体数量	民办非企业单位数量	基金会数量
2018 年 9 月	66983	29960	35968	1055
2019 年 9 月	70266	31217	37899	1150

资料来源：广东社会组织信息网。

一、缺乏项目管理意识

由于社会组织获取资金和资源的途径有限，部分社会组织的规模较小，承接的服务项目也较少，很多小型组织是在拿到项目之后才临时组建项目执行人员。因此，有些社会组织认为没有必要进行项目管理或者只要拿到项目就万事大吉，没有专门的项目管理人员，较少对项目进行系统的规划和实施，最终影响了项目的质量和组织后续发展的动力。如某小型基金会负责人认为："我们基金会规模小、承接的社会服务项目往往较小，人员配备也仅仅只能维持项目的运转，能拿到项目就已经不错了，哪还有人员进行项目管理。"

二、项目前期准备不足，缺乏充分的需求调研和深入的利益相关者分析

社会服务项目质量的优劣、目标受益群体的受益程度均直接与项目的管理有关[1]。但目前大部分社会组织承接的服务项目对具体的社会问题的解决针对性不强，未充分考虑外部宏观经济、政策、社会环境等具体情况，导致项目的质量和目标受益群体的受益程度并未提高。也没有对利益相关者进行充分考量，导致项目运行过程中无法满足不同群体的期待或需求、服务对象宽泛，最后导致需求不匹配；如有的社工机构热衷于建立农村书屋或爱心图书馆，书籍大部分来源于社会捐赠，但由于未做好前期的准备和需求调研，导致图书类型并不符合村民的实际需求，或者图书馆本身就不是社区居民最急需的，最终导致服务效果大打折扣；再如某些社会组织为贫困山区捐赠衣物，但这些物品的匹配程度低，且需要大量的清洗、消毒、分拣工作，成本极高。

三、项目规划和设计缺乏理论基础，可行性分析不足

首先，很多社会组织对项目类型缺乏准确定位，如对服务类、政策倡导类、能力建设类等多种类型的社会服务项目不做区分，因而难以准确设计项目；其次，项目设计中缺乏对主要问题的定位分析[2]，难以使用科学的决策方式，导致项目定位不准确，大而全，如儿童发展的问题包括很多方面，但很多社区儿童项目的执行方式千篇一律，没有突出重点，目标不明确；再次，项目设计缺乏理论基础，往往“就服务而服务”，导致服务缺乏系统性和深入性，对团队的服务能力提升有限，大部分项目策划书未考虑突发情况，没有提出替代方案；最后，对团队的能力分析不深入、不系统，对项目执行人员的能力评估缺乏，虽然这一方面囿于项目经费和项目执行人员配备有限，但另一方面也说明组织对项目的管理缺乏系统考量。

---

[1] 冯冬梅. 我国非营利组织的项目管理问题探讨［J］. 中山大学学报论丛，2007（4）.

[2] 李莉. 我国非营利组织项目运作与实效的实证研究——以爱达迅农家女农村妇女扫盲项目为例［J］. 中共青岛市委党校青岛行政学院学报，2011（3）.

四、从项目运作过程来看，“唯指标化”现象突出，缺乏系统规划

以社工机构承接的社区服务项目为例，大部分机构一旦拿到项目，指标便成为其最主要的任务，项目的宗旨和完成质量退居其次，往往缺乏系统的时间管理。如调研中发现：某社工机构的项目主任因为待产休假，便将休假期间应完成的所有服务项目集中在上半年完成，这样从结果考核的角度来看，项目指标虽然也算完成，但从服务对象来看，服务太过密集，实际质量无法保证。此外，部分机构因为规模小、人员变动大，又没有建立标准化流程管理，导致每次项目开始均在对项目组人员进行培训，结果效率不仅不高，还在无形中增加了运营成本。

五、从项目的监测和评估来看，缺乏顺畅的沟通机制，项目监测效果不明显，风险控制的意识和经验缺乏，对项目的评估和提炼意识不足

一是项目管理需要在设计之初就建立好内部和外部沟通机制，但目前多数社工机构缺少明确的项目组织机构及其运作机制；二是项目督导的作用不突出，部分机构的项目督导只在服务过程中进行监督，但项目督导应该对整个项目的运作过程进行把控和监测；三是社会服务项目的风险性要求社会组织在项目管理中更应该注重项目执行中的风险问题，但目前大部分社会组织缺少风险识别和防范机制，往往是项目执行中出现问题以后才实施补救，最终降低了项目效果和项目质量；四是项目评估的作用是通过对比目标和项目结果，看项目执行带来的改变，但现实中评估只重结果产出、不重过程监管，未对目标和结果进行系统比较，评估的实效性低。此外，很多机构不注重项目结果的转化，未能及时提炼项目实效，导致项目的复制性强、创新性差，对组织的长远发展不利。

第三节　基于效能的社会组织项目管理分析框架

从目前实际情况来看，社会组织项目管理存在的诸多问题，一方面缘于

组织资金来源渠道较为单一，经费不充分；另一方面缘于社会组织尚处于发育阶段，缺少专业的项目管理团队和项目管理专业知识。但社会组织的项目管理对组织本身的发展至关重要，正如美国管理学家克斯里斯蒂娜·W·莱茨等所言："非营利组织应向风险投资家学习，考虑将仅仅局限于非营利组织的服务项目的投资，扩大到公益机构本身的组织需要上。"[1] 所谓非营利组织的项目管理是指这样一个系统的过程：非营利组织为了实现其宗旨，通过项目申请的形式获取资金、人力等社会资源，优化配置所获得的资源，有效地组织、计划、控制项目的运作过程[2]。但在问责时代，政府购买服务的重点不仅仅是为了提供服务，还为了投资结果及投资回报[3]，即社会服务项目在多大程度上能够满足社会需求、解决社会问题。从这个角度来看，社会服务项目管理的系统过程要紧紧围绕问责时代的特点而出发。

2017 年 4 月，住建部和国土资源部联合签发了《关于加强近期住房及用地供应管理和调控有关工作的通知》（建房〔2017〕80 号），首次从量化的角度提出供地目标和动态问责；2016 年 7 月，党中央发布实施了《中国共产党问责条例》，且在 2019 年 9 月重新修订，这说明我国正式开始进入问责时代。这意味着社会服务项目的运营与管理必须与问责时代相匹配。问责时代的社会服务项目管理需要以效能为核心，即项目的设计与运营最终能在多大程度上影响公共服务绩效。为此，基于效能的社会服务项目管理的逻辑模型应该包括五个部分（见图 10-2）[4]：其一为投入，主要指项目所涉及的各类资源与原材料，如社会组织的职员、志愿者、金钱、材料空间和技术、服务对象等；其二为过程，指使用资源实现目标所需要投入的活动，主要是社会组织具体开展的服务项目；其三为产出，指评估服务的提供情况和完成情况，如服务过程中具体完成的指标；其四为结果，主要指服务对象积极展现的效果，即通过社会服务项目所达到的具体目标，如通过某培训课程提高的服务对象的

---

[1] ［美］里贾纳·赫兹琳杰. 非营利组织管理（哈佛商业评论）［M］. 北京：中国人民大学出版社，2000.

[2] 王名. 非营利组织管理评论［J］. 北京：中国人民大学出版社，2002.

[3] ［美］彼得·克特纳，罗伯特·莫罗尼，劳伦斯·马丁. 基于效能的项目设计和管理［M］. 刘英，译. 广州：华南理工大学出版社，2016：3.

[4] ［美］彼得·克特纳，罗伯特·莫罗尼，劳伦斯·马丁. 基于效能的项目设计和管理［M］. 刘英，译. 广州：华南理工大学出版社，2016：5-10.

职业技能的人员数量；其五为影响，主要是指项目实施后所能衡量的服务或结果使组织、社区或系统发生的变化。

在上述逻辑模型的指导下，社会服务项目运营与管理的具体流程应该包括以下几个方面：一是具体的问题分析，包括各类社会问题的具体界定、评估，对项目进行定义和初步方向确定；二是对利益相关者进行分析，评估多样化人群的各类需求，确定目标群体，确保项目设计符合实际情况；三是进行目标与任务的设定，通过合理的理论和实践分析，提出项目假设，进行目标陈述；四是在对理论、资源和环境等多种因素进行可行性分析的基础之上进行项目设计；五是进行绩效衡量的数据搜集，任何项目如果不能搜集、汇总、分析和报告正确的数据，则所有投入项目假设、目标和任务及设计中的努力几乎没有意义；六是实施项目监控，进行过程式监管，一方面降低风险，另一方面保证服务质量；七是开展项目评估，以效能为基础的项目评估注重的是实际项目实施后的效果；八是要对项目产生的实际影响进行分析与提炼，注重项目实施中的财务控制与模式总结，如图 10-2 所示。

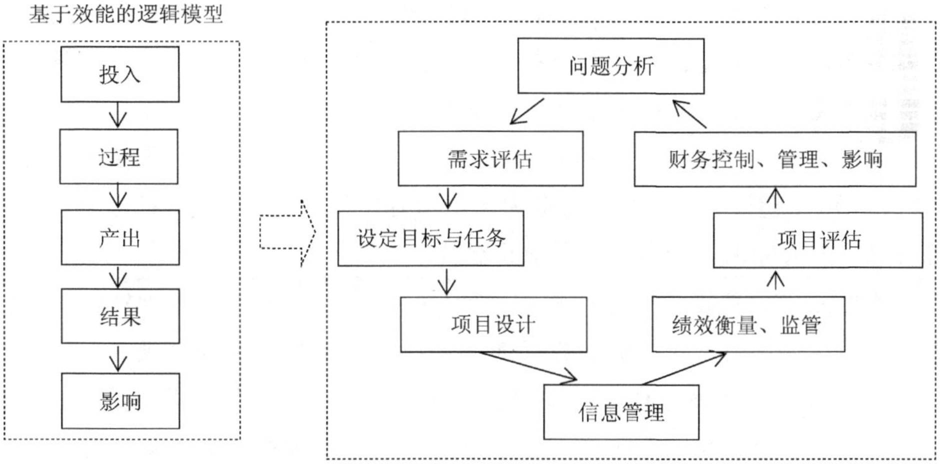

图 10-2　社会服务项目管理的逻辑模型

第四节　典型案例：G 市“关爱基金”社会服务项目管理的经验

问责时代下政府购买社会服务的责任性和风险性加强，社会服务项目管理更需要注重以效能为目的，提升服务的实效性。G 市“关爱基金”社会服务项目的运营与管理正是在以效能为基础的前提下，实现了对项目的过程式监管和效果评估。报告数据来源于 2016—2017 年对 G 市“关爱基金”社会服务项目的实地调研、深度访谈和参与式观察。

一、G 市“关爱基金”社会服务项目简介

G 市是位于珠三角的发达城市，在快速城市化的过程中，G 市较早感知到创新社会管理和发展社会服务的迫切性。G 市社会服务面临矛盾触点多、燃点低，发展任务重、压力大的严酷现实。首先，物质条件的提高使公民产生了优质公共服务的需求，急切需要有效的社会参与途径。其次，自发形成的社会组织需要适当的引导和支持，才能变成促进社会发展的健康力量。最后，城市化进程以及非户籍常住人口的大量涌入使传统的熟人社会秩序被打乱，原有的公共空间急需重组。为此，G 市政府于 2009 年 6 月启动并实施“关爱 G 市”建设，力争将其打造为构建和谐社会、提升民生和社会事业的工作体系，成为标识 G 市软实力的城市名片。

为保证“关爱 G 市”建设顺利进行，G 市设立“关爱”专项资金，由财政全额拨款，采用公开招标的方式面向公益社会组织购买社会服务。G 市于 2009 年 6 月推出“关爱 G 市”项目，并将“关爱 G 市”作为党工委书记亲自抓的一把手工程，专门成立“关爱 G 市”建设督导委员会，由党工委书记挂帅，党政领导班子联席，社会人士组成顾问团，成立各方参与决策的领导机构，谋划“关爱 G 市”发展战略和政策等重大事宜，并对各类关爱行动进行监督、检查、评估和指导；“关爱 G 市”建设督导委员会下设秘书处，负责协调街道各个职能部门，是整个“关爱 G 市”建设的协调单位；2011 年，成立 G 市社工工作中心，以“培育公益发展、助力社会服务”为己任，执行关爱

建设，兼顾研发和购买社会服务项目、严格监控项目服务质量，培育和发展社会服务组织及人才，实现社会公益资源链接和关爱服务模式推广，突显社工专业性。经过九年多的发展，“关爱基金”的资助形式已经由政府主导逐渐变成企事业单位、社区、社会团体自下而上提出社会需求、设计关爱项目。目前，“关爱基金”从2009年启动时的100万元增长至2017年的1419万元，九年间累计投入超过7000万元，如图10-3所示。

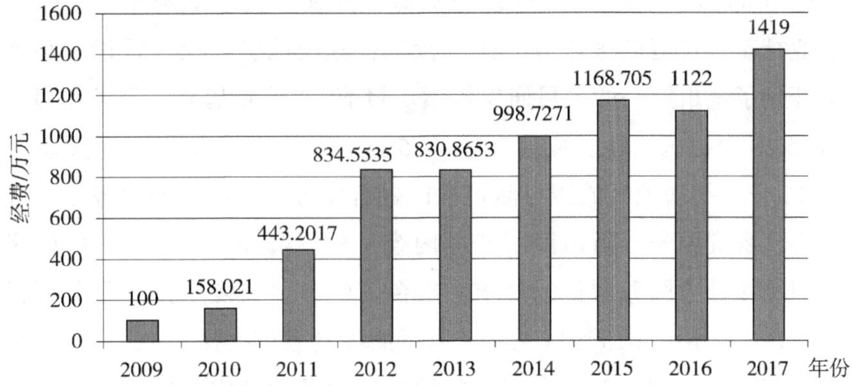

图10-3　“关爱基金”逐年投入的经费

资料来源：根据调研数据整理而得。

“关爱G市”建设以服务为基础，经过多年的发展已经探索出多种服务项目开发模式。第一，区别项目类型，将“关爱基金”项目分为专业型与成长型项目两种模式，以提高项目的指向性与专业性；第二，实行“携手社工计划”，推动小型社区服务项目落户社区，形成“需求调研—确定服务对象—指定执行计划—组建服务团队—寻求资源支持”的项目研发模式，更好地满足社区实际情况与社区居民的实际需求。第三，注重服务的特色化与多样化，如DN社区融合服务项目以村居的传统文化为服务基础，借助本土自组织的力量推广本土传统文化，实现古村落文化的保护与活化；关爱车长服务项目以大集团为依托，关注车长个人及其家庭需求，运用社工专业手法，链接党群、社会资源，全方位提升车长群体的归属感及幸福感。第四，挖掘服务需求，优化项目投放规划。“关爱基金”加强对外合作，通过第三方专业分析、研究与总结，探索关爱项目新方向。如2017年5月，与中山大学课题组合作，对G市40个社区开展社区养老服务需求调研，了解G市社区老年人的养老现状和养老服务需求，为养老服务项目的投入规划作研究参考。

二、“关爱基金”社会服务项目管理的诸环节

自2009年至2017年12月，G市共引进与培育了社会服务组织共50余个，“关爱基金”累计资助社会公共服务项目259个。服务领域涵盖长者、青少年、企业及外工、社区家庭、社区矫正、学校服务、心理援助等，惠及G市市民超过490万人次、17000多户家庭，并在社会组织孵化培育、公益倡导、企业社工、长者院舍服务、医务社工、驻校社工、社区矫正、心理援助等领域开创了全市第一的项目研发探索。目前，“关爱基金”服务项目已经覆盖了G市28个社区，社区覆盖率达87.5%。以2017年为例，“关爱基金”新增项目10个，新增项目的服务涵盖社区融合服务、社区发展服务、医务社工服务、心理咨询服务、新市民服务等内容，积极填补服务空隙。G市规定了社会组织承接社会服务项目的要求，出台《G市“关爱基金”服务项目管理办法》（G工委办〔2015〕11号）（以下简称《管理办法》），通过项目的研发、招标和落实来细化对社会组织的管控，保证社会组织的服务内容、服务方向符合政府的预期。承接社会服务的各类社会组织结合G市社工工作中心项目部开展项目监督与管理，形成了以效能为中心的项目管理模式。

1. 需求导向：社会问题的精准识别

以服务外来务工人员子女的“爱心学堂‘合’你同行”项目为例，该项目的研发中社会问题的识别代表了G市成长型社会服务项目的需求识别过程。“爱心学堂‘合’你同行”项目属于G市的成长型项目，该项目经费为每年10万元。H支持教育志愿者协会通过公平竞争中标。该项目的服务使用单位L社区是外来人口聚居的社区，流动人口占社区总人口的63.98%，就读于该社区小学的本地学生人数为632人，而外来务工人员子女为3941人，本地学生与外地学生比例约为1∶6，这意味着平均每7个学生中就有6名外地学生[1]。因此，社区急需解决外来务工子女的融入问题。

由于有助于解决社区的实际问题，基层政府积极促进项目开展，该类项目的主要需求识别方式是：第一，立项前首先借助社会观测站、社区居民诉

[1] G市“关爱基金”服务项目“爱心学堂‘合’你同行”项目申报书，2016年4月。

求等方式，由职能部门或村（居）委会提出服务需求；第二，G 市社工工作中心开展需求调查，通过走访、问卷调查、焦点小组等方法了解政府职能部门、行业协会、村（居）等单位需求，形成需求清单；第三，承接项目的社会组织通过实地走访和调研，确定项目最终需要解决的实际问题。立项以有效解决社区实际问题为原则，如社工中心工作人员所言："比如说社区想要什么样的服务，他们会问我们，你们这边能不能帮我们提供，然后就可以申请'关爱 G 市'的专项基金，他们想要一个什么样的服务，我们觉得可以，那我们就会进行实际的考察，最后项目就可以立项，这些项目都是解决社区实际需求的。"（访谈编号：2016061602；访谈对象：G 市社工工作中心某社工）

2. 多方协同：目标设定与项目设计

在基于效能的社会服务项目管理框架下，项目目标的设定非常关键，也是最后检验社会服务项目成效的重要比对依据。因此，在社会服务项目需求有效识别的基础上，G 市"关爱基金"社会服务项目形成了多方协同的目标设定与项目设计框架。

以"关爱基金"的携手社工计划服务项目为例，携手社工计划服务项目的研发以 G 市社工工作中心为主导，在需求调研的基础上初步制定项目方案后向社会公开征集详尽的项目执行方案。项目目标的设计由社工工作中心和执行机构来开展。其中社工工作中心代表基层政府，主要负责的工作包括：一是在开展需求调查的基础上形成社会服务项目大纲及基本指标；二是制定项目需求，根据项目的特性制定执行团队的要求，如团队成员数量专业组成及经验要求等；三是制定项目总体目标，并向社会公开征集方案。在社工中心的方向引领下，社会组织在项目设计上主要负责四个方面的工作：第一步，确定服务目标及服务对象。根据初期需求调查结果，并结合自身的优势，确定服务目标及重点服务人群，开展深入的需求调查；第二步，制订服务计划。根据服务目标及需求调查结果设定服务内容，并形成一系列的服务计划；第三步，组建执行团队。制订了完善的计划书后就需要组建项目的执行团队，这需要考虑到这个项目的执行成员数目及他们必须具备哪些素质；第四步，制定年度执行进度表。分解服务目标并结合服务计划制定详尽的年度执行进度表。

如“D社区自组织培育计划”是典型的携手社工计划之一，该项目最终由F市C社会工作服务中心承接，组织在项目设计之初首先细化了项目目标，并通过对自组织代表的焦点小组形式访谈、社区居委会负责人进行深入访谈，结合项目申报表拟定服务计划，制定年度服务进度表。在此基础上，制定与服务目标相适应的服务策略。

3. 过程式监管：信息管理与绩效衡量

G市通过严格的项目招投标、评估考核等多种形式，依托《管理办法》实现对服务项目的过程式监管。社会服务项目的过程式监管主要体现在两个方面：一是基层政府依托社工中心对项目质量的监控，二是承接服务的社会组织自身对服务进度的监督与控制。

其中基层政府对项目质量的监控主要包括采购方式的监督、预算编制的监督和管理模式的监督三种形式。2017年6月，G市对现行的《管理办法》进行第六次修订，确保“关爱基金”服务项目管理机制有效发挥。此外，G市对社会服务项目实施项目过程式监管，除常规月报表、季度报表、中期考核之外，由项目使用单位即各职能部门或（村）居委会对项目的实施提供实施指导；由挂钩社工对项目进行进度监测和沟通协调，具体包括召开项目联席会议（项目执行方、项目出资方、服务使用单位、服务对象代表等），对“项目进度、人员配备状态、培训督导情况、财务规范”等进行监督，并在“项目宣传推广、经验总结、项目规划、政策解读、资源链接”方面提供实施支援等。此外，G市还形成服务项目大数据管理，使项目绩效可量化、可视化，实现对项目进度、成效评估、机构能力评估等的实时监控。为进一步加强“关爱基金”服务项目日常监管，2017年6月，“关爱G市”建设与广东J科技股份有限公司合作，研发“关爱基金”服务项目管理系统，实现对“关爱基金”服务项目数据化管理。

社会组织在服务项目实施过程中的项目监控主要是通过项目进度把控和督导定期监督的形式完成。如上述提到的“D社区自组织培育计划”项目，在实施过程中配备了一名项目督导人员，主要负责项目实施中个案、小组、社区三大工作手法的专业督导和社工成长、项目统筹等方面的督导。该项目的周期为一年，项目经费为20万元，C社会工作服务中心根据项目实际需求，设计督导的主要工作时间为每 2 月一次团体督导、每次至少 2 小时；每月一次个别督导、每次至少 1 小时。此外，C 社会工作服务中心还会将项目运行中的人员变动情况及时汇报、调整，保证项目顺利进行。项目运作过程中，项目执行团队积极整合多方资源，促成政府部门与服务对象、项目执行团队的有效联动，为项目提供优质服务。在项目实施阶段，项目执行团队定期与 G 市社工中心进行沟通协调，保障项目畅通运作，包括每月定期工作分享，定期召开工作会议等。

4. 评估与控制：第三方评估

G 市社会服务项目评估主要通过引入第三方评估机构，实现项目评估的专业化与标准化。2017 年，“关爱基金”与 X 社会企业总会进行合作，对现行的“关爱基金”评估用表进行完善和更新。并于全年完成 37 个项目中期评估、20 个项目末期评估、6 个项目阶段性自评。

参与末期评估项目指标完成率达 97.72%，总体平均分为 83.93 分，其中 7 个项目获得优秀评级，优秀率为 35%，项目评估工作凸显出专业化和标准化。项目评估的主要内容包括两个方面，一是对服务内容、服务质量和服务成效进行的评估，二是对服务的财务管理进行控制与监督。

具体而言，“关爱基金”项目评估主要由 G 市社工工作中心项目部组织，作为组织评估和链接资源的桥梁。“企业创享家”服务项目作为 G 市创新社会服务的典型项目，评估验收时机构不仅需要对服务内容和成效进行中期、末期汇报，还必须完善各类项目文书。评估机构还组织服务对象参与项目评审，并展开深度访谈和问卷调查，对项目执行的具体效果进行把握和衡量。此外，加强对项目资金的监管力度，街道专门组织财会人员协助机构进行审计，对机构经费支出严格审核。比如在评审中对督导的工作时间与薪酬进行核实，对兼职或全职员工的工资待遇严格把关。“我们即使有挂钩社工，但也无法实际跟踪他们的具体执行情况，我们无法监管那个项目中的社工是否真的在那里开展活动。但从财务上看是比较可行的，他们这个兼职的人是否拿工资，如果拿工资，那我们就需要具体看一下他是否全职在这里工作。”（访谈编号：2016080901；访谈对象：G 市社工中心某社工）

对社会组织而言，项目的评估和控制主要体现在自身的考核与监督方面。

机构对项目执行社工进行每个季度的绩效考核评估，对社工的工作态度、工作表现、业务能力等方面进行评核，以促进社工不断提升自我、提高服务质量。在财务考核与管理方面，项目由专人负责财务管理，根据每个项目独立核算，并每月递交会计师事务所进行代理记账，各个项目委托会计师事务所进行专项审计，出具项目专项审计报告。

5. 实际影响与扩散：开展模式总结

基于效能的社会服务项目管理的最后一个环节是注重项目的实际影响，G市为达到这一目标，主要采取了模式总结与扩散的方式。在对项目进行评估及过程监控之后，由社工中心项目部及发展部联合服务承接单位对项目进行模式总结，使之成为G市的品牌项目或创新标杆。对于部分涉及政府社会治理重大创新的项目实施“社工中心+社工机构”运营的模式（如几大主题中心），社工机构与社工中心工作人员进行合署办公，这使中心工作人员便于对项目提供后勤保障的同时，也加强了对项目执行各个环节的监督。及时进行项目模式总结，保证项目发展方向在街道的可控范围之内，同时也提高了项目的实际效果。

G市在“关爱G市”建设过程中，积极培育和孵化社会组织，开拓出多个领域的社会服务项目，这些创新性项目构成了G市社会治理创新的重要组成部分。“企业创享家”服务项目就属于社工机构与基层政府共同合作研发的服务项目。“企业创享家”项目以“关爱企业，关爱人”为服务宗旨，联动政府职能部门、商协会、社会组织等资源为企业及员工提供团队培训、职场技能提升、行业交流、主题联谊等服务，项目旨在搭建企业公益参与平台、企业互助平台和政企服务平台，多角度为G市的企业提供社会服务，达到留住优秀企业和企业人才的目的❶。

该项目的承接方为B社会工作服务中心，作为G市首批引进的社会服务机构，B机构实务经验丰富、团队组建能根据各项目进行调整，符合多元化需求，注重专项服务发展，打造服务品牌。对B机构而言，承接G市“企业创享家”项目，更好地推动了该项目与其他项目之间的联动、资源共享和发展规划，从整体层面深化B机构职工服务、企业品牌的建设。因此，B机构

❶ “关爱G市”建设督导委员会：《关爱G市服务项目手册》，内部宣传资料，2015.

组织定位明确，在“企业创享家”项目运营 5 年的情况下，注重项目品牌的推广和宣传包装，从服务策划、宣传推送、成效监测等方面加强对“企业创享家”的服务平台的深化。2017 年为“企业创享家”项目执行五周年，在 G 市社工中心与 B 机构的共同努力下，已经提炼总结出以“企业创享家”为模板的“企业社工服务模式”，有效深化与传播了该项目的实际成效。

第五节　提升广东省社会组织项目运营与管理能力的建议

基于效能的社会服务项目运营和管理的框架，进一步提升广东省社会组织项目运营与管理需要从以下几方面着手：

一、全方位提升社会组织项目管理的意识

实地调研中发现，大部分社会组织缺乏项目管理的意识，一方面源于组织发展起步晚、规模小，各方面发展的专业性不足；另一方面也由于缺乏对社会组织项目管理方面的培训。因此，应加强制度建设，进一步对中小型社会组织开展项目运营与管理方面的专业化培训，将社会组织服务项目运营与管理纳入各层级社会组织管理单位培训的主要内容，深度强化社会组织项目运营与管理的意识。

二、重视社会组织项目管理专业人才的引进与培训

在社会组织缺乏项目运营与管理的意识的环境下，项目运营与管理方面的专业化人才普遍缺乏。而在社会组织承接政府购买服务能力不断提升的同时，社会组织应该将重心转移到提升项目运营与管理能力上来。因此，社会组织应通过提高工资待遇、完善福利制度来吸引项目管理方面的专业化人才。对于已经开展的项目，社会组织管理人员应该对在职员工开展培训，形成组织上下重视社会组织项目运营与管理的氛围。

三、加强基于“投入—产出”的效能分析与能力建设

一方面，通过多种形式的培训提升社会组织基于“投入—产出”效能分

析的意识；另一方面，通过进一步完善项目评估机制，不定期对社会组织项目运营过程进行评估，重点关注项目运营过程中的“投入”“产出”比，并将其纳入评估指标，保证项目实现良性发展目标。此外，对社会组织而言，应该建立详细的考核机制，明确专职人员职责，完善从问题分析、目标设定、项目设计到信息管理、绩效衡量、项目评估、项目影响诸环节的管理能力建设。

四、建立并完善标准化的项目运营与管理制度

对社会组织自身而言，应该结合机构自身的情况，对已经完成的项目管理经验进行及时总结和分析，借鉴其他机构的项目管理经验，建立标准化的项目管理流程，形成统一规范的项目管理流程，为后续项目的科学管理提供依据；对政府而言，应该完善项目运营与管理的相关制度建设，制定社会服务项目管理的参考流程和规范，汇编社会组织项目管理优秀案例集，激发社会组织项目管理的主动性和积极性。

第十一章

广东省社会组织人力资源管理的现状、问题和对策

张兴贵　范明云[1]

【摘要】人力资源管理决定着社会组织发展的深度和广度，决定着社会组织的生命周期和价值实现。本章从广东省社会组织人力资源管理现状出发，指出广东省社会组织人力资源管理存在的问题，并在借鉴西方发达国家非营利组织人力资源管理经验的基础上，提出广东省社会组织人力资源管理的发展对策，以促进广东省社会组织的可持续发展。

【关键词】社会组织　人力资源管理　人力资源

第一节　引　言

截至2019年9月，广东省社会组织数量达到70348个，占全国同时期社会组织总量的8.38%。[2] 到目前为止，广东省社会组织数量仅次于江苏省，成为我国社会组织数量第二的省份。伴随着全国广泛的经济、行政体制改革，广东省社会组织不断发展壮大，发挥的作用不断增强，极大促进了省内经济社会活力。

---

[1] 张兴贵，广东外语外贸大学商学院教授，研究方向为幸福心理学、组织行为学和人力资源管理；范明云，广东外语外贸大学商学院硕士研究生，研究方向为人力资源管理。

[2] 中国社会组织网. http://www.chinanpo.gov.cn/index.html.

党的十九大提出要“健全社会组织管理体制，加快形成现代社会组织体制”，标志着社会组织的发展受到了党和国家的高度关注，有了更为广阔和健康的发展空间。然而，较之于西方发达国家，我国社会组织的发展尚不成熟，各方面问题突出。就社会组织人力资源管理而言，很多社会组织管理者认为社会组织是非营利组织，不需要人力资源管理，他们认为对于志愿者，特别是不计报酬参与社会组织工作的人员进行约束是不合理的。此外，由于大部分社会组织规模较小，全职人员少，组织架构不完善，缺乏专业性管理型人才等，导致人力资源管理在社会组织中并不受重视。

迄今为止，国内关于社会组织的人力资源管理的研究尚不多见，相关研究主要集中在社会组织人力资源管理的职能、人力资源现实困境与变革策略等方面，研究缺乏系统性，未能立足于本土情境将社会组织的组织特性与我国社会组织人力资源的特殊性结合起来。社会组织的人力资源管理决定了社会组织发展的深度和广度，决定着社会组织的生命周期和价值实现。因此，本章在综述国内外社会组织相关研究的基础上，基于广东省社会组织人力资源管理现状，指出广东省社会组织人力资源管理现有的问题，借鉴西方发达国家非营利组织人力资源管理经验，提出广东省社会组织人力资源管理的发展对策，对广东省社会组织的可持续发展具有重要的现实意义。

第二节　社会组织人力资源研究概况

一、社会组织人力资源管理的概念和特征

社会组织人力资源管理指的是为了实现社会组织的目标和价值，利用现代人力资源管理理论，不断为社会组织获得人力资源，并对所获得的人力资源进行整合、调控、管理，给予各种形式的报酬，从而有效地加以开发利用并使之可持续发展的过程❶。

社会组织人力资源管理与企业人力资源管理有很多共通之处，从根本上

❶ 王名. 社会组织管理概论［M］. 北京：中国人民大学出版社，2002.

来说都是选人、用人、育人和留人，且在管理的环节、原理、机制等方面，二者也不乏共性。不同的是，社会组织自身的特点使其具有较强的使命和理想性，其员工也是带着对组织的价值观和理念认同感进入组织，因此社会组织人力资源有着不同于其他组织的特点。

陈晓春等（2005）将非营利组织人力资源概括为三个基本特点：来源广泛、目标追逐具有非营利性、成员间关系平等❶。尉俊东、赵文红（2005）认为社会组织在人力资源管理策略上更强调价值体系和使命感的作用，更强调人力资源管理与责信度管理相结合以及员工在组织内的发展❷。结合前人研究，本章认为社会组织人力资源管理存在以下特征：

首先，人力资源管理对象具有特殊性。社会组织成员与组织的隶属关系和经济、责任利益关系都没有其他类型的组织那样紧密，如社会组织的董事会成员一般由高校教授或者社会上的一些有声望的人组成，而志愿者就有可能是学生、公务员等，他们中大部分人并不是长期参与社会组织工作的。因此，要对这些人进行有效的管理，必须掌握相应的策略。如对董事会成员，要使他们能做出正确的、利于组织发展的决策，又要维护他们的尊严，避免过多的约束；对于志愿者来说，要积极吸引志愿者参与社会组织工作，同时不能忽视针对性的培训。

其次，更加重视强调价值观和使命感的作用。价值观是社会组织生存的根本，也是社会组织发展的动力之源。由于社会组织成员目标追逐的非营利性和志愿者的非趋利性，使命感在社会组织中显得尤为重要，它赋予了社会组织明确的目标，并激励其工作人员为实现组织的使命和个人价值而努力工作。只有社会组织成员建立起使命感和责任感，员工才会自觉为实现组织使命、承担组织责任、完成组织目标而不断努力。

最后，关注个人价值的实现和能力的发展。由于社会组织不以营利为目的，所以在激励机制上应更注重精神激励，给予每位社会组织成员展现能力和实现自身价值的机会。同时，由于社会组织吸纳了很大一部分不计报酬的志愿者，他们加入主要是对社会组织工作价值的认同和对实现自我价值的追

---

❶ 陈晓春，胡扬名．非营利组织中的人本管理探讨［J］．中国行政管理，2005（6）．

❷ 尉俊东，赵文红．非营利组织人力资源构成、特点与管理——对我国非营利事业单位人事改革的启示［J］．科学学与科学技术管理，2005（12）．

求。所以，社会组织有责任为每一位员工提供一个能够不断学习的工作环境，以组织的生存和可持续发展来激励组织成员的潜能，为他们提供一个不断成长、挖掘个人最大潜力和获得职业前景的机会。

二、社会组织人力资源管理研究综述

到目前为止，国内外关于社会组织的相关研究不少，但是关于社会组织的人力资源管理的研究却不多。现有相关研究主要从以下几个角度展开：

1. 社会组织人力资源现实困境和变革策略

在社会组织人力资源管理困境方面，唐代盛（2015）等人认为我国社会组织人力资源管理的宏观现实困境表现为制度供给不足和理念碎片化，微观现实困境表现为认知偏差、职业发展狭窄和运行障碍❶。袁凌（2003）指出技术创新带来了挑战，非营利组织必须注重对技术创新人才的培养、开发与管理❷。张彻（2010）也指出非营利组织存在人力资源缺失严重、专业人才匮乏、组织缺乏创新、缺乏有效的人力资源激励机制等问题❸。尽管非营利组织在人力资源管理上面临着很大的压力，但引进并使用了人力资源管理系统的非营利组织数量并不多❹。

2. 社会组织人力资源管理职能研究

在招聘和人才开发方面，Ralf Caers（2009）提出非营利组织人员在招聘过程中应当重视应聘者对组织的兴趣、个人品德、私利性等因素，并综合三个因素的权重确定是否聘用❺。边慧敏（2004）探讨如何建构适合我国国情的非营利组织员工素质模型，并分析了模型建构对增强我国非营利组织人力资源管理效率及促进我国非营利组织发展的作用及影响❻。在绩效方面，张彻

---

❶ 唐代盛，李敏，边慧敏. 中国社会组织人力资源管理的现实困境与制度策略 [J]. 中国行政管理，2015（1）.

❷ 袁凌，孙俊杰. 非营利组织人力资源管理面临的挑战 [J]. 企业经济，2003（6）.

❸ 张彻. 非营利组织人力资源管理研究——基于薪酬管理的分析 [J]. 财会通讯，2010（5）.

❹ Taylor，Tracy，P. Mcgraw. Exploring Human Resource Management Practices in Nonprofit Sport Organizations [J]. Sport Management Review，2006（5）：251.

❺ Caers，Ralf，et al. A micro-economic perspective on manager selection in nonprofit organizations [J]. European Journal of Operational Research，2009（1）：173-197.

❻ 边慧敏，钟慧. 非营利组织员工素质模型建构初探 [J]. 财经科学，2004（6）.

（2010）指出除了薪酬激励之外，企业人力资源管理的先进工具，如SWOT模型、平衡记分卡、360度绩效评估法等人力资源管理方法可以提高非营利组织的整体绩效❶。Robert S. Kaplan（2001）和Richea Z M（2012）分别提出以平衡记分卡作为社会组织绩效测量与评价的新方法❷❸。在薪酬方面，张彻（2010）探讨了在考虑沉淀成本下的非营利企业人力资本的薪酬决定；Walter O. Simmons（2010）通过数据分析指出最低薪酬与志愿者数量成正相关关系❹。激励方面，金晶（2009）认为设立共同的组织目标、建立培训制度是有效的精神激励方式❺。

其他的关于社会组织人力资源的研究涉及社会组织类型和人员的分类及其工作动机。如James C. Fisher和K. M. Cole（1993）较早对志愿者管理问题进行讨论，并对志愿者项目提出建设性意见❻。孙昊（2005）分析了志愿服务特征，并提出志愿者管理的思路❼。王妮丽等（2003）分析社会组织与志愿者之间的关系，并探讨了志愿者管理与激励问题❽。

第三节　广东省社会组织人力资源管理现状及存在的问题

一、广东省社会组织人力资源总体情况

根据民政部《2018年社会服务统计公报》可知，截至2018年年底，全国

---

❶ 张彻. 非营利组织人力资源管理研究——基于薪酬管理的分析［J］. 财会通讯，2010（5）.

❷ Kaplan，Robert S. Strategic Performance Measurement and Management in Nonprofit Organizations［J］. *Nonprofit Management & Leadership*，2001（2）：353-370.

❸ Richea Z M. The Impact of New Forms of Social Organization of Work on Policies and Practicies of Human Resources Management：A Case on Romanian Management Culture［J］. *Medical Physics*，2012（3）.

❹ Walter O. Simmons，Resemarie Emanuele. Are volunteers substitute for paid labor in nonprofit organizations［J］. Journal of Economics and Business，2010（2）：65-77.

❺ 金晶. 我国非营利组织人员激励机制论析［J］. 内蒙古农业大学学报（社会科学版），2009（4）.

❻ Fisher，James C，K. M. Cole. Leadership and Management of Volunteer Programs：A Guide for Volunteer Administrators［J］. First Edition. *Jossey-Bass nonprofit sector series*，1993.

❼ 孙昊. 论公共部门和非营利组织志愿人员的人力资源管理［J］. 甘肃行政学院学报，2005（3）：47-50.

❽ 王妮丽，崔紫君. 非营利组织中的志愿者及其管理［J］. 云南社会科学，2003（6）.

共有社会组织 81.7 万个，比上年增长 7.3%，吸纳社会各类人员就业 980.4 万人，比上年增长 13.4%[1]。截至 2019 年 9 月 28 日，我国社会组织总数达 839248 个，社会组织数量快速增长，成为吸纳就业的重要渠道之一。据《2018 年度中国社会工作发展报告》，截至 2018 年年底，各地在城乡社区、相关事业单位和社会组织等共开发设置了 38.3 万个社工专业岗位，比 2017 年增长 3.7 万个。[2]

我国社会组织数量分布呈现明显的地域性特点，华南地区社会组织数量始终排在全国前列。从我国社会组织区域发展情况看，广东省社会组织数量排名第二，在参与社会治理、服务以及吸纳就业方面的作用不容忽视。截至 2019 年 8 月，广东省登记社会组织 69978 个，其中：社会团体 31119 个，民办非企业单位 37724 个，基金会 1135 个，较上年同期分别增长 3.8%、4.8%、7.5%[3]。

广东省社会组织数量在不断增长，创造了大量的就业机会，但就业人数的增长显然不和社会组织增长同步。从中国社会组织信息网的数据来看，2016 年广东省已登记的社会组织 57806 个，就业人数 609387 人，平均每个社会组织的组织成员只有 10 人，有很多规模不大的社会组织成员甚至不到 10 人，人力资源数量不足问题严重。从 2017 年广东省民政厅计财年报社会组织数据计算可知，社会组织工作人员整体素质不高，而拥有专业技能培训资质认定的人员只有 2%不到，可以说专业人才相当匮乏。

二、广东省社会组织人力资源管理存在的问题

我国社会组织人力资源管理普遍无法提供面对“公民社会”工作的人力资源管理制度性激励，人力资源配置缺乏适应性和弹性，造成普遍的人力资源管理困境。对于广东省社会组织人力资源存在的问题，本节从社会组织内部管理和外部环境对社会组织的人力资源管理存在的问题进行分析。

---

[1] 民政部：《2018 年社会服务统计公报》，http://www.mca.gov.cn/article/sj/tjgb/.

[2] 中国社会组织信息网. 2018 年度中国社会工作发展报告，http://www.sohu.com/a/329348682_491282.

[3] 广东社会组织信息网，http://gdnpo.gd.gov.cn/tjcx/shzzsjtj/sjcx_index.html?date=2019-08-01.

1. 社会组织人力资源匮乏

社会组织人力资源数量不足、人员流动率大以及专业性人才的缺失是我国社会组织人力资源匮乏的主要体现，也是广东省社会组织人力资源管理面临的主要问题。根据2016年中国公益组织人才发展报告，截至2015年6月底，全国共有社会组织66.7万个。然而，所吸纳专兼职就业人数共1500多万，仅占全国就业人员的1%，与发达国家4.5%的水平相差甚远。2016年广东省社会组织数量57806个，共吸纳就业609387人，只占全省就业总人口数（6279.22万人）的0.97%。[1][2] 广东省社会组织人才队伍极度匮乏已经严重阻碍了社会组织的进一步发展。

其次，除了社会组织工作者数量增长无法跟上社会组织增长的步伐，现有的社会组织工作者也因为工作量大、职业声望不高、薪酬偏低和社会保障薄弱等原因表现出较高的离职倾向，社会组织人员流失严重。高素质的专业性人才的缺失也是社会组织人力资源匮乏的显著表现。目前广东省很多社会组织都存在管理、财务、法律、公关等方面人才匮乏的问题。由于有工作经验的人着眼于收入丰厚、福利诱人的机构和岗位，社会组织工作人员往往是刚毕业没经验的大学生。加上缺乏完善的人力资源管理机制使得社会组织难以招募到符合需求的人才，在职员工往往也由于缺乏良好的培训与强化激励而专业性不足，离职现象严重。

2. 人力资源组成结构不合理

据2016年广东省民政厅计财年报社会组织数据统计，在广东省社会组织就业人员年龄结构上，35岁及以下的社会组织成员共302582人，占广东省社会组织总就业人数的49.7%，56岁及以上的社会组织就业者34768人，占广东省社会组织总就业人数的5.7%。从全省范围来看，社会组织工作人员的年龄结构整体上比较合理，但不可否认仍有很大一部分社会组织的工作人员年龄偏大，工作起来力不从心。这些人很难有足够的精力开展管理和服务工作，导致社会组织效率低下，无法充分发挥其效能。

在专业结构上，据2017年广东省民政厅计财年报社会组织数据统计，广

---

[1] 中国社会组织信息网（NGO）：http://www.chinanpo.gov.cn/index.html.

[2] 广东省统计信息网．2017年广东省统计年鉴，http://www.gdstats.gov.cn.

东省社会组织所有工作人员中，只有 2431 人取得了社会工作师证，4293 人取得了助理社会工作师证，持证的专业性工作人员仅占就业人员总数的 1.1%。截至 2018 年年底，广东省持证的专业性社会工作人员仅 8.2 万人。由此可见，社会组织人力资源专业化程度低，大部分没有接受过系统的、专业的社会工作教育，工作思想理念比较落后，难以满足社会组织当前面临的日渐复杂的问题和发展的实际需要。在人力资本专有性方面，现代意义上的社会组织在我国起步较晚，在人才培养方面并没有形成体系，导致了我国社会组织发展的需要与专业社会组织工作人员供给之间的矛盾。

3. 缺乏针对性的人力资源管理制度

人力资源管理体制的缺失是广东省乃至全国社会组织人力资源现在面临的最主要问题。一方面，我国社会组织人力资源存在观念的缺失和理论研究的不足。人力资源的研究起源于企业的管理实践，虽有大量的著述，但在我国公共领域却是一个崭新的问题。同时，我国社会组织人力资源管理经验中能够运用到广东省的相关经验较少。另一方面，我国社会组织领域缺乏一套标准的、规范的人力资源管理体系和具体的管理制度。虽然西方国家非营利组织的人力资源管理给我们提供了一定的经验借鉴，国内企业也在人力资源管理制度上形成了具有自己特点的管理制度和模式，但我国社会组织在文化观念、人员构成、管理体制的不同决定了社会组织的人力资源管理不能照搬企业或其他国家经验。

第四节　广东省社会组织人力资源管理问题的根源剖析

对任何一个组织，人力资源是组织活动顺利开展和目标实现的重要保障。要促进社会组织的健康发展，重点是要解决社会组织人力资源管理问题。目前广东省社会组织发展迅速，人力资源管理的重要性日益突显，但相应的人力资源管理理念、技术水平以及社会认可度、资源支持等处于较为初级的阶段，人力资源问题频发。认识到社会组织人力资源管理的问题并找出问题存在的原因是改善社会组织人力资源管理、推进社会组织进一步发展的关键。

一、外部原因

1. 缺乏良好的制度环境

就广东省而言，社会组织人力资源发展不足除了自身的原因外，制度环境的影响也不容忽视。制度环境主要体现在各项促进社会组织发展的人力资源制度与政策方面。社会组织在构建新型国家治理体系和治理能力现代化中的重要性受到党和政府高度重视，但尚无有效措施保障社会组织的政治权利。政府虽然发布了一些关于社会组织人力资源管理方面的政策文件，如 2011 年 5 月广东省政府办公厅印发的《政府向社会组织购买服务的暂行办法》，2014 年省委省政府出台的《关于进一步培育发展和规范管理社会组织的方案》等，对广东省社会组织人力资源管理的外部制度环境进行了完善，但相关法律制度依旧短缺，立法位阶较低，体系化的人力资源管理制度和具体的针对性的配套措施依旧缺乏。这些直接导致社会组织增长重量不重质，组织之间出现恶性竞争，大量社会组织创办者鱼龙混杂，组织内部也缺少专业性人才。

2. 社会认知度不高

社会组织目前还缺乏行业自律、机构内控和社会监督，公信力建设方面较薄弱，相关职业的社会威望和地位还没有树立，人们对社会组织的认知存在问题。

在政府支持方面，政府部门还只是习惯性地借助于行政力量对社会组织进行推动，对社会组织的实际发展情况及其效能关注较少，在社会组织的宣传和资金保障方面的投入更是不足。社会组织工作呈现区域性特点，而在一些经济发展水平比较低的偏远城市，无论是其发展水平，还是其社会影响力、社会认知度都很低。

很多资助方不愿意支持人员工资所占比例较大的社会组织项目，这直接造成社会组织资金来源少，员工的工资水平普遍较低，引发了诸如员工流动率过高、组织发展成本增加以及高素质高技能专业型人才缺乏等问题。

此外，由于中国的教育从小学开始就缺少公民精神的教育，国民普遍缺乏公民意识和社会责任感，缺乏志愿精神和互助意识，加上社会组织工作和志愿活动等的宣传力度不够、社会组织工作者“满足度”的缺失等因素，导致民众参与社会组织工作的兴趣普遍不高、意识不强，这也间接造成了社会组织人力资源匮乏。

二、内部原因

在我国，对社会组织人力资源价值定位上的偏差以及社会组织内部人力资源管理的不完善和不规范直接导致了社会组织人力资源供应不足、组成结构不合理、人员流动率大等问题。究其原因主要有以下几点：

1. 社会组织资金来源不稳定

在中国的社会组织中，无论是自上而下的半官方的社会组织还是自下而上的草根社会组织，资金来源方面都极度缺乏❶。社会组织独立于市场和政府组织之外，要在市场经济并不成熟的背景下谋求生存和进一步发展，政府的力量尤为重要。从目前来看，政府对社会组织的扶持一般采用直接拨款，但能得到政府直接拨款的非政府组织数量极少，而且拨给资金数额相对较少，扶持的力度不足，很难满足社会组织开展活动的需要。

2. 人才遴选机制不够健全

在中国，社会组织专职工作人员很大一部分都把社会组织当成是更换工作的“中转站”和寻找更好工作契机的“歇脚点”。从《中国公益人才发展状况研究报告》可知，公益组织员工从业年限相对较短，82%的人不到5年，其中1年以下的有19%，1~3年的有42.06%，3~5年的有21.5%，10年以上的仅有3.12%❷。这既决定了人员的流动性，也注定了这部分工作者既不可能具备很强的专业知识和工作能力，也不会在最大程度上发挥主观能动性。对于志愿者的招聘，很多都不遵循严格的招募流程和原则，一方面造成“人多岗少”的现象，而另一方面，宽泛的遴选条件导致招募的绝大部分志愿者专业水平都比较低，难以匹配服务需求。不仅如此，由于很多社会组织在招募志愿者时，不会在道德素养、工作态度、精神状态等“软性条件”上设置

❶ 陈昳茹．NGO在我国发展所面临的问题及对策研究［J］．特区经济，2011（10）.

❷ 中国发展简报．中国公益人才发展状况研究报告，http://www.chinadevelopmentbrief.org.cn/news-22917.html.

一定的门槛，造成了一些动机不纯、缺少奉献和敬业精神的志愿者进入组织。[1] 这种人才遴选机制带来的衍生影响，也成了社会组织进一步发展的制约因素。

3. 缺乏价值层面的培训

社会组织最重要的特色在于它以服务社会和实现社会利益为宗旨，其组织特性决定了人力资源管理的特殊性：社会组织在很大程度上是依靠共同价值观和较强的组织认同感结合在一起的员工所组成的具有情感型特征的组织，社会组织员工的劳动提供是为了换取个人利他主义机会，如为社会贡献、增进他人福利等，而非高额报酬、绩效奖励或个人职业发展等[2]。对社会组织员工来说，价值层面的培训显得尤为重要。对于目前广东省社会组织而言，很多组织规模较小，资源较为匮乏，组织内部往往没有完善的培训和学习体系，同时具有社会组织专业培训素养的较少，这直接导致了一些社会组织成员缺乏价值层面的培训。

4. 激励机制不健全

是否具备吸引、留住人才的能力是决定社会组织成败的关键。社会组织资金来源大部分是政府拨款或社会各界捐赠，经费支出上有严格限制，对于雇员的物质报酬往往偏少。然而，由于社会组织大量的协调和组织工作都是由全职雇员完成的，工作强度和所获得的物质激励不成比例使人员流失成为一个难以避免的问题。根据社会交换理论，人力资源与组织之间是一种互惠关系，其价值体现在组织所给予的回报上。此外，根据马斯洛的需要层次理论，单纯地强调志愿精神而忽略经济回报，使正式员工无法满足其低层次需要，这使他们很难继续坚持自我价值的实现。因此，合理、稳定且符合员工预期的激励体系对于社会组织员工队伍的稳定性与长远发展具有重要保障作用。

---

[1] 祁麟，李林．我国非政府组织人力资源管理的困境与出路［J］．中共合肥市委党校学报，2014（1）．

[2] J. A. Morris，D. C. Feldman. The Dimensions，Antecedents，and Consequences of Emotional Labor［J］．Academy of Management Review，1996：986-1010.

第五节　西方发达国家非营利组织人力资源管理的实践与经验

一、美国社会组织人力资源管理

1. 美国社会组织人力资源管理现状

非营利组织作为美国政府治理和社会管理的重要基石，为政府、社会、个人提供各种服务，特别是对社区服务功能的开拓、服务体系的建立起到了组织、管理和推动作用。美国非营利组织的成功发展不仅要归功于成熟的市场经济体制，也与其重视人力资源的利用、开发和保护密不可分。在美国，对人力资源开发与管理的研究经历了较长的时间，拥有了较为成熟的理论。

2. 美国社会组织人力资源管理的特点

美国的非营利组织拥有一套标准的规范化的人力资源开发与管理体制，从人力资源的获取到维护都有比较完善的体系。在资金来源方面，美国非营利组织经费的50%来自提供服务收入，30%来自政府拨款，20%来自捐赠和投资收益❶。美国社会组织的整个招聘流程接近于企业的招聘，实现了人才招聘的市场化。在专业人才培养方面，社会大学为美国培养了大批的优秀人才，社会组织相关专业大多设有本科、硕士和博士学位、双辅修学位、在职攻读学位和远程教育学位等，以建立多层次的社会组织人才梯队，满足多元化的社会组织人才需求❷。同时，美国的公益创业培养项目也为非营利组织发展和专业人才的培养注入了新鲜血液。在报酬激励方面，美国非营利组织的员工拥有全面的员工福利计划和不低于企业员工的薪酬。在福利保障方面，非营利组织员工可享受补贴的医疗保险、由雇主赞助的生活和长期伤残保险等，参与退休金计划以及一些其他的补助。

---

❶ 王劲颖，沈东亮，屈涛，等. 美国非营利组织运作和管理的启示与思考——民政部赴美国代表团学习考察报告［J］. 社会团体管理研究，2011（3）.

❷ 郁建兴. 美国社会组织的人才培养模式和经验［J］. 中国社会组织，2013（1）.

美国社会组织对人力资源的规划、工作分析和招聘选拔保证了组织发展对人才的需求；福利保障制度和退休计划的完善则确保了组织正式员工有一个稳定的生活水平和退休后的生活保障，这些举措都充分地调动了员工的工作热情，提高了组织的工作效率。从整体而言，美国的非营利组织在人力资源管理上具备先进的理念，且十分重视人才的招聘和开发以及人才的维护工作。此外，美国非营利组织注重组织文化的构建，倡导团队精神和责任意识，以提高组织成员的服务意识和道德素质。

二、德国社会组织人力资源管理

1. 德国社会组织人力资源管理现状

德国是世界上拥有最大规模非营利部门的国家之一。截至 2011 年，德国共有注册社会团体 580298 家，基金会 18100 余家，社会组织成员数量与人口比约为 1∶75。据约翰·霍普金斯大学非营利部门比较项目研究成果显示，早在 1995 年，德国社会组织的经济规模就已占国家 GDP 的 3.9%，提供了 144 万个全职工作。若结合志愿因素，德国非营利部门就业约占全国总就业的 8%。[1] 德国庞大的社会组织在维护社会和谐稳定、保持各种族传统文化、提供社会福利、丰富文化娱乐等方面发挥了重要作用。

2. 德国社会组织人力资源管理的特点

在社会组织人才培养方面，德国的综合大学开设了很多具有前沿性和学科交叉性的专业门类，为各类社会组织输出综合性人才、专业技术人才和运营管理人才。此外，德国发达的职业教育体系为社会组织专业人才的深造与培训提供了广阔平台。特别值得一提的是德国在国际领先的“双元制”职业培训，采取校企合作模式，学生与工作单位签署培训合同后，利用 70% 的时间在工作单位接受实践培训，30% 的时间回到职业学院接受理论教育，学制为 3~3.5 年，培训项目中的费用绝大部分由用人单位承担。同时，德国有数以万计的职业培训项目，特别是在一些需国际（国内）专业技能认证的职业领域，如护士、医药师、老年人护理者、各类教育工作者、咨询培训师等。

---

[1] 郁建兴，任婉梦．德国社会组织的人才培养模式和经验［J］．中国社会组织，2013（3）．

德国人持续高涨的志愿服务热情与良好的制度保障和浓厚的志愿文化密不可分。德国联邦政府鼓励 14~27 岁的青年在儿童教育、卫生护理、文体活动、动物保护、环境保护等诸多领域开展志愿服务，并接受专业指导和学习。同时鼓励德国年轻人进行跨文化、多样化的海外社会志愿活动，并提供了必要的法律和资金保障。此外，德国在立法中通过采取财政税收、替代兵役等政策措施，并建立了志愿服务实际支出抵偿制度，大力鼓励志愿服务。

三、新加坡社会组织人力资源管理

1. 新加坡社会组织人力资源管理现状

非营利组织是新加坡社会架构中不可或缺的组成部分，在开发和利用社会资源、开展公益性服务、倡议合理的社会政策方面起着不可或缺的作用，同时在增进多元文化融合、缓解社会矛盾、促进社会公平、维护社会稳定和增强公众凝聚力等方面做出了巨大贡献，赢得了政府当局和普通百姓的高度评价。

2. 新加坡社会组织人力资源管理特点

新加坡非营利组织人力资源主要由正式雇员和志愿者组成，二者保持着良好的合作关系，使得非营利组织的人力资源开发与管理取得较好的成效。新加坡非营利组织的人力资源管理和开发主要包括：

新加坡政府非常重视对满足各类非营利组织发展所需专业人才的规划和预测，并通过优惠政策积极引进和培养相关人才。如在 2002 年建立并推行的旨在吸纳人才并推动非营利组织发展的“新加坡再造委员会”。为充分开发人力资源，新加坡集中了公共部门和私人领域的杰出人才，共同制订了面向新世纪的开发人力资源计划——“人力 21 计划”，致力于建立一个培养具有创意、机智和冒险精神的人才教育制度和终身学习新知识和新技能的制度。在志愿者的培训教育方面，新加坡政府根据志愿者参与时间、来自不同行业、不同阶层的特点和提供志愿服务类型的具体需要，开展一系列组织价值观和服务技能培训。

关于激励与考核，新加坡设立了有效的激励和考核机制，如选派优秀雇员出席国际上的各项交流、考察活动以及从 2002 年开始推行的 PDS（Pay Delivery System）计划。在员工福利方面，非营利组织的雇员享有与公务员相当的待遇，如常年加薪或年终花红等，凡雇员服务三年后，可申请深造并由组织提供其学习费用。在志愿者的激励方面，新加坡政府在每年的国庆日，根据志愿者服务时间、绩效的不同，授予其不同等级的勋章。此外，在志愿服务者福利方面，政府为服务三年以上的志愿者提供优先的社会服务和福利。在保障方面，新加坡中央公积金制度是集退休养老、购买住房、医疗保险、家庭保险、教育费用等社会保障功能于一体的综合性的社会保障制度[1]。

新加坡非营利组织的预测与规划保证了非营利组织发展对人才的需求；教育与培训非营利组织成员提升工作能力和实现自我价值的需求；激励与考核机制和完善的福利保障制度满足了非营利组织成员的基本生活需要，并解决了他们退休后的养老问题。这些举措都充分地调动了雇员的工作积极性，促进了新加坡非营利组织人力资源的管理与开发，提高了非营利组织的绩效。

四、国际经验对广东省社会组织人力资源管理的启示

西方国家人力资源管理理念和成功运作模式为广东省社会组织的人力资源建设提供了可供选择和参考的范本。具体来说，国外非营利组织人力资源管理经验对广东省的社会组织人力资源管理的启示主要包括以下几个方面：

首先，政府的重视、财政的支持以及法律保障是非营利组织人力资源管理的重要保障。无论是在美国、德国还是新加坡，政府都非常重视非营利组织作为第三部门在社会发展过程中的作用。因此，在这几个国家，非营利组织资金很大一部分都来自于政府，此外，各国政府积极制定相关政策引导和扶植非营利组织的发展。

其次，先进的人力资源管理理念是社会组织人力资源管理发展的基石。西方国家的非营利组织人力资源管理强调以人为本，通过高效的人才培养机制在提高组织成员的素质和能力的同时使成员的价值得以实现，如新加坡政府对于非营利组织、组织对其成员的引导作用；德国为保持非营利组织持久的活力，其内部全体会员大会代表和理事任期只有一年，使社会组织成员都有机会肩负整个组织的责任和使命。

---

[1] 王勤．新加坡经济发展研究［M］．厦门：厦门大学出版社，1995.

再次，社会组织的发展离不开充足的人才保障。像德国、美国和新加坡等发达国家社会组织之所以能蓬勃发展，很重要的原因在于它们都善于通过有效的开发与培训，保证非营利组织的人才供应，同时通过完善的激励和福利保障制度留住重要的专业人才。比如说美国标准的规范化的人力资源开发与管理的体制，德国发达的职业教育体系，新加坡政府对专业人才的规划和预测。

最后，西方社会盛行志愿者文化。西方国家社会组织人力资源之所以源源不断，其中最重要的一个因素就是西方国家的慈善意识和志愿精神。在这种慈善意识下形成的寻求生命意义并加以实现的内在必然性是西方国家志愿精神的不竭的能源。志愿行为的维系和坚持，在于在志愿工作中人的生命价值得到充分肯定：被人尊重、被人需要、被人喜爱和感激，又反过来激发人对自我生命的愉悦、欣赏与肯定。❶

第六节　提升广东省社会组织人力资源管理的策略研究

一、外部策略

外部策略方面主要体现在各项促进人才自由流动、专业型社会组织人力资源开发和培养等人力资源制度与政策方面。随着党和政府逐渐认识到社会组织在构建新型国家治理体系和治理能力现代化中的重要性，政府职能也随之日渐社会化：社会组织不再是政府治理的附属物，而是作为政府亲密的合作伙伴。政府对于社会组织的职能有所改变，但尚无有效措施保障社会组织尤其是民办非企业组织的政治权利。因此，要建立健全政府支持和保障机制，为社会组织人力资源管理提供资金、立法、监督和人才支持等条件。此外，要采取有效措施加强社会组织人才队伍的建设，努力提高社会组织的公信力，进而提高社会组织的社会认可度，推动社会组织不断向前发展。

---

❶ 李培林，徐崇温，李林．当代西方社会的非营利组织——美国、加拿大非营利组织考察报告［J］．河北学刊，2006（2）．

1. 建立健全政府支持和保障机制

从西方发达国家非营利组织发展经验可以发现，政府的重视、财政的支持是社会组织人力资源管理的重要保障。政府必须按照相关法律规范保障社会组织人员的权利，科学合理地设置管理和监督机构，制定针对性的管理措施，为社会组织员工营造良好的管理制度环境。

首先，政府应该积极推动社会组织专职人员的市场化管理。政府要“收放有度”，要积极推动社会组织专职人员管理按照市场化原则运作，使组织可自主实施灵活的工作计划、多样化并富有竞争力的薪酬方案、更多参与决策的机会等。其次，要适时给予财政支持。针对我国社会组织缺乏社会公信力，公民基础薄弱，筹集渠道不够规范和畅通的问题，政府要承担起财政保障的责任。最后，在社会组织人才开发和培训方面，政府部门应重视人才培育，促进专业化、职业化社会组织工作者队伍的壮大。同时，政府应联合高校、各类咨询机构、评估机构、行业组织对社会组织的人才开发和培训提供帮助。在此基础上，制定各类配套政策、社会保障制度，完善公共财政体制、政府采购制度，建立相关管理部门的合作治理机制，使社会组织的工作人员队伍不断壮大。

2. 加强社会组织人才队伍的建设

首先，要学习西方市场经济体制下的社会组织人力资源管理模式，充分发挥市场在人才资源配置过程中的基础作用。此外，给社会组织提供公开、公平、公正的竞争舞台，激发社会组织活力，使社会组织工作人员职业化和专业化水平不断提高，促进社会组织人才结构的调整。

其次，需要政府从制度上进一步保障社会组织人力资源的供给和引进。要明确社会组织作为用人主体的权利义务，确保符合条件的社会组织按规定享受国家促进就业和引进人才的扶持、奖励和优惠政策。还要求人力资源社会保障行政部门制定相关政策，鼓励人才在社会组织和其他单位之间流动。同时，加大财政资金对社会组织的扶持力度，相关职能部门也应积极为社会组织引进急需的优秀人才创造条件，帮助其解决户籍准入以及社会福利保障等困难。

最后，要积极学习德国在社会组织人力资源开发和培养方面的经验，在有实力的高校内开设不同层次的社会组织工作专业教育，设置科学合理的课程结构和培养计划，把好专业化建设的第一关，为社会组织事业的发展输送大量而新鲜的血液。

3. 强化公众社会组织工作的价值认同感

价值认同是社会组织人力资源得以绵延发展的重要基础，要强化公众对社会组织工作的价值认同感。首先，在宣传层面上，利用主流媒体和新兴媒体进行宣传，大力弘扬社会组织的先进人物和感人故事，力求在全社会引起共鸣、形成推力，吸引有志人士加入社会组织。其次，是在实践层面上，要积极动用政府资源，鼓励并组织社会群众加入社会组织，不断加深人们对公共服务精神的感性认识。再次，是在教育层面上，将社会组织的基本概念和组织文化、价值观，纳入学校思想品德教育课程之中，做好启蒙教育，潜移默化影响年轻一代，打好社会组织的人力资源基础。最后，要明确公众的信任和支持是社会组织发展的不竭动力之源，社会组织只有自觉接受监督，才能获得公众的信任和支持。

二、内部策略

1. 注重组织愿景、使命和文化价值观在组织中的作用

著名企业家任正非曾言：世界上一切资源都可能枯竭，只有一种资源可以生生不息，那就是文化。好的组织文化能够增强组织凝聚力与向心力，提高组织人员的工作积极性，进一步提高组织的社会影响力。组织文化的关键要素包括组织愿景、使命和核心价值观，不仅在组织的战略定位和决策方面起重要的作用，对组织的人力资源管理也有不可忽视的作用。对组织使命的认同是进入组织的门槛，愿景是组织人员共同的追求和奋斗目标，核心价值观是组织成员在组织整个发展过程中必须要践行的行为依据和准则。所以，社会组织要通过愿景、使命来凝聚愿意为共同愿景而奋斗的一类人，要以核心价值观来规范这类人的行为，推动组织不断向前发展。

社会组织本身的社会服务本质决定了其工作人员更注重奉献、更具有使命感，因而在对成员的管理过程中，文化建设和柔性管理显得尤为重要。文化的根本功能就是凝聚力，要通过倡导组织文化，设定组织目标将个体凝聚

起来，以组织行为带动和约束个体行为，唤起个体成员的责任感和使命感，并增加群体的认同感，使成员感受到自身的价值，提高组织人员的归属感与向心力。

2. 建立规范的人力资源管理制度

要解决社会组织面临的人力资源困境就必须采用规范的人力资源管理理念，积极借鉴西方国家的管理经验，根据广东省社会组织发展现状和特点，建立以工作分析为基础，以胜任力建设为导向的选人、育人和留人的系统的人力资源管理制度。

在人力资源规划方面，通过工作分析准确掌握社会组织战略转移时带来的职位更替、工作职责变化或人员需求变化并进行分析，进而明确职位设置，确定职位职责与任职者要求等要素。

在招聘甄选上，要通过分析职位应具备的知识、技能、能力、个性品质，做到“为事择人、任人唯贤、专业对口、事得其人”。要构建社会组织不同层次人员胜任力素质模型，进一步辨别高公共服务动机从业人员与一般人员在知识、技能、社会角色、自我认知、特质等方面的差异。在员工的筛选与管理过程中以胜任能力作为录用与考核的核心，可以有效防止或减少员工入职后的心理失衡感乃至较高程度的人员流失。

在培训开发上，要根据具体职位的工作性质、内容和要求，为社会组织成员提供职位培训和指导。社会组织成员来源广泛，素质参差不齐，再加上社会组织专职员工和志愿者工作内容上的差异性，社会组织成员的培训应当具有针对性。对于社会组织专职工作者，要适时进行管理知识方面的培训，提高其管理水平。对志愿者的培训重点在于使其获得必要的知识、技能，提升自身的综合素质。此外，除了一般意义上的技能培训与岗位培训，对社会组织成员更需要侧重于使命感、责任感和道德感培训。

在绩效管理上，要选择适合的绩效考核方法，建立规范的绩效评估体系。社会组织缺乏追求利润最大化的动机，其人力资源绩效评价与其他类型的组织也应有所不同，主要表现在：社会组织工作绩效评价不一定与物质激励直接挂钩；绩效评价过程中，定性的方法一般要多于定量的方法；对于员工贡献的评价不应看重短期收益，而是要看重长远贡献。社会组织应当将其价值观融入社会组织员工的绩效考核标准中，在评价体系中纳入价值观、道德素质等因素，构建社会组织员工的“使命绩效”。此外，在薪酬方面，要推动建立以工作评价为基础的社会组织薪酬体系，通过工作分析与工作评价，可以优化企业内部的薪酬结构，提高薪酬体系的内部公平性和科学性。

在社会组织员工的职业生涯规划方面，根据各职位的不同特点将其进行划分，形成不同工作类别，为建立社会组织成员任职资格体系提供基础。任职资格体系可以明确每个职位等级所需的业绩标准与知识能力标准，从而建立起科学并具有激励性的职业上升途径，实现社会组织员工的职业生涯规划。

3. 强化社会组织人才激励制度

与西方发达国家相比，我国社会组织出现的时间较晚，发展过程也较短，在内部管理上存在诸多薄弱的环节，尤其是社会组织成员激励机制的不健全对国内社会组织人才队伍的建设产生了很大的负面影响，导致公众参与社会组织工作的热情不高、社会组织成员的积极性和创造力不足。对社会组织的志愿者来说，组织有特色的激励因素在于非金钱、非物质的东西，但人的社会人性质不应该被忽略。换言之，物质方面的激励是必不可少的，应在社会组织内外部完善对成员的激励机制，使组织成员基本的物质需求和精神需求得到满足。

社会组织外部激励主要是指要加强政府对社会组织雇员和志愿者在社会政策、法律环境以及福利保障方面的支持。首先，我们需要制定针对社会组织的法律，一方面使社会组织开展的活动得到法律的认可，另一方面保障社会成员对社会组织工作包括志愿者服务的参与权。其次，我们应该借鉴西方国家对非营利组织雇员和志愿者的激励方面的经验。如对社会组织正式雇员稳定且不低于社会平均工资的薪酬制度保障，根据绩效给予社会组织雇员一定的花红奖励、加薪或升级提拔。对志愿者的激励方面，我们可以学习新加坡政府根据志愿者服务时间、绩效的不同，授予其荣誉称号等类似的精神激励，对志愿者给予政策上的倾斜，为取得杰出贡献的志愿者提供优先的社会服务和相关福利。最后，要培育公民的志愿精神，提高公民的参与意识，增强公民对志愿活动的认同感。由于各种现实原因，现阶段我国公民志愿精神较薄弱，公民参与社会组织工作和志愿服务的热情不高，导致社会组织人才匮乏，社会组织职能无法充分发挥。政府方面要建立政府促进机制和社会协同机制，鼓励公民支持志愿事业。同时，要致力于构建开放、公平、和谐的舆论环境，创造有益于志愿精神生长的社会文化环境。社会组织方面要建立志愿组织优胜劣汰的发展机制，保证志愿服务具有生机与活力。此外，要建立和完善志愿服务的激励机制，以促进志愿精神的提升与发展[1]。

从社会组织内部激励出发，首先，要确保社会组织工作者获得稳定的物质报酬，进而促使社会组织工作者改善社会组织的服务水平，以高效的管理和完善的监督体制提高社会组织的竞争力和公信力，扩宽社会组织资金来源渠道，提高与改善社会组织员工的收入。[2] 其次，要建立合理的雇员评价体系，确保雇员知道如何积极有效地工作，提高社会组织工作者的劳动积极性。最后，由于社会组织成员相比营利性组织成员更具利他性，因此，在对成员的约束和激励过程中，目标激励、人本管理、文化建设及柔性管理显得更为重要。一方面，要通过倡导组织文化、设定组织目标将个体凝聚起来，以组织行为带动和约束个体行为，呼唤起个体成员的责任感和使命感，并用群众的认同感使其感到自身价值。另一方面，要贯彻人本管理理念，实行柔性管理。在社会组织中，管理层应该提出目标、准则，去引导、说服、鼓励员工，激发起其内在的积极性[3]。

第七节 结 语

本章从广东省社会组织实际出发，认为要改变广东省社会组织人力资源管理的现状，必须要从制度环境和社会组织内部治理两个层面着手；就内部治理来说，要明确组织的愿景、使命和价值观，加强战略规划；立足于中国现实情境构建系统的人力资源管理体系，建立规范的标准化的人力资源管理制度，完善人才选用育留与成长的激励机制，为社会组织的高效可持续发展提供组织与人才保障。

---

[1] 马海韵．中国公民志愿精神：价值愿景、成长现状及培育路径［J］．南京社会科学，2011（12）．

[2] 唐代盛，李敏，边慧敏．中国社会组织人力资源管理的现实困境与制度策略［J］．中国行政管理，2015（1）．

[3] 周松．非营利组织的人力资源管理与开发研究［M］．南京：南京理工大学，2004．

参考文献

[1] 本刊编辑部. 推进社会组织健康发展 [J]. 中国民政, 2019 (4).

[2] [美] 彼得·克特纳, 罗伯特·莫罗尼, 劳伦斯·马丁. 基于效能的项目设计和管理 [M]. 刘英, 译. 广州: 华南理工大学出版社, 2016.

[3] 边慧敏, 钟慧. 非营利组织员工素质模型建构初探 [J]. 财经科学, 2004 (6).

[4] 车峰. 培育社会组织的政策工具研究——以北京市为例 [J]. 吉林工商学院学报, 2015 (4).

[5] 车轩. 基于史密斯模型的行业协会商会与行政机关脱钩政策执行研究 [J]. 现代经济信息, 2018 (3).

[6] 陈家喜. 我国新社会组织党建: 模式、困境与方向 [J]. 中共中央党校学报, 2012 (2).

[7] 陈美秀. 江西省行业协会商会发展对策研究 [D]. 南昌: 南昌大学, 2018.

[8] 陈潭. 公共政策变迁的理论命题及其阐释 [J]. 中国软科学, 2004 (12).

[9] 陈天祥, 贾晶晶. 科层抑或市场? ——社会服务项目制下的政府行动策略 [J]. 中山大学学报 (社会科学版), 2017 (3).

[10] 陈晓春, 胡扬名. 非营利组织中的人本管理探讨 [J]. 中国行政管理, 2005 (6).

[11] 陈昳茹. NGO 在我国发展所面临的问题及对策研究 [J]. 特区经济, 2011 (10).

[12] 程昔武. 非营利组织治理机制研究 [M]. 北京: 中国人民大学出版社, 2008.

[13] 崔详钰. 推动行业协会参与市场监管, 加快政府职能转变 [J]. 中国市场监管研究, 2018 (3).

[14] 邓纬韬. 行业协会的经济法主体地位 [J]. 法制博览, 2018 (1).

[15] 丁宇, 姜丹. 社会融合的理论类型和政策实践原则 [J]. 学习与实践, 2019 (3).

[16] 风笑天. "落地生根"? ——三峡农村移民的社会适应 [J]. 社会学研究, 2004 (5).

[17] 冯冬梅. 我国非营利组织的项目管理问题探讨 [J]. 中山大学学报论丛, 2007 (4).
[18] 嘎日达, 黄匡时. 西方社会融合概念探析及其启发 [J]. 国外社会科学, 2009 (2).
[19] 高金德. 深圳市行业协会商会组织法人治理结构研究——一个实证性的分析 [J]. 社会团体管理研究, 2009 (1).
[20] 葛亮. 制度环境与社会组织党建的动力机制研究——以 Z 市雪莱饼协会为个案 [J]. 社会主义研究, 2018 (1).
[21] 广东社会组织信息网. 2018 年 12 月广东省社会组织统计数据 [EB/OL]. http://gdnpo.gd.gov.cn/tjcx/shzzsjtj/sjcx_index.html?date=2018-12-01.
[22] 郭薇. 行业协会商会脱钩后如何自律 [N]. 学习时报, 2018-3-30.
[23] 郭晓斐, 姚晓曦, 高翠巧, 等. 社会组织在贫困地区健康教育与健康促进中的作用 [J]. 中国健康教育, 2019 (4).
[24] 国家民间组织管理局. 2008 年中国社会组织理论研究文集 [M]. 北京: 中国社会出版社, 2009.
[25] 韩沛锟. 政府与社会组织协同治理路径探究 [J]. 现代管理科学, 2016 (11).
[26] 何红锋. 社会组织内部治理结构存在的问题 [N]. 中国社会报, 2015-4-13.
[27] 何悦. 政府职能转变背景下我国行业协会发展问题研究 [J]. 教育教学论坛, 2018 (5).
[28] 洪慧民. 让行业协会走上前台 [J]. 集成电路应用, 2018 (2).
[29] 黄晓春. 当代中国社会组织的制度环境与发展 [J]. 中国社会科学, 2015 (9).
[30] 江华, 张建民, 周莹. 利益契合: 转型期中国国家与社会关系的一个分析框架——以行业组织政策参与为案例 [J]. 社会学研究, 2011 (3).
[31] 金晶. 我国非营利组织人员激励机制论析 [J]. 内蒙古农业大学学报 (社会科学版), 2009 (4).
[32] 金罗兰. 我国非营利组织与项目管理 [J]. 北京工商大学学报 (社会科学版), 2005 (6).
[33] 金太军, 张国富. 基层政权、社会组织和居民参与社区治理的策略性合作 [J]. 阅江学刊, 2019 (2).
[34] 敬乂嘉. 控制与赋权: 中国政府的社会组织发展策略 [J]. 学海, 2016 (1).
[35] [美] 凯文·莱恩·凯勒. 战略品牌管理 (第 3 版) [M]. 卢泰宏, 吴水龙, 译. 北京: 中国人民大学出版社, 2009.
[36] 康晓光, 韩恒. 分类控制: 当前中国大陆国家与社会关系研究 [J]. 社会学研

究，2005（6）.
[37] 李崇义. 政府购买服务与社会组织发展——以浙江省社会组织服务与发展为例[J]. 社会团体管理研究，2011（1）.
[38] 李健，荣幸. “放管服”改革背景下社会组织发展的政策工具选择——基于2004至2016年省级政策文本的量化分析[J]. 国家行政学院学报，2017（4）.
[39] 李利利. 超越精英治理模式：行业协会治理模式再思考[J]. 领导科学，2018（2）.
[40] 李利利. 事中事后监管中政府与行业协会协作机制分析[J]. 重庆工商大学学报（社会科学版），2018（3）.
[41] 李利利. 新形势下行业协会领导力建设[J]. 领导科学，2018（11）.
[42] 李莉. 我国非营利组织项目运作与实效的实证研究——以爱达迅农家女农村妇女扫盲项目为例[J]. 中共青岛市委党校青岛行政学院学报，2011（3）.
[43] 李培林，徐崇温，李林. 当代西方社会的非营利组织——美国、加拿大非营利组织考察报告[J]. 河北学刊，2006（2）.
[44] 李舒瑜. 探索“党建+行业自律”深圳路径[N]. 深圳特区报，2018-4-20.
[45] 李树茁，任义科，靳小怡，等. 中国农民工的社会融合及其影响因素研究——基于社会支持网络的分析[J]. 人口与经济，2008（2）.
[46] 李霞，干胜道. 非营利组织协同治理可行性分析[J]. 哈尔滨师范大学社会科学学报，2013（6）.
[47] 李小园. 基于社会融合的内生型和谐社会秩序的建构[J]. 浙江师范大学学报（社会科学版），2013（3）.
[48] 李友梅，梁波. 中国社会组织政策：历史变迁、制度逻辑及创新方向[J]. 社会政策研究，2017（1）.
[49] [美] 里贾纳·赫兹琳杰. 非营利组织管理（哈佛商业评论）[M]. 北京：中国人民大学出版社，2000.
[50] 梁国健. 地方政府与行业协会建立良性互动关系研究[D]. 广州：华南理工大学，2011.
[51] 梁莹. 城市夹缝空间的绿色力量：环保社区社会组织生长的社会政策逻辑[J]. 人文杂志，2013（6）.
[52] 廖鸿. 以党的十九大精神为指引，推动行业协会商会与行政机关脱钩改革深入开展[J]. 中国民政，2018（2）.
[53] 林立公. 试论两新组织党的建设[J]. 政治学研究，2009（5）.

[54] 林尚立. 两种社会建构：中国共产党与非政府组织［J］. 中国非营利评论，2007（1）.
[55] 林振鹏. 浅谈深圳市行业协会改革发展［J］. 中国社会组织，2018（3）.
[56] 刘畅. 非赢利组织的治理结构探索［J］. 重庆社会主义学院学报，2006（4）.
[57] 刘会超. 我国社会组织内部治理机制研究［D］. 青岛：青岛大学，2016.
[58] 刘晶，王建华. 新时代社会组织党建的创新路径［J］. 理论探索，2018（1）.
[59] 刘梦雨. 平台建设有序推进，协会商会协同发力［N］. 中国改革报，2018-4-10.
[60] 刘鹏. 从分类控制走向嵌入型监管：地方政府社会组织管理政策创新［J］. 中国人民大学学报，2011（5）.
[61] 罗晓华. 国家法团主义：民族地区行业协会与政府之间的互动模式分析——以广东 L 县交通运输协会为例［J］. 贵州省党校学报，2018（2）.
[62] 马海韵. 中国公民志愿精神：价值愿景、成长现状及培育路径［J］. 南京社会科学，2011（12）.
[63] 马军. 社会政策变迁视域下社会组织的发展［J］. 大连海事大学学报（社会科学版），2015（5）.
[64] 马庆珏. 社会组织内部治理的两道防线［N］. 中国社会报，2015-2-2.
[65] 马庆珏. 社会组织能力建设［M］. 北京：中国社会出版社，2011.
[66] 马庆钰. 促进社会组织发展的政策设计［J］. 学会，2017（2）.
[67] 毛艾楠. 行业协会与政府良性互动关系研究［D］. 大连：东北财经大学，2015.
[68]［美］美国项目管理协会. 项目管理知识体系指南（第四版）［M］. 王勇，张斌，译. 北京：电子工业出版社，2009.
[69] 孟凡君. 独立运营，行业协会需提升服务意识和能力［N］. 中国工业报，2018-1-4.
[70] 戚枝淬. 社会组织内部治理结构法律问题研究［J］. 理论月刊，2016（8）.
[71] 齐海丽. 法治视野下的社会组织内部治理结构完善研究［J］. 学会，2016（1）.
[72] 祁麟，李林. 我国非政府组织人力资源管理的困境与出路［J］. 中共合肥市委党校学报，2014（1）.
[73] 钱莹. 我国行业协会的治理及其完善——基于经济法视角的分析［J］. 江苏科技信息，2018（4）.
[74] 任建军. 我国社会组织管理体制改革研究［D］. 天津：天津大学，2012.

[75] 任远，邬民乐. 城市流动人口的社会融合：文献述评［J］. 人口研究，2006（3）.
[76] 石国亮，廖鸿. 推动新时代社会组织高质量发展的战略思考［J］. 理论与改革，2019（1）.
[77] 苏曦凌，宋静怡. 新时代的中国社会组织发展：新起点、新理念、新征程［J］. 岭南学刊，2019（1）.
[78] 孙录宝. 论社会组织科学化内部治理［J］. 山东行政学院学报，2015（5）.
[79] 谭珊珊. 社会组织内部治理机制创新研究［D］. 大连：东北财经大学，2012.
[80] 唐代盛，李敏，边慧敏. 中国社会组织人力资源管理的现实困境与制度策略［J］. 中国行政管理，2015（1）.
[81] 唐兴军. 嵌入性治理：国家与社会关系视阈下的行业协会研究［J］. 公共行政评论，2018（2）.
[82] 涂斌，彭未名，王达梅. 广东社会组织发展报告（2016—2017）［M］. 北京：社会科学文献出版社，2018.
[83] 王爱敏. 社会组织薪酬制度研究［EB/OL］. 中国社会组织公共服务平台，http://www.chinanpo.gov.cn/700103/92530/newswjindex.html.
[84] 王宾，周佩. 基于"3+X"风险管理模式论政府投资项目建设［J］. 管理世界，2012（4）.
[85] 王劲颖，沈东亮，屈涛，等. 美国非营利组织运作和管理的启示与思考——民政部赴美国代表团学习考察报告［J］. 社会团体管理研究，2011（3）.
[86] 王名. 非营利组织管理评论［M］. 北京：中国人民大学出版社，2002.
[87] 王名. 改革民间组织双重管理体制的分析和建议［J］. 中国行政管理，2007（4）.
[88] 王名. 社会组织管理概论［M］. 北京：中国人民大学出版社，2002.
[89] 王名. 中国社会组织（1978—2018）——社会共治：正在生成的未来［M］. 北京：社会科学文献出版社，2018.
[90] 王妮丽，崔紫君. 非营利组织中的志愿者及其管理［J］. 云南社会科学，2003（6）.
[91] 王勤. 新加坡经济发展研究［M］. 厦门：厦门大学出版社，1995.
[92] 王世强. 政府培育社会组织政策工具的分类与选择［J］. 学习与实践，2012（12）.
[93] 王思林，郭玥. 双向赋权：新社会组织党建工作的一项发展思路［J］. 观察与思考，2016（3）.

[94] 王兴彬．社会组织改革发展迈入新时代［J］．中国社会组织，2019（7）．
[95] 王勇．全国性行业协会商会脱钩试点工作基本完成［N］．公益时报，2018-4-17．
[96] 韦彩玲，杨臣．政策工具理论的研究状况及其在我国的应用前景［J］．江西社会科学，2012（8）．
[97] 尉俊东，赵文红．非营利组织人力资源构成、特点与管理——对我国非营利事业单位人事改革的启示［J］．科学学与科学技术管理，2005（12）．
[98] 邬爱其．我国社会组织内部治理结构研究——一项基于内容分析法的研究［EB/OL］．中国社会组织公共服务平台，http://www.chinanpo.gov.cn/700108/92685/newswjindex.html．
[99] 吴新叶．走出科层治理：服务型政党社会管理的路径［J］．理论与改革，2013（2）．
[100] 吴艳华，茆庄．行业协会商会脱钩后发展前景分析［J］．中国市场，2018（21）．
[101] 武善哲，高春凤．社会排斥理论视角下流动人口就业问题研究［J］．产业与科技论坛，2019（4）．
[102] 肖小霞．社会组织发展：相关社会政策评析、约束与调整——社会政策视角的分析［J］．福建论坛（人文社会科学版），2012（1）．
[103] 谢玉峰．加强社会组织党建工作　推动社会组织健康发展［J］．中国社会组织，2016（24）．
[104] 邢洪锐，杨宇佳．山东省培育发展行业协会商会情况调研［J］．中国社会组织，2018（5）．
[105] 徐家良，薛美琴．行业协会承接政府职能转移特征分析［J］．上海师范大学学报（哲学社会科学版），2015（5）．
[106] 徐顽强，李敏．公益组织嵌入精准扶贫行动的生态网络构建［J］．西北农林科技大学学报（社会科学版），2019（3）．
[107] 徐晞，吕晓琳，陆锦琳．"后脱钩时代"政会关系重构——基于纺织业案例研究［J］．东南学术，2018（4）．
[108] 徐晞．台湾行业协会发展概况及其对大陆的启示［J］．亚太经济，2013（2）．
[109] 徐宇珊．刚性嵌入与柔性融入：社会组织党建工作路径探索——以深圳市社会组织党建工作为例［J］．中共福建省委党校学报，2017（4）．
[110] 徐柱．创新党建工作理念　推进行业协会商会健康发展［J］．学会，2018

（5）.
[111] 杨菊华. 流动人口在流入地社会融入的指标体系——基于社会融入理论的进一步研究［J］. 人口与经济，2010（2）.
[112] 杨盛平. 传承　创新　开拓　走出一条行业协会运作的成功之路［J］. 上海化工，2018（1）.
[113] 殷骁. 129家行业协会商会与行政机关脱钩［N］. 安徽日报，2018-6-7.
[114] 余晖. 行业协会及其在中国的发展：理论与案例［M］. 北京：经济管理出版社，2002.
[115] 余晖. 我国行业组织管理体制的模式选择［J］. 财经问题研究，2008（8）.
[116] 郁建兴，任婉梦. 德国社会组织的人才培养模式和经验［J］. 中国社会组织，2013（3）.
[117] 郁建兴. 美国社会组织的人才培养模式和经验［J］. 中国社会组织，2013（1）.
[118] 袁凌，孙俊杰. 非营利组织人力资源管理面临的挑战［J］. 企业经济，2003（6）.
[119] 原珂. 从"承接"走向"合作"：探析行业协会与地方政府部分职能转移的合作——基于公共服务合同外包的视角［J］. 当代经济管理，2015（12）.
[120] 悦中山，杜海峰，李树茁，等. 当代西方社会融合研究的概念、理论及应用［J］. 公共管理学报，2009（2）.
[121] 詹成付. 加强改进薪酬管理工作　有效激发社会组织活力［J］. 学会，2017（12）.
[122] 詹成付. 中国社会组织工作要自觉肩负起新时代的历史责任——学习党的十九大报告的初步体会［J］. 中国社会组织，2017（20）.
[123] 张彻. 非营利组织人力资源管理研究——基于薪酬管理的分析［J］. 财会通讯，2010（5）.
[124] 张宏，叶敏. 国内外行业协会职能研究综述及展望［J］. 浙江理工大学学报（社会科学版），2018（1）.
[125] 张金波. 行业协会商会信用建设中团体标准作用分析［J］. 征信，2018（2）.
[126] 张丽. 发挥行业协会优势　促进校企合作发展［J］. 中国现代教育装备，2018（7）.
[127] 张弥. 发展和完善社会组织的思路和对策［J］. 社会科学主义，2018（2）.
[128] 张沁洁. 参与合作：行业协会的运作逻辑［J］. 广东社会科学，2007（2）.
[129] 张沁洁. 行业协会间的竞合关系演变研究——以广东为例［J］. 华南理工大学

学报（社会科学版），2018（2）.
[130] 张冉. 中国行业协会研究综述［J］. 甘肃社会科学，2007（5）.
[131] 张涛. 行业协会要在新时代有新作为［N］. 中国工业报，2018-1-4.
[132] 张婷，张薇，孙雷，等. 加快泰州市行业协会健康有序发展研究［J］. 现代商贸工业，2018（21）.
[133] 张文宏，雷开春. 城市新移民社会融合的结构、现状与影响因素分析［J］. 社会学研究，2008（5）.
[134] 郑庆伟. 行业协会的经济分析、比较及启示［D］. 长春：吉林大学，2016.
[135] 中华人民共和国民政部. 2017 年社会服务发展统计公报［EB/OL］. http://www.mca.gov.cn/article/sj/tjgb/2017/201708021607.pdf, 20180802.
[136] 中华人民共和国民政部. 2018 年民政事业发展统计公报［EB/OL］. http://images3.mca.gov.cn/www2017/file/201908/1565920301578.pdf, 20190815.
[137] 周俊，赵晓翠. 脱钩改革后行业协会商会的转型发展：模式与挑战——基于 S 市 A 区的实证分析［J］. 治理研究，2018（4）.
[138] 周媛，金禹辰. 探索内蒙古行业协会的发展状况及政府职能问题［J］. 内蒙古科技与经济，2018（11）.
[139] 朱伟. 社会资本：基于社区视域的研究述评——以 1999—2009 年 CNKI 中国期刊全文数据库收录论文为研究对象［J］. 理论界，2011（2）.
[140] Caers，Ralf，et al. A micro-economic perspective on manager selection in nonprofit organizations［J］. European Journal of Operational Research，2009（1）.
[141] Dennis Young. Alternative Models of Government-Nonprofit Sector Relations：Theoretical and International Perspectives［J］. Nonprofit and Voluntary Sector Quarterly，2000（1）.
[142] Fisher，James C，K M Cole. Leadership and Management of Volunteer Programs：A Guide for Volunteer Administrators［J］. First Edition. Jossey-Bass nonprofit sector series，1993.
[143] Gulley，William H. The Role of Trade Associations and Professional Business Societies in America［M］. Bradley JF：Social Forces，1966（3）.
[144] J A Morris，D C Feldman. The Dimensions，Antecedents，and Consequences of Emotional Labor［J］. Academy of Management Review，1996.
[145] J Voyer. The Pre-conditions for a Constructive Social Inclusion Research Agenda,

presented at the opening session of the CCSD HRDC conference "Building a Social Inclusion Research Agenda", 2003.

[146] Kaplan, Robert S. Strategic Performance Measurement and Management in Nonprofit Organizations [J]. Nonprofit Management & Leadership, 2001 (2).

[147] Lamb P G, Kittelle S. Trade Association Law and Practice [M]. Boston: little, brown and company, 1956.

[148] Richard F Doner, Ben Ross Schneider. Business association and economic development: Why some associations contribute more than others [J]. Business and Politics, 2000 (3).

[149] Richea Z M. The Impact of New Forms of Social Organization of Work on Policies and Practices of Human Resources Management: A Case on Romanian Management Culture [J]. Medical Physics, 2012 (3).

[150] Saidel J R. Expanding the Governance Construct: Function and Contribution of Nonprofit [J]. Advisory Groups Nonprofit and Voluntary Sector Quarterly, 1998 (4).

[151] Taylor, Tracy, P Mcgraw. Exploring Human Resource Management Practices in Nonprofit Sport Organizations [J]. Sport Management Review, 2006 (5).

[152] Walter O Simmons, Resemarie Emanuele. Are volunteers substitute for paid labor in nonprofit organizations [J]. Journal of Economics and Business, 2010 (2).

[153] Wang J, Wang Q. Social Autonomy and Political Integration: Two Policy Approaches to the Government-Nonprofit Relationship Since the 18th National Congress of the Communist Party of China [J]. Social Science Electronic Publishing, 2018 (1).

[154] Wang Q, Kang X. China's Nonprofit Policy making in the New Millennium [J]. Social Science Electronic Publishing, 2018 (1).